在辗转的时光里，推你去远方，送你看世界。

And shame walk, lean on the door to look back

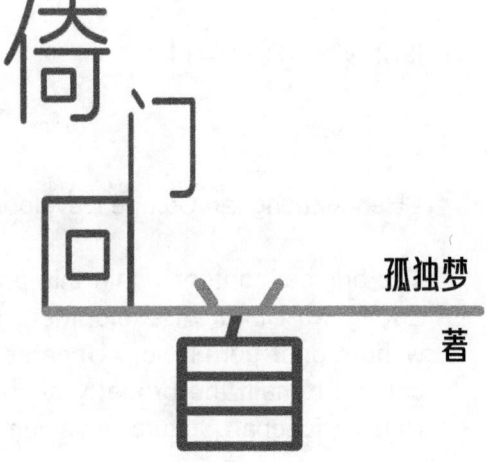

孤独梦

著

Billson International Ltd.

Published by
Billson International Ltd
27 Old Gloucester Street
London
WC1N 3AX
Tel:(852)95619525

Website:www.billson.cn
E-mail address:cs@billson.cn

First published 2024

Produced by Billson International Ltd
CDPF/01

ISBN 978-1-80377-114-4

©Hebei Zhongban Culture Development Co.,Ltd All rights reserved.

The original content within this product remains the property of Hebei Zhongban Culture Development Co.,Ltd, and cannot be reproduced without prior permission. Updates and derivative works of the original content remain the property of Hebei Zhongban. and are provided by Hebei Zhongban Culture Development Co.,Ltd.

The authors and publisher have made every attempt to ensure that the information contained in this book is complete, accurate and true at the time of printing. You are invited to provide feedback of any errors, omissions and suggestions for improvement.

Every attempt has been made to acknowledge copyright. However, should any infringement have occurred, the publisher invites copyright owners to contact the address below.

Hebei Zhongban Culture Development Co.,Ltd
Wanda Office Building B, 215 Jianhua South Street, Yuhua District, Shijiazhuang City, Hebei province, 2207

目录

1　孤单是什么 / 1
2　春日新落 / 3
3　亲多深，爱多长 / 6
4　暮春随笔 / 8
5　心愿如种 / 10
6　无题有韵 / 12
7　二月的晨 / 14
8　二月随笔 / 16
9　三月随笔 / 18
10　三月不知心底事 / 20
11　闲情雨日 / 22
12　花开几许，相落无语 / 25
13　这样就很好 / 27
14　是信非信 / 29
15　明月依旧，不曾离去 / 31
16　随笔道寻常 / 33
17　念念不忘必有回响 / 35
18　愿如茶 / 39
19　日暖风和话流年 / 41
20　爱不释手 / 43
21　初心依旧 / 45
22　放不飞的回忆 / 47
23　淡淡心事赋予文字 / 49
24　谷雨小记 / 51
25　且将思念放心中 / 53

26　初夏记叙 / 55
27　逢夏有情 / 57
28　静心度日 / 59
29　一个爱上浪漫的人 / 60
30　江南雨巷 / 62
31　借几许光阴，享几分安闲 / 64
32　消夏 / 66
33　寸寸光阴，于当下都是珍贵 / 68
34　光阴无往来，日子过成诗 / 70
35　庭深人静 / 72
36　暑气喧腾心宁静 / 74
37　秋天的早晨 / 76
38　青山问我几时闲，从容有情度余生 / 78
39　妙曼秋日 / 80
40　落在莲花上的蝶 / 82
41　袅袅秋日，心事清扬 / 84
42　窗下的妇人在写诗 / 86
43　秋日私语风扰梦 / 88
44　心事悠悠，无思无虑 / 90
45　喜欢秋 / 92
46　季节无声，情怀依旧 / 94
47　秋雨有感 / 95
48　月有清秋日安然 / 97
49　回忆渗出 / 99
50　寒秋小记 / 101

51	枫叶有情 / 103		83	寂寂光阴诉心语 / 168
52	光阴仓促，善自珍重 / 105		84	寂夜 / 170
53	初冬 / 107		85	假日里的梦 / 171
54	写在初冬 / 109		86	肩上的云 / 173
55	颜的心事 / 111		87	母爱是一次次辜负 / 175
56	至乐人间不生怅 / 113		88	简单即幸福 / 177
57	光阴如雪，厚重有情 / 115		89	静享光阴，简中有茶，间里有字，字中有情 / 179
58	扬眉转袖若雪飞 / 117			
59	落雪有情，唯记忆可存 / 119		90	莲的心事 / 181
60	皓腕下错过的那一朵 / 122		91	静夜有感 / 183
61	是迷是影是故事，是你是我亦是她 / 124		92	流年随笔 / 185
62	一壶茉莉解忧愁 / 126		93	落雨的日子 / 187
63	一剪小时光，是梦亦非梦 / 128		94	忙生烦，慢生欢 / 189
64	冬日午后随笔记 / 130		95	美丽心情 / 191
65	日寒心暖 / 132		96	梦的河流 / 193
66	日子如花似梦 / 134		97	梦是圆的 / 195
67	各自安好 / 136		98	梦为远别啼难唤 / 197
68	此心安处是吾乡 / 138		99	莫等闲，静处即安 / 199
69	陌上花开缓缓归 / 140		100	莫念曾经好，只惜当下日 / 201
70	闭门即清欢 / 142		101	那一年的随笔 / 203
71	飞雪敲窗话流年 / 144		102	千人之诺诺，不如一士之谔谔 / 205
72	光阴不可虚度，一日不可无茶 / 146		103	新日如曦锁重门 / 207
73	醒来，再不提起 / 148		104	星河赴梦 / 209
74	载爱前行 / 150		105	且尽眼中欢，莫叹时光促 / 211
75	此情可待，追忆犹在 / 152		106	清宁如我，无争无抢 / 213
76	不感伤，不追忆 / 154		107	人间有情，无关风月 / 215
77	晨之念 / 156		108	柔软时光，细说心语 / 217
78	等待 / 158		109	深情记忆如佳酿 / 219
79	独坐幽篁里，思念在飘荡 / 161		110	深夜，文字聊心事 / 221
80	归来随笔 / 163		111	生活就是首歌 / 223
81	化作雨，化作雪 / 164		112	失眠随笔 / 225
82	回忆如支点 / 166		113	诗意盎然心如水 / 226

114	时光是一条河 / 228	141	严寒拥红炉，简单即清欢 / 285
115	时贵如金 / 230	142	眼波才动被人猜 / 287
116	时光自由无负 / 232	143	夜晚的愁 / 289
117	时间酿酒，余味成花 / 234	144	夜晚一壶酒 / 291
118	水倒流 / 236	145	一个人的独白 / 293
119	睡莲 / 238	146	一缕香的时光 / 295
120	瞬间的风 / 240	147	一抹茶香慰寂寥，一支素笔写心事 / 297
121	四季攸往来，日日是新日 / 242	148	隐红尘，话光阴 / 299
122	随感随心亦随写 / 244	149	悠悠我心 / 301
123	岁月，好美 / 246	150	雨日漫漫 / 303
124	岁月闲逸 / 249	151	雨日追忆 / 305
125	岁月一去不复返 / 251	152	缘尽 / 307
126	岁月装在日记里 / 253	153	月如灯，人如月 / 309
127	唯美若风 / 255	154	周末逢雨 / 312
128	文由心生 / 257	155	暂戒茶常相依 / 314
129	文由心生，恰好如此 / 259	156	芝兰生幽谷，芳馥不知年 / 316
130	我知道 / 261	157	月上柳梢头，是否可以人约黄昏后 / 319
131	无言等待 / 264	158	纵无奈，亦愿时光慢些走 / 321
132	午后漫记 / 266	159	最美的相遇在路上 / 323
133	夕颜之下共赴流年如许 / 268	160	最远的你是我最近的爱 / 325
134	献给我的玫瑰婚 / 270	161	真情告白（结婚纪念日）/ 327
135	小窗下，笔墨间 / 272	162	写在年末 / 329
136	心若流水，情如远山 / 274	163	和羞走，倚门回首 / 331
137	兴起的浪漫 / 276	164	一张琴，一世情 / 333
138	幸福在身边 / 278	165	关于小淇 / 335
139	叙事 / 280	后记（一）/ 337	
140	寻一些宁静伴无忧 / 283	后记（二）/ 339	

1 孤单是什么

整理完稿子，忽而觉得应该在卷首写上几句关于孤单的话语，故而提笔写下这篇小诗，送给孤独梦（作者本人），以及每一位拥有孤单的读者，愿你们，如我般在孤单中成长，在孤单中学会装饰生活，在孤单中实现梦想。

孤单

孤单是什么？

孤单是一个人静静地吃一餐饭，抬眉看时对面空空无人的落寞。

孤单是什么？

孤单是疲累时一个人如蛋糕般黏在床上几个小时无人问津的酸楚。

孤单是什么？

孤单是一个人喝了一杯茶，听窗外的风雨声，回眸看角落时依然只有自己一个人时的无奈。

孤单是什么？

孤单是一个人于雨后黄昏听一首忧伤的曲调回顾过往的故事，而后轻轻地叹息。

孤单是什么？

孤单是一个人楼上楼下忙碌之后依然还是一个人时的自嘲微笑。

孤单是什么？

孤单是一个人带着不适的身体下厨煮了几个饺子，听着锅里发出咕嘟咕嘟的声音亦觉有情。

和羞走，倚门回首

孤单是什么？

孤单是一个人等了又等，盼了又盼，从朝到夕，从夜到明，从青春年华到鹤发苍颜的慨叹。

孤单是什么？

孤单是我对岁月说要好好爱自己。

孤单是什么？

孤单是日复一日如清泉般灌入心灵的坚强。

孤单是什么？

孤单是独自一人于落寞时刻静静地听取心跳的声音。

孤单是什么？

孤单是停电之后一个人于漆漆黑夜摸着墙角找寻蜡烛时心悸难耐的无助。

孤单是什么？

孤单是寒夜时分独自扛着孩儿去往医院时的无惧亦无盼。

孤单是什么？

孤单是独自一人在岁月中来来往往装饰生活的一种姿态。

孤单是什么？

孤单是无助，孤单是落寞，孤单是坦然，孤单，亦是明了之后的一种洒脱与超然。

我尝这孤单，我爱这孤单，我拥这孤单，我随着这孤单的岁月成为了自己喜欢的模样，坚强，温柔，勇敢，无忧，亦无惧……

2 春日新落

停歇多日，心中空无，只是按部就班地忙碌着，我知道，一切的忙碌都是我该做的。我知道，我更想做的是能够停下来，整理思绪，写写文。我知道，在生活面前你我都是弱者，只能接受，不可拒绝。

然而，我还是借取一些碎片时光，喝茶，听歌，写字，疗伤。只因，不想亦不愿辜负这颗柔软又倔强的心。

提笔之前，我发出了一声短短的叹息，似乎这简短的叹息声，可将心中积攒的情绪一一融化，随着叹息声的结束，顿觉舒畅妥帖。

手机发出滴答声，划开之后，我看到这样一条信息，他说："我这里正在落雨。"我回复道："让我借着你的雨，写写文字吧！"他问："文中有你我吗？"我答："有，你在等雨结束，我在等雨到来。他又说：这雨得匀过去。我告诉他：你那里的云累了，所以幻化成雨，我这里的云睡着了，所以久久不肯离去，亦不肯落雨。"就这样，在彼此的回复中占去几缕光阴，却也不觉可惜。人生这样孤独，偶尔需要这样一个人，听听我们无味的话语，借取一份别样的心情，给平凡的日子增添一份俏皮的温馨，亦是好的。

循环往复地听了一首歌——《一个爱上浪漫的人》。忽而悄悄问自己，在不该浪漫的年纪里，依然浪漫着，是不是有些不切实际呢？答案是：没有。人生，无论年龄几何，都可浪漫，都可诗意。又问自己："你为何总是这样自给自足，自学自乐呢？"答案是："因为你无需活在人群之中，你便是你的世界，你便是你的歌。你

和羞走，倚门回首

可高山流水，亦可诗情画意，你可忧愁善感，亦可温婉情深。"写及此处，不由得嘴角微动，我想我是笑了。

惆怅数月，所为何事，心中明了，却从未道于人听，不愿给亲近的人添去任何忧愁，只愿他们日日安好，夜夜成眠。

而我，只在自己的时间里自我开解，自我消化，夜难眠时也曾喟叹那一句："不应有恨，何事长向别时圆。"也曾叹："人间无奈谁人知。"可终究还是随着那冉升的朝阳拾捡几片愉悦，采摘几缕芬芳，掩盖心伤，过起日子。只因我明白，该你受的，别人分担不得，每个人都有自己的人生轨迹，亦有自己的忧愁坎坷，然而，终会过去。

有人说："一颗忧伤的心，日子不会很明朗。"其实不然，有些忧伤的感觉很是美妙，譬如此时此刻，我的忧伤，如一首悠悠短曲，没有激烈的起伏，缓慢中牵引我的心，我的思绪，让我拒绝一切，只愿沉醉在缓慢时光里。

上午，疲惫的我关掉手机在床上躺了许久，起来之后依然觉无力，便冲泡了一杯咖啡，过程很是缓慢，冲好之后，就那样静静地坐着，看着咖啡缕缕香气弥漫，却遗忘了一切。继而，我写下了这样一段话语："如果一杯茶是一个世界，那么，一杯咖啡便是一份静谧。"这世间，有一种认识，无需语言，无需仪式，只是我来了，你刚好在。我搅拌着你，闻着你的味道，将心中话语诉说与你，而后一小口一小口地慢慢品着，消化着，直到心底平静无波，我低眉看去，杯中空空如也，恍惚间才明白，原来是你化了心事，淡了眉愁。

窗外下起了小雨，细细念念，似在诉说一段简短的心事，它说："踏着二月的春风，我来了，无论你是否守约而待，我依然在约好的时间里悄然而至，寻不到你的踪迹，却闻到了你的气息，想要给你的拥抱，变成了遗憾，想要给你的深情，悄悄遮掩。"很美，真的很美，这是一种无奈的心情，这是一种深情的姿态，一如我的茶，灿灿如霞，迷人芬芳，散着忧愁，添着香气。

岁月的尘埃缓缓而落，我不想起身打扫，任它随意落下，慢慢积攒，因为我知道，不去刻意触碰，刻意扫去的尘埃亦会变为一种美丽，它的名字叫："岁月的痕迹"。自然而然地形成，一如冬日玻璃窗上凝结的霜花纹，如牡丹，如南枝，如白莲，亦如玫瑰。到那时，我们只需默默观赏，静静回味。

茶已喝淡，笔墨已干，唯有辽阔的思绪依旧萦绕心间，可那一缕晚霞却又在提醒我回归生活。好吧！那便落下笔端，在黄昏时分伴着和暖的灯光营造一份温馨给生活，给心中所念之人。

和羞走，倚门回首

3 亲多深，爱多长

好冷，窗外的积雪已很深，这样的日子，无需太多主题去填满，只披着毯子，静静地，静静地，闻着茶香，倚窗而坐就很好，真的，很好。

初春的雪，远远望去，总是温柔的，你看，一片，一片，纷纷而下，如柳絮又似羽毛，给原本萧瑟的大地披上了洁白的毯子，寒意中夹杂着些许绵密的柔情，这样的感觉，似乎，让我心上的结，一个个打开。

匆匆归家数日，仿若梦中行走，总觉得，还未来得及享受相聚的美好，便从梦中醒了过来，睁开眼，已到离别时。

不知，远嫁的姑娘是否都如我这般，每每踏出家门，便会一路行走，一路落泪，趴在车窗上，看着窗外熟悉的景致，心中却被回忆填满，任眼泪一次次溢满眼眶，却不舍闭上眼睛，想要把这亲切的气息，生长的地方，记得深一点，再深一点。

有人说："眼泪，其实不是眼泪，是解药。"是的，眼泪是有生命的，就如此时此刻我滴落的眼泪，一边滑落一边诉说着不舍的话语，轻轻伸出手来，把它们一颗颗捧起，上面写着：

亲多深，爱多长

用天边的彩虹去丈量

短暂而又美丽的相聚

是否

是否能够持续得久一些

再久一些

3　亲多深，爱多长

跋过山，涉过水
拾起我遗落的梦
多少往事已成空
要多少个日出和日落
我才能
才能再次归来……
唉！

轻轻放下笔端，心结似开未开，心中含着酸楚，然而，日子还需往前行进。恋家，恋母的我，或许还未长大，那么，就允许这个未曾长大的孩子，伴着落雪纷纷，将难过，持续到下一个日出时分……

4 暮春随笔

轻轻地,我来了,踩着暮春的颜色,伴着夕阳的浪漫,有些遥远的深情,亦有些烂漫的天真,不要在意书写的我年龄几何,只需携着一份美丽心情品读便好。因为,此时,我的心亦与你相同,不记年轮,只携烂漫纯真,只带深情浪漫。

岁月悠然,人世几何?忙碌始终如我,心甘情愿地沉浸多日,落落寡欢地忙在春天里,一如那窗外的花儿,开开落落,舒卷天真,而那些遗忘的亦不觉有憾。

春天是安静的,而春天的黄昏更为静,我喜欢这寂静无声的时刻,每每此时,我的心便如那窗外的花儿,安静地生长,安静地发芽,安静地绽放。因而,我喜欢在黄昏时提笔写文,亦愿我的文如花般缓缓绽放,芬芳有姿。

暮春的温度,总是柔和有韵,让人遗烦生欢,遥望那炊烟袅袅处,定有深情如我般的女子,白日里洒扫庭除,用心打理生活,夜晚时依窗等候归人,任岁月匆匆,带不走的始终是内心深处的坚定与宁静。

是谁说过:"世上最幸福的事,就是和一个不庸俗的人,做一对最庸俗的情侣。"这亦是我向往的,不知你们是否如我般有此向往?若有,亦愿有所得。

晚风吹来,有温婉的气息,这气息是属于夏日的,想来,春别在即,而夏,亦是匆匆又匆匆,一如那任性的孩子,不给你我任何准备,便急急撞个满怀,然而,你我始终不曾责怪,只是伸出手来轻轻刮一下它的鼻尖儿,一个嗔怪的笑容,是宠爱亦是接受。

季节与人,其实很是相近,热情款款的,总是招人爱恋,让人难以拒绝。而孤傲冷淡的,却让人不敢轻易靠近,只愿远远地观望。

日落月升,天渐渐地暗下来了,绿影婆娑的树下有路灯亮起,亦有玩耍的孩童围绕着奔跑追赶,笑声阵阵,好不欢闹。

我无需近观,只是这样远远地眺望,远远地倾听,便可感知这份童心之欢。人世风雨携烦,有些时候,是该停下来听听这纯真的笑声,告诉自己,快乐其实很简单,幸福,亦不是多么难得。

落笔之时,月儿路过我的窗前,轻轻地说:"慢下来,伴着月色吃茶去。"

5 心愿如种

光阴如水，澄澈洁净，无需寻觅那些细微的事物，就这样，静静地，感受它缓慢地流淌，流过我的脸颊，发梢，眉弯，唇际，以及年轮里小小地时刻。

草长莺飞，垂柳依依，季节的轮回就是如此迷人，仿佛昨日还是冬天，一觉醒来便已春暖花开，万物苏醒，让人忍不住搁下棉衣，寻一件轻薄的衣裳，着身对镜，展颜时仿若新生，一切都可重新开始，一切都可不计前嫌，一切都可走向美好，而那恼人的忧思，亦随着棉衣一同搁浅。

春日的阳光有着一种美丽的温润感，仿若刚刚睁开梦呓的眼眸，好奇地看着有趣的世间，而后熏然。

煮一壶白茶，将心事一同，让它染满茶香，散发出淡雅的芬芳。

这个午后，仿若迷失的孩子，四方奔走，好容易寻到归路，寻到温馨的港湾，这窗前的栏杆定是等待许久的故人，不然倚着它为何如此安逸，如此幸福。

白日里，我总是有诸多的事情要忙碌，唯午后与黄昏可供我支取，供我写下只言片语的情怀。

一日日，一年年，日月轮回间带走多少人的故事，又填满多少人的生活。无论年龄几何，始终保有初始的心性与良善，唯愿日子温润有情，而那似水年华的故事就让它尘封于岁月的角落，想那未知的明日亦是不会辜负你我的深情。

黄昏渐渐地近了，那逐渐垂落的太阳似披上了梦的衣衫，美到无言。

诗意如我，厨娘如我，笨拙亦如我，起身熬一锅绵密的小米粥，给这即将到来的春夜添一缕清香，给外出而归的孩儿一份热腾腾的温馨感。

端起茶盏,不喝,只是这样端盏而望,或许我们每一个人都曾有过这样的时刻,想要与某一个不谋而合的瞬间亲近不散,久久定格,仿若这样的相逢期待了许久,等待了许久,明知这样的相逢与别离只徘徊在杯起杯落之间,却亦是不舍错过,一生只这一个瞬间便很知足,哪怕年华老去时,回忆里亦不曾有过这美丽的痕迹,也不觉可惜。

人生若梦,那便多一些梦给自己,多一些温馨给自己,多一些相逢的片段给自己。

端起的茶盏终究是要放下,美丽的相逢亦难逃别离,起身寻一份甜蜜填补空缺的感觉,前些时日,买了盒早餐饼干,久违的甜,久违的脆,久违的熟悉感,让人忍不住泛起酸楚的涟漪,我已不是当年的我,却又似当年那般喜爱一边啃着饼干,一边塞着耳机任心事徜徉,连日来每每吃起这甜脆的饼干,都仿若置身旧年的岁月中,伴着晚霞,悠然地靠于椅背上,无忧无虑,静享安闲。

有些时候,岁月的回归仅需一片小小的饼干,有些浪漫仅需几个简单的小字,譬如:"早餐饼干"。

此刻的我,亦是伴着晚霞,啃着饼干听音乐,人生匆匆,抓不住的是逝水年华,岁月悠然,留不住的是美丽容颜。唯愿温柔的风,吹不散,我眉梢的弯。

你听,她说:"心愿,像一颗随风吹送的种子,它会找到属于自己的地方,缓慢垂落,生根发芽,继而——绽放……"

6 无题有韵

春雨绵绵一整夜，如泣如诉，如缠如绵，如梦亦如幻，夜里也曾起身掀帘观望，也曾梦中徘徊辗转，也曾期盼黎明时的冉冉新日。

然而，当晨曦微露之时我却没有了想要起床的冲动，亦丢却了喜悦的心情。

日日忙碌，已让我心生厌倦，那些看似简单却又异常烦琐的事情，占去了我太多的时间和心思，只因我不喜将就，任何的事情我都是用心待之，或许是年纪大了，抑或自幼受母亲的影响，总想把日子过出一种新意，把简单的屋子收拾的整齐干净，喜欢敞亮而清新的气息。似乎唯有这样心才能宁静如水，澄澈清丽。只需一个微笑便可绽放温婉地光束。

虽有厌倦，却依然如旧日般起身，按部就班地重复着日日所做之事，尘世间的你我，谁不是这样呢？谁又能真正逃离这重复的烦琐呢？我想不能，故而除却厌倦之意，坦然接受，平和对待，慢慢完成。一件件，一桩桩，看似简单无声，实则充满细碎的心情，亦于起起落落间演绎着不同的故事。

午时出门，怕冷的我依旧穿厚厚的大衣，在人群中散发着些许另类的气息，看着那些迫不及待露出脚踝的姑娘，有羡慕亦有惊叹，羡慕他们的青春年华，惊叹他们不惧寒意，如此温度亦能着轻薄的衣衫，露纤细的脚踝。回看瘦小的我，已然活在冬天里，衣服厚重，脚蹬棉鞋，头顶帽子，忍不住低低浅笑，笑自己年岁不很大，心却是如老太太般庄重可爱，时常观察，时常检讨，时常感叹，亦时常落寞，却从不在意这样的自己是否格格不入，是否与年代不符。

街巷停留，不远处有一女子，着极短的衣裙，头发黄中几缕淡蓝，浓妆艳丽，眼神俏皮，拿着手机迎光自拍着，她不知，她艳丽的妆容，不拘一格的朝气让不远处的我看了许久许久。这世间，不是只有男子会欣赏女子的美丽，同性之间亦有欣赏存在，亦可回味，可描绘。

感月吟风多少事，如今老去无成。我老了吗？我在问自己，是否在老去的岁月里一事无成？答案不明，却又泛起无奈的浪花，有时不敢回顾，怕忆起那些本不该放弃的东西，怕自己伤怀，怕自己陷入落寞的深渊无法自拔。故而，时常告诉自己，不必感念过往，只需珍惜当下，所有的选择都该是正确的，所有走过的路亦都是这一生该走的，乃至所有相遇的人亦都是命中注定，有缘而来。

这世间，许多事情，冥冥之中早有注定，其实，所谓成败无可论之，一段好的婚姻，一个懂事的孩子，一个温馨的家，乃至你成功的事业，能有其一或许便是成功。所愿不同，追求不同，所得亦不相同。

窗外的风，吹散了绽放的花，而我的心却依旧恬淡轻柔，抬眉看桌案上的花，色彩艳丽，芬芳有姿心下感叹：生活，无论是一个人，还是两个人，都该有花香，亦该有色彩。

人悄悄，阳明媚，这寂静时光，若不是心有美好，该是寂寥不减忧思，想我这十几载，虽被生活牵绊，被等待纠缠，可终究还是倔强地过着自己喜欢的日子，不与人争，不与世染，只做简单的自己。

我不参禅，却有禅意亦有禅心，始终都是携一份心境，拥一种情怀，带一种思绪，走一段旅程，写一行文字，喜一种姿态，喝一盏清茶，度安稳岁月。譬如此时此刻，便是一个纤瘦温婉的我，于一束春光下，携带着诸多的美好，用一支瘦笔写下了一段流年的心事，继而覆盖一段清丽的岁月。

我爱这文字，亦爱这时光，我爱这花香，亦爱这寂静。人生本碌碌，何必寻喧闹。

一直都觉得，书写如行路，行至此处，生出些许困乏之意，或许该停下来，找一僻静处，感受温柔的风，嗅取芬芳的花，豪放亦飘逸，婉约亦柔情。

你听：燕子呢喃莺欢唱，你看花瓣飘飘如雨落。如此情境，忽而想起那句："春花秋月入诗篇，白日清宵是散仙。"

和羞走，倚门回首

7 二月的晨

  二月的早晨，虽已入春，却寒气微重，一早送孩子上学，路途中他说："不是都春天了吗？怎么还是这样冷？"以为他少穿了衣服，便询问道："你偷偷减了衣服？""没有啊！妈妈，我是真的冷，这感觉像电视剧里的李冰冰。"我不知他说的是那一部剧，只是惊讶于他几时认识了李冰冰。未来得及多问已到学校，匆匆道别中，他又补一句："妈妈，我不回头看你了。"这句话自开学以来他每日都会重复地道与我听，果然是长大了，对我的依恋越来越少，不再回头似乎是一种坚定勇敢的姿态。脑海中浮现出低年级时的他，每次进入校门都是一步三回头地看着我，眼里有依恋，有不舍，亦有委屈，那时的我总会泛起担忧的情绪，他回眸的眼神如一根长长的线，牵引着我的心，让我挂念难安。

  而今，他主动剪断了这根线，免去了我的担忧和挂念，才发现，长大，其实就在一瞬间。

  看着他排队进入校园，每一步都充满朝气与欢快，一直以来，都觉他的步子是一种无声的语言，通过他走路的模样，我便可感知他的心情。目送他进入校园，直到再看不见他的身影，才转身而归，归来时心中响起那句："孩子，你慢些走。"他的长大，于我，是越来越多的欣慰，亦是越来越浓的不舍。

  窗外雾起，缓慢缭绕，飘逸而上，如梦如幻，仿若仙境，我独自坐于窗下，随着一首熟悉的轻音乐将心事流淌。

  我总是这样沉静安然，喜欢这种姿态，喜欢静静地感知光阴，感知它的美，感知它的忧，感知它柔弱中的小坚强。

7　二月的晨

顾城说："我的心是一座城，一座小小的城，没有杂乱的市场，没有众多的居民，只有一片落叶，一族花丛，还偷偷掩藏着儿时的情深。"这诗初读便喜爱，故而时常念起，总觉是在诉说我的心情。这样一颗心，这样一座城，或许孤独，却足够强大，亦清澈透明，倔强情深。

想写字了，来到桌前整理笔墨，仿若回到旧时光，那时青春洋溢，那时前路茫茫，却亦是心无旁骛一心向前，也曾担心路途是否坦顺，人生是否会停顿。然而，说到底，年轻的心还是更加简单真实，更加勇敢坚定。

而今，为人妻，为人母，行事之时，诸多的顾虑心中浮现，生怕有一点儿不妥而影响他们的平顺。对生活，亦是只求简单安稳，再无其他。

窗外的雾散了，有微微的风，很轻亦很柔，一如我柔软的话语，诉说于你们。

提起笔来，我写下这样一句："轻风迎面处，翠柳拂头时。"春来了，我们亦该卸下厚重，书写新的岁月，新的故事，新的心情。

8 二月随笔

外出了一些时日，归来已是新岁初春，仿若浅醉而眠，梦中徘徊了一个冬季，不愿走出梦境，亦不愿醒来，直到这个名为"春"的季节带着它特有的香气吹过我的脸庞，才转而苏醒，我有一些不舍，却又不能回头，我有一些无奈，却又无法更改，心中悄悄叹息，不愿道于旁人，季节的轮回从不止息，而你我，又怎能拒绝。

晨起，窗外素雪盈盈，一种遗世的美掠过心房，想要将万事搁浅，静守一窗风雪，煮一壶暖茶，用一整个日子来等候夜归的人儿，奈何只是个普通凡妇，家中大小事宜皆需一一打理，这些诗情画意的想法只能搁置于心中那小小的角落。

人生，有时就是如此，总有些想法违背了生活本来的模样，明知不该如此，却又总会触景而生。

贺知章有诗："二月春风似剪刀。"这二月的雪亦是带着一份绵密的柔情降落于古城，都说落雪有情，这落雪的声音，似呢喃，似不舍，似离别，似渲染，是你我不懂的心情，是你我难解的情怀，亦是你我不及的深情。

它以一种优美的姿态落于大地，落于窗台，落于树梢，亦落于我的心上，而后悄悄消融，一种思念，一种姿态，一种美好，一种期待，自心中而起，想要推窗听雪，想要踏雪而行，想要将喜忧抛掷，只做个素淡的女子，过简静地生活。

春天的风自有一种慵懒，而春天的雪亦是自带一种洁净的香气，忍不住想要捧它而起，扬一把洒落人间。

踏雪而行，无需多言，亦无需停留，美好的感觉直抵心间，我留在冬季的思绪亦是醒了过来，只待来日，与春同行。

我想，那白雪皑皑之下覆盖的，定是你即将绽放的心情，你无需着急，它自会悄悄地到来。披雪而归，推开门扉，无人候我，却也不觉冷清，出门时备好的茶点静放于桌案上，收拾妥帖，煮一壶红茶，一边暖手，一边闻香，一边喝茶，一边将散落的心事交给文字，似问人生何时抵此刻？又有何物及此茶？

这一刻，我离生活很远，又离生活很近。这一刻，我离过去很远，又离过去很近，这一刻，我离你很远，又离你很近。因为一切的一切，都在我尘封的记忆中，一切的一切都在我地辗转思绪中，一切的一切亦都在我触手可及的时刻里。

窗外的雪依旧飘飘而落，我想要带着寂静的心情伸出手来，任飘落的雪花一片一片地重叠而起，一片一片地消散而去，一如我的心情，也厚重，也轻薄，也诗意，也平凡。

其实，所有的思绪都是诗意的，所有的文字都是随心的，所有的日子都是质朴的，所有的情怀亦都是真挚的。

那飘落的雪花在慢慢止息，阡陌的花儿正在缓缓归来，不知你虚掩的门扉是否愿意为我打开？

9 三月随笔

从医院出来，想在小巷里走走，感受几分质朴风情，寻找一些烟火气息，一如曾经的那个自己，背着帆布包，带着探究的心情，走遍陌生的街道，被各种新奇的事物打动。似乎永远都是这样，喜欢简单，喜欢一个人行走，一个人感受，遇到好看的物件儿，若价格合适，便购为己有，若昂贵，看看亦是好的，这是一种什么情怀呢？其实自己也无法定义，只是一种习惯吧！

逛了几家小店，并未发现什么别致的物件儿，巷子有些寥落，徘徊之际不愿再行进下去，转身准备归家，旁边早餐店的小笼包散发着诱人的香气，纯朴的妇人端着一笼走进店铺，我好奇这不很大的火炉怎么可以蒸这许多笼的包子，却也未曾走近观看，那蒸腾的热气让寥落的街巷有了几许温暖，我轻轻走过，并未停留亦不曾回顾，然而还是带走了些许温度。

走出街巷，路旁等车，对面走来一对应是夫妇的男女，也不牵手，只是一前一后地走着，男士手里捧着手机，女士穿着黑丝半裙紧紧跟随，不远处要上一台阶，男士不假思索地抬腿而上，女士停顿下来，有一些着急地用陕西话说道："这怎么走？"男士回头带着几分不耐，说道："上来走啊！"女士说："我上不去。"男士带着几分不悦伸出一只手来，却始终未看女士，只是忙着他的手机，仿若手机里有他的江山社稷。女士牵起他的手上了台阶，松开后依然一前一后，男士始终大步流星无所顾忌，女士始终紧紧跟随不曾要求。远观的我，不由得轻叹一声，心下说道：直男，一点儿都不讨喜。后又感叹：女人，嫁给这样没有情调的男人，要失去多少细微的浪漫啊！人生这样短，日子该有多乏味呢？

想起电视剧里的一段对白，在结婚若干年后，太太问丈夫，当初为什么娶我？丈夫回答，你这么好，这么适合婚姻，不娶你，娶谁？太太不知是该高兴还是该悲哀，只是觉得，自己好像一双脚，只不过刚好适合一双叫婚姻的鞋子而已。

这世间，有多少婚姻仅仅只是鞋子与脚的贴合，又有多少婚姻始终因爱而行呢？

辗转间叫的车来了，我的思绪亦是回转过来，上车后戴上耳机贴着车窗，一边听歌，一边看所行的人们，早春的气息有些浓重，爱美的姑娘们已经露出了娇嫩的脚踝，更有甚者穿着超短裙穿行而过，时尚有佳，青春亦朝气。低眉回看我自己，依然穿着小棉鞋，羊毛裙，以及短棉衣，果真是老了，爱美的心犹在，却更在意舒适感，再不会为了美而忍受浑身发冷的难耐，人的成长有时只是一个瞬间，而今的我，只将春天藏于心中，所着衣物还是厚重难减。

此时静处一室，耳边回荡着海来阿木的《西楼儿女》，他唱着："你看天色又在远处落下，寂寞的城道别天边晚霞……"

一日光景就这样匆匆而过，光阴就是如此，一如厚闲所言："将流水般的日子藏在日历里，悄悄地不知所终"，亦如那远去的故事，让人留恋，却无法重回。

静夜沉沉，浮光蔼蔼，远处的灯火阑珊撩人心魄，新采摘的花儿散发着迷人的芬芳，喝一盏茶，轻轻落下笔端，又该投身于生活的怀抱，做回那个温婉的妇人，夜灯下烧饭煮粥，看似简单，实则需仔细用心地进行，因我知道一餐一饭中最为重要的佐料便是爱，少了爱的餐饭怎么吃都是冷清，怎么吃都是无味，人生亦是如此。

和羞走，倚门回首

10 三月不知心底事

　　三月的早晨，从寒气萦绕中醒来，周身的寒意让人遗忘了一切，这感觉，极不舒服。

　　熬了一锅热奶茶，煮了一颗鸡蛋，蒸了三颗红枣，算是早餐来打发自己。

　　为了缓解心情，播放了轻音乐，一直以来，喜欢一边吃早餐，一边听舒缓的曲调。每每此时，蜷缩的心便可得以舒展。我能感知它紧紧包裹如花苞时的沉寂，亦能感知它如花般一瓣一瓣绽放时的美丽，情绪亦会随之舒缓，仿若所有的烦忧都可消散，所有的忙碌亦可搁置。

　　窗外，春天的气息很是浓重，新芽绽放，庭花舒展，微风掠过之时，纷纷扬扬的花瓣如雨滴般落下，远远地，亦能嗅到芬芳，继而感知——妖娆。

　　窗下的我，浅笑之余，伸个懒腰，抵不住这春景的诱惑，穿上最喜欢的衣裳走出家门，独自漫步而行，想要感受植物的生长变化，感受自然界的生生不息。

　　一路走走停停，拍下许多的花儿，想要折一朵最为喜爱的带回家中亦是艰难，朵朵娇艳，朵朵欲滴，气息不同却又朵朵芬芳。也罢，永远留存于手机相册或许更为妥帖。

　　归家途中，遇到卖草莓的大姐，留意她许多次，每次都是草莓摆于地上，自己则坐于车里，手指夹着香烟，悠闲地抽上一口，而后闭眼轻轻地吐出缭绕青烟，继而缓慢睁开眼眸，拿起手机，专心观看。她的头发极短，形象极酷，单个耳垂上戴着耳圈，这样的形象有一种流派风格，亦有一种侠义之气，让人不敢靠近，只愿远远观望。

　　我有她的微信，也时常购买她的草莓，只是她不知，我对她有着些许好奇。然而，我们的交集只存在于购草莓的买卖之间，人与人就是这样奇怪，有些人会无意闯入你的思想，改变你的观念。有些人会温暖你的心田，改变你的生活。

临进小区之前，我发出一声轻微的叹息，心下想着，这倒春寒，几时结束？每年的春天我都会发出这样的疑问，然而，每一年我都未曾留意究竟是从哪一日结束的。外面可以穿短袖，家中却要穿棉衣，时常觉自己生活的地方不是房子，而是地窖，然而它又不是地窖。这是一种无以言说的难耐，亦是一种无法形容的情绪。

可春天却是温婉而芬芳的，让人始终不舍它早早离去，所以，那份难耐的情绪到底是可以接受。

带着温婉的心情推门而入，猫儿迎着欢叫，桌上的花儿眉弯眼俏，妩媚妖娆。而我，身上微热，脸颊粉红，仿若擦了胭脂的亭亭女孩，本打算写字，却终究是随心闲坐，有些时候，虚度亦是享受。

喝茶闲坐，乃人间妙事，想起电视剧里的台词；她说："他可以一辈子只喝一种茶，却不能一辈子只爱一个人。"落寞停顿，而后又说："或许也能。"

这样一句简短的话语惊醒了多少人的疑问，又道出了多少人的无奈。

这世间，从一而终的爱始终可贵，亦始终难得。

微风拂过窗台，纱帘轻柔地舞动，有着一种洁净的妖娆感。想起席慕蓉的那一句："美，仿佛永远是一种浪费，而生命里能够真正得到的，好像也不过，就只是这一场可以尽心装扮的机会。"

我的茶，似乎从最初就不单单只有一种，想我，亦不是专一之人，然，却有最喜的哪一种，那便是普洱，我喜它岁月沉淀的美好，亦喜它青衫如故的从容。

尽管我做不到一生只喝一种茶，却能做到一生不弃一种茶，一生只爱一种茶。

此时，我的茶已然凉了，而我的思绪，却如温暖的春阳，冉冉绽放着。

我说：三月不知心底事。

我说：人间有爱亦清欢。

我说：一种自在两种欢。

我说：愿你如初我如故。

我说：陌上花开缓缓归。

和羞走，倚门回首

11 闲情雨日

  三月的雨，绵密情深，淅淅沥沥不曾停歇，让人想要寻一些闲情，倚窗而坐，将诸多烦琐之事，搁于一旁，侧耳倾听雨落下的声音。

  这样的时刻，沉静亦安然，一边听落雨的声音，一边似乎能听得见流淌的心事，细细密密，潺潺湲湲，如溪如流，随着光阴缓缓游走，清澈可见，却又分明掩藏着不为人知的故事。

  我喜欢落雨的日子，喜欢于落雨的午后静享安闲，亦喜欢雨中漫步。

  写及此处，忆起一段往事，那一年的夏日，我仍是个小小女孩，为了让我干活，母亲给我买了人生中第一把红雨伞，我被它的美丽深深震撼，那时我不知所谓的油纸伞，更不知梦与诗意，只知道我喜欢这把红雨伞，我喜欢有红雨伞的每时每刻，打着它我可以做一切平日里不愿做的事儿，亦可走入我害怕的森林里，我拥有了它一整个夏季，也就是从那个夏季开始，我喜欢上了独自漫步的感觉，亦有了梦的向往。

  一直觉得，春雨，不仅能唤醒沉睡的生命，亦能敲响心中的希望，洗净满身的尘埃。我说：有雨的日子就有诗意，有雨的日子便有故事。因为有雨的时刻总能生出一种妙意，邂逅一些美丽的片段。

  此时此刻，独坐窗前的我，仿若唐诗宋词里的女子，无言胜有言般与小雨诉说心事，与光阴一同前往下一个动人的时刻。

  这一刻，我明白，时光的美好离不开一颗温润易感的心，日子的丰盈亦离不开随时填补色彩的人。

多少个日子，我想要虚度，多少个日子，我想要忘记梦想，多少个日子，我想要晨起暮落不再提笔，多少个日子，我用心丈量走过的岁月，多少个日子，我回忆着过去想将来，多少个日子，我用心装饰自己的梦。

奈何心有所念，力有所及，有些喜好终是难弃，有些梦想亦始终难圆，我爱文字胜过一切，哪怕每日只写一句亦是满足，我愿在这滚滚红尘，独走一段寂寞的旅程。我愿将难解的心事交付于心中的知音，或许他仅仅只是一个虚幻的存在者，然而却懂我，知我。哪怕最后仍是彼此辜负，好梦难圆，亦不觉可惜。

曾听过一首歌，里面有句歌词记忆犹新："每个出世的生命体，最终都难逃孤独。"是的，我是认同的，世间你我看似喧闹的未必喧闹，看似沉寂的亦未必沉寂。唯有你的心，可赋予你想要的冷暖，给你快乐的源泉。

晨起时，我伴着寂寂时光，听着呢喃小雨，喝了一杯苦苦的咖啡，也觉美妙胜意，那一刻的我，未曾牵挂这一日余下的光阴要做些什么，只是静静地品尝，慢慢地回味，一如我的人生，苦着苦着，便泛起了淡淡地甜蜜。

识我之人都知我的善感与忧伤，亦知我的温婉和易足，更知我的隐忍与大度。人生匆匆，无需计较，亦无需太多解释与挂怀，有时，放下的不只是事情，饶恕的亦不只是他人。

这世间，有一种遗憾，叫错过，有一种缘分，叫重来。我不愿遗憾，亦不愿重来，只想珍惜这似水流年里或浅或淡的缘分，不曾辜负，亦不曾遗憾。接受一切的到来，亦成全一切的别离。如果说每个人的生命都是一个故事，每个人的一生都是一本厚重的书，那么，我愿将所有的来者一一记载而起，或许只是一面之缘，或许转身便已遗忘，然而，来过便是来过，便有迹可寻，有缘可见。因为每一个折叠的生命里都藏着来来往往的人和忧伤美好的事儿。

落雨的黄昏，没有晚霞，远处的一盏盏灯光诉说着等待的衷肠，亦在诉说归人的急切。

我不想起身，亦不想给思绪按下暂停，只想静静地感知这份美好，任思绪缓缓萦绕，时光匆急又奈我何，有时，坚定的心态让人倍感欣慰，不然这光阴，怕也少了俏皮的颜色。

都知经年如水，平淡无奇，想要寻一份新意，必得有一颗灵动的心，然而，多

和羞走，倚门回首

少人，在平淡无奇的日子里唉声叹气，多少人在平淡无奇的日子里说着那一句："活着为了什么？"却忘了抬眉看那星辰闪烁，侧耳听那小雨呢喃，闭眼受那暖阳抚慰，用力嗅那生生不息。

夕阳如梦，不知能否照见我的孤单，小雨敲窗，不知能否懂我心中之语，不懂亦是无妨，这共度的时光足够我寻乐觅欢，存喜驱忧。

好了，窗下的我，依着暮色落笔端，这个有雨的夜晚该是浪漫的。

想起顾城的诗："你，一会看我，一会看云，我觉得你看我时很远，看云时很近，很近……"

不知，那个看我的人是近还是远，是真还是假，或许本就无需追寻真正的答案，因为朦胧才是真切的美，唯愿邂逅于文字中的你们，都能感知这雨夜的浪漫……

12 花开几许，相落无语

三月。

如美人儿，披着长发，耳际斜插一朵胜雪的梨花，挎着竹筐，衣袂飘飘地向你我走来。

这意境，仅是想想便觉美好无言，我想，接下来的每一个日子，无论于你还是我都该是美好的。

午后穿厚厚的棉衣走出家门，春天的气息扑面而来，春寒似乎已然悄悄退却，唯有淡淡香气携着丝丝缕缕温暖的气息弥漫于整个院落。

花开几许，相落无语，这满树的娇媚让人不舍离去，想起那首《花开的时候你就来看我》。亦想起："花开堪折直须折，莫待无花空折枝。"与当下之景有着不谋而合的意境。

有人说："最浪漫的事儿应该是趁着花开的季节，带着所爱之人去看蔷薇。"也有人说："花开了，你会来看我吗？"

而我想说："风不定，人初静，明日落红应满径。"微风拂过，庭花疏落，满径落红，美得让人心醉，美得让人蹙眉，美得让人不舍离去，这一刻似乎连惆怅都带着淡淡诗意。

我是个感性的女子，故而常常被一些微小的事物感动，不经意地舒颜微笑，不经意地打湿双眸，不经意地蹙眉感叹。

这个午后，为这一树的娇媚而久久停留，也因着这一树的粉艳漫步环行，这小

和羞走，倚门回首

小花朵静立枝头，似在等候久别的故人，又似在等候时机演绎一场绝美的画境，让人深刻于心。

人生淡淡，日子清清，晨起时的空白被接下来的时光填满，如梦如幻，如诗如画。

漫步而归，浑身微热，棉衣怕是再穿不得了，那些属于春天的衣裙又该一一熨烫，一一更替而着，于女子而言，所有美丽的心情都该有美衣来衬托，我亦不能例外，我的衣裙虽不够时尚，却能够年年复年年地更替年华，填补空缺，岁月的痕迹其实亦是一种极美的印记。

些许疲惫，煮一壶茶，盛一些茶点，听一首悠悠老歌，偶尔瞥一眼窗外单纯的绿意，亦觉惬意无比。

吃几盏茶后，顿觉神清气爽，本想着什么都不做，只倚窗赏阅春色，奈何锁不住思绪，随意书写成了一种习惯，亦成了生命中不可或缺的慰藉，故而便有了这样一篇带着春天气息的文章。

有人说："读喜欢的书，爱喜欢的人。"简洁而真实，就像午后漫步归来，闲窗下，静守茶盏，提笔书写。又像是倚窗赏春，目中有物亦无物，心中有人亦无人，然而脸上却始终洋溢着淡淡微笑，浅浅地忧伤。

时光悠悠，笔端沙沙，我想，此刻没有什么声音能够唤醒我飘逸的思绪，灵动的心，亦没有什么事物能够突然闯入我的世界。

我喜爱这宁静，亦喜爱这孤独，喜爱这初春，亦喜爱这花开的时候……

13 这样就很好

　　三月，很暖，三月，亦很香，草木生芽，春阳和煦，风亦温柔。似乎每一个日子都是风和日丽的，每一个日子亦都是芬芳馥郁的。

　　午后院中漫步，赏花折枝，秋千载着温婉打起，好不惬意。恍惚间，似乎有一些遗落了许久的回忆随着秋千涤荡而起，那一刻只觉心中有柔情涌动，想起苏轼的那首："墙里秋千墙外道，墙外行人，墙里佳人笑。笑渐不闻声渐悄，多情却被无情恼。"我不是佳人，却亦不失诗意，我不是佳人，却也不失浪漫。

　　一直觉得，女子的一生，无论年龄几何，都不该随意定义人生，每一天都该有顿生愉悦的时刻，每一天，亦都该柔情似水。

　　秋千打了好久，我不舍离去，一旁闲话家常的几位阿姨说："你看这女子，一个人玩得自在。"我笑而不语，待秋千慢慢落下起身离去。是的，我喜欢这快意自在的感觉，我喜欢这浪漫涤荡的时刻。

　　我还喜欢，喜欢将每一个午后留给自己，或漫步听歌，或写字读书，或追剧沉思，抑或什么都不做，只是静静地依窗而坐，任思绪遨游，待夕阳漫过山头，亲吻大地之时，便醒转过来，起身融入生活。

　　折了几枝翠色如竹的新芽归来，插入瓶中亦是赏心，我把它静静地放在门口，想着定能招财纳福，驱虑生欢。日子清简，植物来点缀，日子平凡，鲜花来更颜。

　　一个人的时光，自在亦宁静，鱼缸里的水流潺潺不绝，猫儿静卧一旁，乖巧可人，轻音乐贯穿心灵，有禅心亦有茶情。

和羞走，倚门回首

　　窗下烧水煮茶，一壶金骏眉仿若身处水果深林，甘甜绵软，若蜜若花，只觉温暖情长。

　　研墨提笔，随意写下几个大字，诗不是诗，词不是词，或许仅仅只是一种心情，只是一种快意，只是一种喜好罢了！

　　我从不牵强自己，于我，许多时候，许多事情都可随意随心，譬如我的文字，都是随意写下，从不刻意为之，只记录最为真实的感受，然却也散发着别样清新。

　　她说："喜欢生命里有单纯的盼望，喜欢你如水的性格"。我不知如何作答，只知，安定悠悠才是最好，才最值得拥有。

　　彤云淡淡，微月昏昏，天又暗下来了，无论你我是否舍得，这一日，又到了离别的时刻，谁说时光不匆匆呢？

　　音乐婉转，思绪萦绕，起身来到窗前，遥望微月，想起席慕蓉的那句："我踏月而来，只因你在山中。"若可以，我想你定会和我一样，愿带着足够的勇气，踏月而来，寻觅彼此。然茫茫人海，又怎么寻得到？怎能不错过？

　　暮霭沉沉，一些遥远的往事开始走近，而我，却不愿忆起，人生若梦，一些美好的相逢且将它深深掩埋。

　　笔触微微，缓慢地写下，天使依然在每一夜前来，带着不能延续的记忆，从静静的夜空坠落，坠落……

　　不知今夜天使坠落谁家，唯愿记忆犹在，不忘从前。

14 是信非信

惊蛰一过，万物苏醒，失眠的我，犹如一朵深深庭院里的夜合花，为了孩儿那一顿可口的早餐，为了自己出门时的洁净芬芳，迷蒙中逞强着起了来。

一直都觉得，对女子而言，岁月的美好，离不开美丽的衣裙与素净的容颜。我与时尚无缘，只一心一意爱着古朴的一切，从衣裙到杯盏，日日着古意长裙，喝深情雅茶，虽不醒目，却有着落于日月山川之美好，继而让疲惫的心，清澈，明朗。

三月如花，芬芳淡雅，三月亦如梦，朦胧若现，昨日朋友圈邂逅这样一段话语："愿桃花一茬接一茬地开放。"果然，爱花之人处处皆有。女子的世界，有花便有温馨，有花便有浪漫，有花便有诗意，有花便有芬芳。

此时，临窗而坐的我，却期待着邂逅一场桃花雨，纷纷扬扬，飘飘洒洒，随风而落，消疾解忧。

幽僻处可有人行，点苍苔白露泠泠。喜欢黛玉的这句诗，有着一种洁净的美好，一如我此时的心情。

又逢节日，收到祝福无限，感谢你们，让我邂逅这样的愉悦，只觉人世美好温馨。

时间很快，眨眼便是一年，脑海里依然清晰地记得去年今日的情形，满树桃花绽放，以及，那一日我写下的只言片语，字字清晰，句句深情。

然而，当时的光阴已不复返，日子如缓行的车辆一天一天地渐渐远去，等到我们真正停下来回忆时，才发现，不过是几个散落的画面，有些甚至模糊难寻。

和羞走，倚门回首

世间所有美好都会成为过去，然而，能让过去成为美好，必是用一颗细腻的心过好每一个当下的成就。

今时今日的我，看似容颜依旧，实则，已然老去，岁月的面纱影影绰绰翩然而来，我亦了无惧意，只因梦在前方，路在脚下，而心中始终有爱。

而今，我的五个小伙伴——"委屈，伤感，生气，孤独，快乐"——依然伴随左右，不曾离去，我爱着它们，一如它们依恋着我，始终不离亦不弃。

有人说："喜欢文字之人，灵魂更为寂寞。"是的，我是认同的，然而，更为确切地应该是那份"不牵于情，不困于恨"的情怀。我喜欢这样的自己，几分诗情，几分娴雅，几分淡然，几多温柔，轻言细语，慢品生活，始终觉得，这一世，生为女儿家，值得拥有更为温柔的气息，亦值得被温柔以待，不为旁人，只为自己。人生有情，无关风月，古风古韵，历久弥香……

15 明月依旧，不曾离去

人间四月芳菲尽，山寺桃花始盛开，长恨春归无觅处，不知转入此中来。

四月，带着芬芳，带着明媚，带着虫鸣鸟叫洒落人间。四月的到来，预示着每一个黎明睁开双眼，映入眼帘的景物都会有所不同。

而我，依旧是那个深情又安静的女子，连日来，喜欢于午后时光，踩着阳光穿行于深深庭院。

微风拂面，翠色依依，花朵娇媚，颜色各异，芬芳有韵，时而落花如雨，时而娉婷独立，这样的日子，怎么过都是好的。

已经不记得独自面对了多少个日夜，多少个春秋，多少艰难，多少困苦，只知道，我依然是我，几多深情，几多安静，几多诗意，几多忧伤。

尘世碌碌，辗转间半生已过，也曾天真，也曾浪漫，也曾无助，也曾彷徨，直到如今，坦然，从容。

这是一个过程，一个漫长，艰难，又不失趣味的过程。一如那枝头盛开的花儿，从花苞到盛开，再到随风而落……

我爱花草，喜音乐，亦爱文字，多年来与孤独为伴的时光里，将心事托付于文字，将闲情交给音乐。

不知何时，喜欢上了静处，喜欢于黄昏时分盖着毯子，听着音乐，伏案低眉书写，写什么，由心而定。

此时此刻，黄昏临近，午后漫步的欢愉依然在心中暗暗生香，书中的情景亦在心中徘徊不散。那一句："母亲每日把自己打扮得清清爽爽，然后就在那偌大的房子里，挨去一个个长长永昼。"依然在心中闪烁。或许是因它道尽了等待的艰难，抑或是感同身受的际遇，故而让我更能体会这句话的深意。

  人世的不易，只有自己经历过才能明了，婚姻的艰难亦不相同，我与先生多年来分居两地，这等待，时常令人身心疲倦，婚前，我未能想到我的婚姻会被一个"等"字牵绊，这许多年的等待日子，让我尝尽了苦难，也学会了坦然。因我明白，与其在彷徨无助中等待，莫不如在漫漫时光中，给它画下美丽的图画。譬如学会如何去安静地煮一壶茶，愉快地插一束花，深情地听一首歌，随心地写一篇文。安稳地守着日子，伴着时光，让等待不在似等待，让心由彷徨变为安宁。

  明月徐徐升起，又来陪伴你我，在古人眼中，明月不仅知晓人的喜怒，还会替我们保守秘密。我想，对于孤独的人来说，明月既是聆听者，亦是忠实地陪伴者，它遵守诺言，知心解意，不离不弃，这些年多少个失眠的夜晚明月与我为伴，多少无处安放的心事我皆交给明月，其实，在诸多无形的时光里我们已将彼此交予对方，只做不散的知己，珍惜不散的缘……

16 随笔道寻常

眼疾犯了，本该卧床休息，却不舍辜负午后的静默时光，依然倔强地窗下磨墨写字，只因这样的时刻，始终有着一种忘我之感，尘虑不见，烦忧尽扫，妙意无限。

落笔之后，透过窗被飞翔的鸟儿吸引，于是，眼神与思绪都跟随它们在树梢调皮地短飞，跳跃，追赶着，每个人的内心或许都曾期待过自己是那自由的鸟儿，无忧无惧，只待落日余晖洒下，晚风拂过之时，归林入巢。

奈何生活牵绊，让我们失去了诸多的自由时光，有些时候或许身是自由的，然而若心是被束缚着，哪怕是踏足于优美之境却也体会不到闲适的舒服感，亦观不出美在何处，倘若能每日节省些时间给自己，只做自己想做的事儿，或许可如我般取得宁静，感知美好。

思绪回落，低眉翻开日历，恍惚间才发觉四月已偷偷展开十日之久，而忙碌的我，似乎始终不曾在意今夕是何夕。

想起："人间四月芳菲尽，山寺桃花始盛开。"四月，带着温软的气息缓缓而来，寒意退却，炎热未至，让人觉得舒畅无惧。

掀帘推窗，借几米阳光，几缕微风，好不惬意，不去细细体会，似乎眼疾根除，一切如常。只需踩着四月的温软与时光共度，将日子经营。

我曾说过，自己如同窗前的妇人，每日只在窗内忙碌，亦只在窗下书写观望。

落寞时，亦会生出淡淡忧伤，浅浅自怜，总觉自己像那笼中的鸟儿，怀有一颗起飞的心，却不知，在很久很久以前，为了所爱之人，亲手折断了翅膀。

有时亦会觉自己如同孤傲的冷清秋，独自带着孩儿住于阁楼，掩起门扉，不与

和羞走，倚门回首

俗世纠缠，亦不与人争辩，一边照顾孩子，一边油灯下书写自己的故事，看似孤僻寡语，实则温婉情深，优柔易感，清冷脱俗，不嫉不羡，始终有着你看我淡妆天然，我看你浓妆艳丽的恬淡心态。

然而，我始终是我，没有冷清秋的际遇，亦不愿体味她的人生，我只愿做个简单的妇人，做最为真实的自己，与生活相近相依，与日子相看不厌。

一生要走多远的路程，从哪里来又到哪里去……窗外飘来动听的音乐，仅仅两句，却深深地打动我的心，这歌我似乎也曾听过，却想不起歌名，并不去查阅，只是默默回味，走多远的路，从哪里来，到哪里去？我回味着，回味着歌词的意思，其实，心有答案，只是假装未知的糊涂。

窗外行人零落，车辆缓缓而过，少了早晨的急切感，让我有一种光阴缓缓地舒适感，都说从前的日子很慢，其实而今的我们，亦可放慢脚步，将内敛与热烈藏与俗常，与光同行，无惧风雨，梦在前方，心在路上。

仿若只是一瞬间，亦仿佛只写下一个字，待我抬眉，天空由湛蓝变为朦胧，如梦如幻，亦如纱幔舞动，掩盖了行人，遮住了夕阳，想要追寻那一抹浪漫的落日之美亦是不能，生出些许无余，落下一声叹息。

却也不想起身，亦不想卧床休息，只是握笔停顿，思绪如秒针，一圈一圈地转动着，一圈一圈地缠绕着，缠绕的除了时间还有我未完的故事，以及我的年轮。

泡了一盏清茶，点了一盏小灯，这微微烛火映衬着我内心的皎洁。

眼睛依旧朱红，却未曾遮掩视觉，落雨的声音响起，打湿了纱窗亦打湿了我的记忆，只是不知能否模糊你的悲伤。

该落笔了，愿今夜星光闪烁，月明如水，愿明日眼疾除却，和风日丽，心事清扬。

17 念念不忘必有回响

四月的阳光，安详而有所期待地路过我的身旁，如同夜色深深之下有人用手电筒远远地照过来，照过来。光线柔和而明亮地游走过我的身畔，折射于我的发梢眉弯处，继而划过桌面离去。

我失神痴坐，听着屋旁建筑工地那哐啷哐啷的声音，竟想起《晚晴集》里的那一句："念念不忘必有回响。"思绪辗转，心神荡漾，再听去，那哐啷哐啷的声音在由重到轻，逐渐寂默之后似乎展现出一份喧哗后的沉静，有悠远之态。

起身推窗，夏天的气息扑面而来，空气里香气氤氲，回看日子，亦是馨蕊融融，不由得发出：我爱这春深迟暮时，我爱这夏日初长时，我爱这人间四月天，我爱这芳菲初尽时的感叹。

这一年的我，岁月里似乎充满忙碌，却也不失温馨。

这一年的春天，父亲母亲从遥远的家乡来到这座因我而熟悉，因我而亲切，因我而无数次踏入，驻足停留的古都。这世间有些城注定与我们不可分割，有些城注定会成为我们的第二故乡，有些城注定与我们演绎不同的故事，或温馨或浪漫，或伤感或孤独。还有些城，或许当下于你我都是陌生，可经过岁月的辗转终有那么一日，它亦会成为我们心系的那一座，只因，我们所爱之人久居于此。

午后与母亲闲聊，回忆起她每次来古都的事情，才发现，她的记忆竟这般的好，这里已然留存着她短暂的岁月和故事，难得的是，这故事里始终有我，亦都因我而起。

母亲老了，脸上的老年斑如同幼女的雀斑一样弥漫开来，不同之处便是母亲脸

和羞走，倚门回首

上的斑点更大一些，皱纹亦是层层叠叠，我不敢过多地去观望，因为心底泛起的酸楚和疼痛会化作眼泪滴落而下，怕自己柔软的情绪会影响母亲的心情。

如若可以，我多想拥有一把年轮的电熨斗，轻柔地熨平母亲脸上那些层叠的皱纹，除却那些大大圆圆的老年斑。可我亦明白，人终有一老，任谁都无法逃离，你不能，我亦不能。

父亲的变化更为鲜明，发白如霜，腕颤手抖，每一餐饭我都不敢亦不愿过多地去关注他夹菜的姿势，似乎只有这样忽略不看，心中才会好受一些，唯一庆幸的便是，他们精神尚可，满面的笑颜。

这几日，我时常对自己说：老一些无妨，只要没有疾病缠绕便是好的。

远嫁的我，能够这样日日陪伴他们的机会少之又少，这些年，分别的时日比相见长了许多倍，我让他们尝尽了挂牵的滋味，让他们掩藏着对女儿的这份想念难耐，故而，这一季的相见，这一季的陪伴于我，格外珍贵。

连日来，我放下所有事情，只尽心尽力地忙于堂前厨下，想要做一些可口的餐饭予他们，想要煮几壶春日的新茶给他们，想要把日子里所有温馨的美好都给予我亲爱的父亲母亲。

日子看似忙碌，实则悠游，因为我知道，看似才相见，别离在走近，故而，想要预先贮好每日的点点滴滴，场场景景。

因为我始终不愿，不愿来日回忆时有所愧疚，我不喜愧疚的感觉，我愿我的回忆里都是美好，都是知足，都是喜乐。

记不得是谁说过："人类是如此有限的生物，人类活得如此粗疏懒慢，独有一女子渴望记住每一个瞬间的美丽，那么神明想，成全她吧！"如若可以，我愿做这女子，得到神明的成全。

写了这许多，回眸望去，窗外翠情绿意，暖意弥漫，门外传来客厅电视的声音，心亦安放如初。

我喜欢，

喜欢父亲母亲陪伴的日子。

我喜欢，

喜欢喧闹之下的沉静感。

17　念念不忘必有回响

我喜欢,

喜欢岁月里充满的忙碌及琐碎。

我喜欢,

喜欢这四月的暖阳打身边经过留下的那一抹抓不住的光。

我喜欢,

喜欢母亲温柔地喊我的那一声大小姐。

是的,我是她心中的大小姐,一直以来我都明白母亲的心思,她希望我活得自在无碍,她知我心中所想,她亦与父亲尽可能地成全我所有的念想。

你听——

母亲又在喊:"大小姐,出来看电视了。"好吧,落下笔触,与父亲母亲一同去追那《人生之路》……我说:"念念不忘必有回响……"

和羞走，倚门回首

连雨不知春去，一晴方觉夏深

享闲情，喝雅茶，思绪在杯盏间徘徊，而时间亦悄悄地流走，日子似诗亦非似，心中有境亦无境。

18 愿如茶

四月的夜，静谧无声，我于梦中静静冲泡绿茶，茶香袅袅，淡雅有韵，我着一身白衣，婉约情深，有诗意亦有仙境，这个本该寻常的夜，因着茶香而变得令人难以忘怀。

于是，这个上午，我便拒绝了一切往来的信息，只一个人，静静地冲泡那一盏淡雅而又清香的茶汤，追寻梦中的情致。

有时候，就是这样奇怪，会因为一个梦而去做一件事，也会因为一段话而思考许多问题。

窗外清光洒落，偶有花瓣纷飞，使得我的心情更加柔顺，一盏清茶，一盘水果，伴着似水流年，就那么悠悠而过，无声亦无息，无言亦美好。

这些年，渐渐喜欢上了一个人孤单的日子，没有惊喜，没有忧愁，平平淡淡，简简单单，保持着对生活的热爱，一心想要把日子过成自己喜爱的模样，且努力着。

有时喜欢闻着茶香静观窗外风景，抑或是什么都不做，只坐于窗前感受阳光的温暖，让思绪在光阴中缓慢徜徉，没有人情世故，亦无需费力去迎合旁人，只是静静地，静静地享受哪一刻的宁静。

这些年，在一个人的时光里，有过彷徨，有过无措，历过苦难，尝遍孤单，慢慢地，我明白，生活其实并非皆苦，苦的是我们因想要的太多而忽略了本有的甜蜜，人心本不累，累的是放不下的太多，在逐渐长大的过程中，总有一日，我们会明白，生活原就是一场修行，没有人会为我们内心的空虚填上满足，亦无人会为我们的岁月描绘色彩，一如书上所言："生活永远不会回答任何问题，它只要我们用心体验和感受。"亦如我冲泡的这盏茶，不言不语，却香韵悠悠，给时光亦给我的心情添上一份雅致，一份悠然，轻抿一口，感受它缓慢流淌而下，洗净心尘，继而化作茶烟千朵，袅袅而升，如幻如梦，如诗如画。

岁月里亦可因茶而忘忧，因茶而有情，因茶而生禅。蔡澜说过："每天用茶盅来沏茶呀，春天用花开鸟鸣的图案，夏天是古人树下纳凉，秋天一片枫叶，冬天大雪中烹茶。"很美的感觉，我亦是喜欢于不同的季节不同的心情下用不同的茶器来泡茶，它可以给我不同的感觉与不同的想象。譬如此时的玻璃杯盏玻璃壶，清澈透明如琉璃翡翠，可见茶叶片片舒展姿态，只让人生出爽利清雅之态，这样的时光怎能不让人眷恋，不让人向往呢？

喜爱喝茶许多年，喜爱有茶的时光亦记不清时日，只记得，在某一个刹那，守着满室寂静，一盏清茶，一如酒醉的痴者幡然醒悟，再不觉孤单，不觉无趣，亦不在抱着等待而期盼，只静享有茶的时光，继而提笔书写质朴的流年。

时光如飞，眨眼间又到品尝春茶之际，是谁说过："薪火煮茶，是对人世间最美好的向往。"你看，那茶叶在开水的冲泡下已然缓缓舒展，轻轻起舞，散发出淡淡清香。

如若可以，愿我在这薄情又匆匆的人世间，如茶般清新淡雅，如茶般清澈玉润，如茶般芬芳馥郁，如茶般醇香连绵，如茶般缓慢有韵……

19 日暖风和话流年

她说：轻柔的风吹醒了季节的梦，吹醒了寂寥的心，吹醒了桥上那执着地等待着的小妇人，亦吹醒了——寂寞的小生命。

窗外风和日暖，窗内茶汤潋滟，时光温婉流淌，而我，只想携手一缕芬芳馥郁感知岁月流逝的美好。

春意梢头，人心向暖，盈盈间仿若置身江南旧巷，撑着油纸伞，带着浅淡的心事，走过长长的岁月。

昨日犹在，不敢回顾，宛若一叶小舟，轻盈而来，悠缓而去，一种温馨弥漫在时光里，今夕是何夕似乎已然不再重来。

我喜欢，喜欢在寂寞的时光里写字，亦喜欢在美好的时刻书写自己的故事。

时光于我，偶尔也是匆忙，想要安闲，亦需自己仔细安排，不然，这片刻的宁静温婉亦会擦肩而过，生活看似简单，实则有诸多的琐碎之事牵绊你我，占去流逝的时光。

许多时候，我亦觉无奈，却也能欣然接受。因为生活，正是因着这些不起眼的小事而成全成就。

这不，被琐碎事情牵绊之后的我，安闲地静坐窗下，守着茶汤翻翻书，写写文，想想心事，诉诉语。一切都是那样简单，一切又都是那般温馨，那般美好。每日若能享一会儿这样的安静，便很知足。

我很简单，亦很孤独，我的笔名叫：孤独梦。只因我喜爱孤独，故而觉得它如梦般绚丽多姿，如梦般若隐若现，如梦般牵引我的思绪。

和羞走，倚门回首

　　我喜爱生活赋予我的这份孤独，我喜爱在孤独中遐想，喜爱在孤独中寻找生活的美感，亦喜爱在孤独中成就独一无二的自己。

　　人生匆匆我缓缓，无论何时，只想以微风的姿态与人擦肩，只想以细雨的呢喃敲打晚窗，只想以兰花的幽香散发婉转的心情。

　　清风无闲时，潇洒终日夕，不知几时，无意邂逅了这两句诗，喜爱它所表达的意境，若可以，我愿如这一缕清风，缓缓摇摆，惬享人世美好。

　　风吹帘动，时光游走，不急不缓，一如我此刻的心情，没有许多期待，亦没有许多的愁绪，平平缓缓，顺流而下，曾经那难熬的等待亦变得醇香如酒，所谓的日子，大抵如此，走过那暗暗的隧道，便可被暖阳而照，最后明白，质朴的生活才最真实，点滴的片段亦是美好。

　　你看，窗外日色向暖，鸟儿踩着树梢的绿意欢歌吟唱，一物一景，都是真实地存在，都可用心地感知。

　　此刻，这清脆之声，在寂寞的时光里，更显得温柔灵动，让我对生活，有了更美好的期待。

　　喝一口纯净的茶汤，将一颗心融化，写一段随意的文字，将流年记载。时光游走，年轮旋转，不变的始终是那最为真挚的情怀，文雅如诗，安静若兰，在沁润的日子里寻找纯粹的芬芳。

　　轻落笔端，一如那滴答的小水滴，发出动人心弦的声音，似要叩响谁的重门。

20 爱不释手

今日春风,阳光明媚,风也柔和,午后闲庭漫步,赏花觅香,仿若置身世外,遗忘了现下的真实,亦遗忘了琐碎的烦忧,心无杂念,只将自己抛掷在春天里。

后来,剪了几枝花儿,带着微热的身心一同归来,春天的美似乎无需语言来形容,无论是室内还是室外,都散发着初生的清新,只让你的心,生出温润潋滟之感。

我喜花,却极少买花,许多时候都是随着四季更迭折取庭院里的花枝绿叶来插入瓶中,装点心情,增添雅趣。

一直觉得,平淡的生活,需要一些花草来唤醒生生不息的曦光,单调的心情亦需要花草来增添妩媚或淡雅的色彩。

今日所折这枝花儿,格外娇艳,一如那娇俏少女,巧笑倩兮,美目盼兮,无论你有何等的忧烦,只需轻轻一瞥,便会嘴角上扬,爱不释手。

想起李丽芬的歌:"沉鱼落雁,闭月羞花,美得无处藏,人在身旁,如沐春光,宁死也无憾。"

写及此处,我便寻着《爱不释手》点开播放键,调为循环模式,让心事随着歌儿的深情一同流淌。

然而随着歌曲却忆起一段往事,一段深刻于心的画面,幼年随同姐姐看唐太宗李世民,李世民因一只射死的乌鸦而遇到杨吉儿,几段对话之后,李世民说:"如果你的容貌和声音一样美的话,我就娶你做我的第二个老婆。不过,我听说皇家公主没有一个容貌出众的。"杨吉儿带着怒气回道:"就算天下的男人都死绝了,我也不会嫁给你,起轿。"继而轻掀轿帘望向李世民,惊讶之余缓缓转头,留下一个娇媚得意地笑，放下帘幕扬长而去。就是这样一个微笑，这样一张娇艳的脸拨动了李世民的心。

后来，她做了最懂他的人，而他成了她的唯一。也让幼年的我，明白了所谓的怦然心动，所谓的一见钟情。

一直觉得，我的血液里流淌着浪漫亦流淌着柔情。故而，才会有此情怀，时常被感动，随时记忆着。

一首歌曲，几行小字，几许回忆，给这春日午后更添几缕爱不释手的明媚，散发出浪漫的气息。

歌声依旧，而我，却不想再书写下去，嘴里哼唱着："沉鱼落雁，闭月羞花，美的无处藏……"起身泡一盏春茶，闻着茶香回忆那逝去的岁月。

带着闲逸的心情，斜坐于窗下翻寻记忆，抬眉却被窗外单纯的绿意而感动，谁说春日闲愁多呢，其实，更多的时候，是我们关闭了欣赏的门，只任烦忧纠缠，譬如此刻的我，已然将烦忧抛掷于无人的角落，只携愉悦与深情。

窗外的风，轻柔地吹拂而过，杨柳依依，随风飘扬，我的心亦随之摇摆，不知何时，我习惯了静静地隔窗观望，观望庭院里的花草树木，观望来往的行人，而后想一段模糊的心事，遗忘一些零散的烦忧。

思绪辗转间夜幕来临，我亦是该带着清新婉约的心情迈入生活的门楣，人生就是这样，无论你是诗情画意，还是寻常凡妇，都逃不过现实所需，逃不出堂前厨下的忙碌。

轻抿一口茶汤，瞥一眼娇艳的花儿，再看看远处的晚霞，心中衍生出淡淡温润。

落下笔端，紧掩门扉，搁下那些爱不释手的喜好，将身心投入平淡之中，投入质朴的生活里。想起那句："山上层层桃李花，云间烟火是人家。"

国色天香，任由纠缠，哪怕人生短……

你听，这歌词，何等的感人，又何等的深情，如若可以，就让这夜色伴着歌声悠扬婉转，让你的心柔情涌动可好？

21 初心依旧

　　早晨的忙碌任谁都无法拒绝，亦无法更改，都说一日之计在于晨，故而，我喜爱每一个忙碌的早晨，因为，这忙碌之中始终带着淡淡希望的曙光。

　　窗外，春天的气息渐浓，鸟语不绝，花香阵阵，暖阳斜着窗缓缓而过，扫过窗台，散发着清远闲逸的气息，一瞬间，光阴似乎悠悠流淌许多年，桌上茶烟袅袅，伴随着悠悠音乐，潺潺流水，千回百转间，让人心生安静。

　　我喜欢这安静的感觉，伴随着这份闲逸，什么都无需去做，只静静地，静静地倚窗而坐，抑或随心写下几段话语，给时间留下痕迹，便觉很好。

　　与文字相伴的这些年，我仿若心中哪个端庄的女子，娴雅清淡，明净出尘，闲时读书写字，养花喂鱼，温婉可人，忙时亦可绾髻挽袖尘劳任愿，不计时辰。

　　有人说看不懂我，我只以微笑作答，何须看懂，这芸芸众生，能看懂旁人的人，我想寥寥无几，我们只要带着一颗美好的心去欣赏一切，便足矣。

　　凡尘碌碌，我只是其中一人，所不同的，不过是我爱静中取乐，只跟随着我的心，安稳度日，我愿把普通的日子过出一份细致的宁静，也只愿做一个端庄的女子，将所有心事交给文字，将自己交给自己，更愿在细水长流的岁月中将日子过出诗的味道。

　　良辰美景，春花秋月，光阴如水亦如金，每一寸光阴都值得我们用心去经历，每一寸光阴亦都值得我们用爱去珍惜，岁月并不会遗落什么，亦不会偷走什么，唯一改变的不过是日渐老去的容颜，然而，只要内心明净，始终如初，那么，我依然还是我，一个带着淡淡微笑，温婉端庄的女子，你亦依然还是你，或文雅如诗，或娇媚如花，抑或奔放不拘，潇洒自如，人生不过几十载，听从自己的心，做自己喜欢的人，过自己喜欢的日子即可。一如晨阳，日日不变，初心不离。

22 放不飞的回忆

日子清浅，内心平静，归家的日子，仿若卸下了捆绑的绳，整个身心都是轻松的。

每日待在温暖如春的屋子里，不必考虑要做些什么，只和所爱之人，随心做一些最为简单而又平凡的小事情，便觉极好，没有主题，却温暖更胜。

就如此刻，我独自光着脚丫坐在地板上，什么都不做，一边感受着从脚底直抵心房的温暖，一边听着屋外的麻将声、欢笑声，便觉很好，很幸福，真的很幸福。

其实，比礼物更珍贵的，是与家人相聚在一起的美好时光，哪怕是为他们端茶倒水做丫鬟，也能让我欢颜展笑。

老家的冬天很冷，屋外积雪沉沉，我喜欢听踩雪的声音，每走一步都会发出咯吱咯吱的响声，那惬意的感觉，总能让我抛开诸多烦闷。

许久未曾归来，身体似乎已然接受不了这种深入骨髓的寒意，然而却依旧有着一颗调皮如初的心，一如幼时，夜晚时分，与姐姐一同踏雪而行，白雪皑皑，灯火微微，行人几许，我们就在其中。每每此时，我总会心生一念，灯火阑珊处，是否也有那么一个人，在寻找生命中的唯一？

久未见面的姐姐说：我没有任何变化，依旧不喜联系任何人。是的，我没变，不主动，不打扰。

然而，不联系不代表已遗忘，只是我明白，有些关系，有些情感，在各自人生的道路上，能够把彼此放在回忆里，已然很好，任谁都不该让久别的尴尬去破坏曾经的美好。

和羞走，倚门回首

  人生如寄，不过如此，曾经以为的此心不变，难忘情深，早已在辗转的岁月中落下了帷幕，虽难忘却不深心。如今，更喜欢的，却是那份淡淡的情愫，似乎唯有这样，才能抵达人生的彼岸。

  此时，光着脚丫，散着长发，倚床而坐的我，忽然闭起眼睛，抬起手来，轻轻吹动，我在吹什么？在吹那些琐碎的回忆，一朵，一朵，如窗外的白雪，起起落落，重叠于掌心。

  是的，我便是那个想要放飞回忆的女子，想要放飞那些触动心房禁不住要落泪的回忆。

  有些人，有些事，有些岁月，过去了，便是过去了，连回忆都不再清晰，我们能做的亦不是厚重的承载，因为人的生命载不动许多愁，亦载不动许多过去，只能随着岁月一边前行一边接受，一边遗忘一边拥有。

  我总是这样，以为回忆可以放飞，殊不知，那些一日日叠加而起，承载着年轮的印记，又怎是一口气便能吹走的呢？就这样吧，且让我允许自己多一些时间来回忆，多一些时间来遗落。

  他说：骑不快的单车，载满你的忧郁，晃晃悠悠的风景载着长不大的回忆……

  而今，长大的我们，再忆起曾经的誓言，是否还能触动心房？

23 淡淡心事赋予文字

漫漫春光在窗外游走,浅薄又深邃的日子随着朝阳缓缓流动,我亦一如往常,收拾妥帖,静静地坐于桌前。

今日不思写字,只用手指随意敲打着细碎地心事,昨日的慌乱不安已然成了故事,深深锁于旧日的年轮。只是,不知它是否能够成为我将来的回忆。

一直以来,都觉得,人生正如书上所说,有许多种巧合,一朵花,一片落叶,一首诗,一句话,一首歌,一个人,都会在不同的时刻,带给我们不同的心境,不同的情感,不同的思虑,以及不同的结局,或许,这便是所谓的缘分。

我本柔弱,却始终拥有一种无声的力量,这力量伴我历经沧桑流转,却初心依旧,不曾更迭。这力量告知我,缘来当珍惜,缘去莫挽留,这力量如同另一个无形的我,让我在不言不语中明白一切,让我在受伤时将伤我之人拒之门外,不予理会。心里却亦不生恨意,始终觉得,世间所有相逢皆是缘起,当温柔以待。而所有别离都是缘落,当洒脱挥手,不计前嫌。

慢慢地,我爱上了这种简约的情致,爱上了这淡淡的感觉,爱上了一个人静静地,清淡无言,只与平凡的日子相看不厌。

曾对先生说过:"如若可以,我只要生病时的一杯温水,饥饿时的一顿简餐,节日里的一束鲜花。"先生不加思考地应承。然而,多年来唯过节时的那束花如约而至,我亦不曾责怪,很是知足地顺着日子前行,且在上次收到花之后提笔写下这样一段话语赠予他:"无论年龄几何,是否相随,希望你永葆买礼物的心态,因为,生活,需要浪漫的味道,爱人的心,亦需要浪漫的滋养。"

和羞走，倚门回首

　　他不知，我的等待需要一颗坚韧的心，不知，这等待的过程中我经历的种种磨难，他不知，风雨交加的夜晚独自外出接孩儿归家的我亦会生出怕意，他不知，而今我的坚强是一日一日地逞强而来。然而，我亦不曾怪怨，唯愿在外闯荡的他平安喜乐，称心顺意，如约归来。

　　是的，如若可以，我只愿我爱之人，爱我之人安好如往昔，如若可以，我愿将生活的苦难独自承受，亦愿撑起沧桑的天梯，只将温暖给予他们。

　　我本安静如花，却又坚韧如草，一心想要简朴素雅，无雕无琢，处处留白的人生，然而，几十载的日子却也雕刻有痕，而今眼神中有了故事，纤手上有了月痕，唯一颗心依旧纯净如初。

24 谷雨小记

谷雨有雨，湿润清香而柔软，我想，这雨滋润的除了大地，还有我们每个人的内心吧！因为此时我的心，正如那窗外的新绿般，被小小雨丝滋润的清透如翠，洁净清香。都说谷雨喝的茶可称为谷雨茶，有清火辟邪之功效，虽不知真假，我这个喜茶之人，在本不该喝茶的日子里还是寻着这一理由而淡淡地喝了一碗盏碧螺春，似闻到了江南的气息，又似看到悠悠河畔窈窕淑女带着淡淡茶香，左手拿着手帕，右手提着竹筐缓缓而过，我不知她的竹筐里所装何物，只知——有茶香萦绕。

谷雨春耕，谷雨食椿，谷雨走谷，所谓走谷，即走谷雨，意指这一日去野外走走，与自然相融，接春而归。

我亦是想要按着古老的习俗来过这一日，奈何没有良田，无法春耕，香椿亦是不喜只得免去，唯带着一颗洁净的心走过古树篱笆，悠步缓行于湖畔林间，赏花拍景，折枝接春，然而我亦知道，其实春末已近，不过是在平淡的日子里寻一抹温馨的诗意罢了。想起元稹的那首："谷雨春光晓，山川黛色青，叶间鸣戴胜，泽水长浮萍。"春——真的很美，诗亦是意境隐现，只是轻轻地读起便觉身处其中，只让人眷恋不舍。

归来途中，拍了几张同一种花，风致却不相同的照片，有的亭亭玉立，有的妖娆涟涟，有的孤傲漫漫，每一朵都有意境，每一朵亦都有个性，一如我们每一个人，性格不同，姿态不同，喜好亦不相同，本想着，摘上几朵带回家中插入瓶中装点生活，奈何每一朵都生机勃勃，每一朵都淡雅宜人，每一朵亦都幽香缕缕，终究是不舍采摘，只是恋恋不舍地携照片而归。

和羞走，倚门回首

一直以来，我喜欢的，或许只是欣赏，而不是短暂的拥有。

雨停了，空气清新，带着几缕夏日的气息，你不去仔细感受定是寻不到的，只有细细品味才可感知这春末夏初的温馨，想来，这样美好的气息也只有寥寥数日，我有想要将这珍贵的感觉藏于瓶中的冲动，奈何它只是一种无形地存在，让想装的无法装入，想放的又无法放下，唯有这文字可记可录可存亦可查，我想，待若干年后，我的文字定会如古卷般伴我鹤发苍颜之岁月悠然。

你听，那不远处的戴胜鸟正在咕咕鸣叫，似在告诉我们，要珍惜这美好时刻。

写及此处，思绪有一点点停顿，我顺着视线抽出一本书——《青苔街往事》。书未打开，一片叶子从书中飘然而落，这是许多年前买给孩子的书，那时，每个夜晚我都会以最为温柔的声音读给还是一年级的他听，而这叶子，亦是那一年的秋天，我领着七岁的他拾捡而归，夹入书中留作纪念的，那时只觉时光慵懒缓慢，也曾期待过他长大后的模样，直到此刻才惊觉时光匆匆，仿若一梦而醒，他已是少年近青年，而我，在岁月的游走间逐渐老去，唯有这落叶仍如多年前那般姿态优雅，婷婷默默地安睡书中，然而亦是需轻取轻放，不敢用力，因它已成易碎的干叶，都说岁月无情，此刻感触颇深。亦不生怪怨，因为每一段岁月都会有美好与你我不期而遇。

无论何时，我都爱这岁月，亦爱每一个当下的自己，若可以，请允许我与这当下的自己谈一场永不分手的恋爱，在浪漫的春天，在炙热的夏天，在萧瑟的秋天，在庄重的冬天，永不离，永不弃，永相爱，永相随，无需轰轰烈烈，只需如白开水那般淡淡地存在。

25 且将思念放心中

春欲暮,满地落花红带雨。随手翻开书的扉页,映入眼帘的便是这样一句诗句。心中生出一种美感,能在这样一个平凡的午后邂逅如此美的诗句,又何尝不是一种幸福呢?

你看,那烟雨霏霏之中,花瓣儿伴着小雨一同坠落,坠落,坠落,多么优美,多么缠绵。

日子忙碌如梭,让我忽略了许多细小的美好,今日,终恢复如常,又可于慵懒时光中慢慢品茶,静静书写,这样的时光,总能让我沉醉其中,久久地不愿离去,好想,好想就这样与时光相约而行下去……

午后的阳光带着湿润的气息温柔地洒落于桌案上,内心生出清远闲逸之感。暮春的美,在于阳光散发出的温柔之气,以及花落如雨,芬芳无限的感觉,只一个瞬间,光阴仿佛流淌了悠悠千年,让人回味无穷。

最是一年春好处,春天虽好,却是留不住,一如这缓缓流淌的美妙时光,只能静静地享用,却无法将它放入容器,留存而起。

我所能留下的,唯有此刻的文字,此时的点滴心情,待来年,一字一句,一边阅读,一边回忆,不知有缘的你们能将什么留下?

你看,那窗扉之下,有一女子安静无争,端然而坐,时而蹙眉,时而深情地低眉书写。

此情此景,已不知重复过多少次,然而,依旧无厌,依旧深喜。过去的日子里,辜负了许多的光阴，如今想来，也会生出遗憾，可我也明白，我们每一个人，都是在逐渐成长中了解自己，爱上自己，从而明白自己喜欢什么，而后一路坚持行进。

夜里做梦，父亲母亲一同而来，心下高兴不已，都说好梦悠长，然而我的好梦却极短，醒来之后再难入眠，辗转中想起母亲说过的话语："日日盼你归来，可每次都是那般匆匆，匆匆地来，匆匆地去，仿若做了一个梦，梦醒了你便走了。"对母亲，远嫁的我有太多的愧对，想她老人家七十有余，我本该常常归家探望，奈何路途遥远，责任牵绊，疫情阻挡，一年能够回去一次已然不易，当下所能做的，也不过是日日视频，夜夜惦念，彼此内心诸多的挂牵终化作那一句句深情的话语。

如果可以，我想对父亲母亲说上一句："天气晴朗的时候，见个面吧！"

如果可以，我想缠着母亲的臂弯，伴在父亲身旁，一同看夕阳西下。

如果可以，愿我的父亲母亲在辗转的岁月中，喜乐无忧，安康长存。

天地昏黄，夕阳西沉，我与慵懒时光不道别离，只说再见，因为再见还能相见，而别离或许永无相见之时。

落笔之际，我听到了花落下的声音，轻如羽毛，声如雨滴，就那样，轻轻地，轻轻地敲打我的心房……

26 初夏记叙

不务正业的时光里,我变成了一个慵懒的女子,什么也不想做,只想虚度,虚度,再虚度……

然而,所有的时光里都有故事在演绎,亦都有我的角色,只是未曾流露而出,有些时候,悄悄藏于角落亦是一种美好的成全,无论于你,还是我。

不得不感慨,时光真如飞啊!待我再次提起笔来,与上次已相隔多日,这么多个日子里,我竟未曾写下任何有关于情绪,有关于生活的文字。

忍不住叹息,生出些许憾意,却也觉无可,人的一生,所有经历的事儿,都是该经历的,所有虚度的光阴亦都是该虚度的,都有它特定的意义,匆忙的心,偶尔需要在虚度的时光里放空,而后,才能更好地感知人间美好。

窗外的雨,淅淅沥沥,从朝到暮,不见停顿,然而却了无寒意,更多的是那弥漫不散的温润与柔软。

我在窗下听了许久,又翻了翻日历,看着"立夏"二字,高骈的那首:"水晶帘动微风起,满架蔷薇一院香",自心中翩然而过。

想起早晨送孩子上学路上,他说:"妈妈,今天中午不回家,我可以更多一点时间来听落雨的声音了。"有时,他不经意的话语间总是带着耐人寻味的诗意,让我琢磨亦让我欣赏。

其实,诗意并非以诗代话,它是一种感觉,一种味道,亦是一种情怀,它会从细碎的话语间散发出来。

暮色苍茫,小雨呢喃,连时光都带着微醺的醉意,而思绪,如同小小精灵,在

和羞走，倚门回首

偌大的酒杯中涤荡徘徊，我似乎看到她微微眯眼的模样，妩媚亦动人，奈何慵懒的情绪想要带着她沉沉浮浮，始终不愿随着我的笔触轻轻落下。或许，今日写下的文字亦是带着一种飘逸之感，一种不易察觉的微微沉醉。

晚风徐徐吹来，或许只是路过，却留下一缕清新的气息，伸出手来，以为可以握住这无形的存在，直到后来才发现什么都未曾留下。

有些时候，偶尔擦肩，却让人回味久久，明知抓不住，却忍不住回眸，想要留下最后的痕迹，哪怕只是模糊的记忆，亦让人生出踏实稳妥的感觉。

夜色渐深，轻轻点一盏小灯，不知能否让你的心舒展，欣喜？亦不知，能否让你有一种从未有过的自由感？若可以，我的这盏灯，愿长明不灭，亦愿照亮每一个黑暗的角落……

行文至此，笔触微停，或许每一个喜爱文字之人都曾如我这般，在某一个时刻，不知如何表达，如同行路的你我，在转角的路口，不知该何去何从，停下来，渴望着能有那么一个人，借一些力量，指一下方向，可最后才发现，无论停顿多久，最后还是要自己选择，自己坚定地走下去。

27 逢夏有情

午睡醒来，只觉热气炎炎，让人难安，然窗外草木繁盛，苍翠有姿，顿觉无限清凉。辗转中泡了一盏盛满山气的茶，在炎热的夏日里慢慢品饮亦是舒心。

后来，还是想着写字行文才是当紧，可多日来都难定内容，故而行进艰难，此时提笔亦是恍然，转而心中生出一念，逢夏有情，偶然邂逅，偶然碰撞的四个字，却是如此的契合心灵，有时就是这样无意生念，无意成全，一如我们的人生。

忆起今晨，伴着初生的日头，穿纯白的衣衫，戴朱红的首饰，端然宜人，只觉日子多情。

徒步送我的小淇去上学，不自觉地想要如幼时那般与他牵手而行，途中他几次三番甩开我的手，而我却次次故意牵起，就这样来会辗转，来回往复，我明白他的行为预示着长大，预示着挣脱，亦预示着分离，然终究不舍，想要尽可能地多一些相伴的时间给我亦给他。

临近校门口时，与他十指相扣而后举起来问他可知其意？他答：不就是牵个手嘛，哪那么多事儿。我告诉他：这叫十指相扣。而后又说道：看吧，许多事儿你还是不曾知晓。他答：以后我便知晓了呀！转身同我挥手道别，再不回首看我一眼。目送他走进校园，却感叹，就这样长大了，在逐渐递减的亲昵里，在彼此不知的时光里，在平淡无奇的岁月里，我终究是要退场离席，而其他未上场的人正在描眉画颜等候时机，人生就是如此，让人无奈又令人有所期盼。

独自一人伴着夏风归来，似忧伤亦悠然，庭院里树梢的叶儿在晨光的照耀下亦是舒展开来,一如我的心,渐渐绽放平顺,而那初绽的花儿更是妩媚娇俏,我的心思跟着洋洒而起,只觉分外自在,分外逍遥。

途中偶遇一对父子,还上幼稚园的小男生走在父亲前面,边走边落泪,父亲急急追赶,嘴里说着:你慢些走,等等爸爸!小男生带着哭腔有些倔强地回复:我偏不,你回去,不要送我。那小模样让我生出些许怜爱,不由地停下来目送他们离去,我不知,后来的后来,父亲能否把他哄好,只知这一幕会给平淡的回忆增添欢乐的涟漪,若干年后他们若能忆起这样的一个夏日早晨定会觉得纯净温馨,稚气满满,温馨无限。然而他们不会知道,这个早晨曾有一个感性的女子路过他们的世界,目睹他们的画面。

人生很长,人生亦很短暂,日子到底寻常,我们能做的便是在寻常中寻出一种新意,内心柔软,便可感知诸多温情,诸多故事。

逢夏有情,有的是母亲的不舍,父亲的迁就。逢夏有情,有的是孩儿的挣脱与倔强。逢夏有情,有的是这一世难舍的缘。这世间说到底,父爱如山,母爱情深。

28 静心度日

夏日午后,炎热如诗,窗外微风掠过,树梢的花朵缓缓起舞,远远望去,仿若那古代的美人儿,妙曼倾城,轻盈款娜,想为所爱之人舞尽绚丽的一生。

光阴悠悠,我独爱,独爱这夏日午后,留一些时间给自己,守一室宁静,与茶相约,与笔墨相随。

物静人安,夏阳炽热,而心却如那池中的莲花,水佩风裳,纤尘不染。不喜多言,独爱写字,喜欢静静地在文字中徘徊,携一缕柔情,时而落寞,时而清欢。

人世碌碌,日子浅浅,或许是年纪渐长,不愿随波逐流,只愿如初,纯粹如水,将日子过成日子,将深情交给深情,将风雅交给浪漫。

墨香悠悠而来,令人逸心舒意,红尘中平凡渺小的我,却拥有着最为简约地情怀,故而,在这散淡的人生中寻觅那一份真挚地清欢。

不经意间我读出这样一句话:"日暮秋山遇,恰似故人归。"转而又想起那句:"惆怅旧欢如梦,觉来无处追寻。"想来,书中那些人来人往的故事,已在无意间深种。

起身推窗仰望,悠悠白云恍惚地飘过,不知它,是否明白我的深情?

室内寂静,猫儿随行,我知,在这个炎热的夏日午后,不只是我一个人的邂逅。

许是累了,忽而心生倦懒,索性倚窗而坐,闻着茶香赏庭院里绿意如影。

你听,是谁在深情吟诵:"花开不同赏,花落不同悲。欲问相思处,花开花落时……"

轻落笔端,唯愿静心度日,余生安好。

和羞走，倚门回首

29 一个爱上浪漫的人

忙碌中，抽出一点儿时间，想要写一篇小短文，给有缘的你们，给温情的时光，亦给婉约的我。

夏日黄昏，炎热中透着淡淡芬芳，这样的气息，温馨而恬淡，浪漫而美好。想起许多年前在书中看到过的一个有关于萤火虫的故事，书名忘了，故事却还在记忆的角落里妥帖安放，那么便提笔写下，也算给记忆一个真正的归宿。

夏日夜晚，柴门庭院，一个温婉良善的妇人坐在矮凳上，一边摇着蒲扇，一边遥望漫天星辰，一边等候心爱的人归来。她的眼睛清澈若水，身着盘口衣衫，挽着发髻，斜插一枝梅花簪，娴雅亦聪慧。

门外狗吠阵阵，让她心慌难耐，然而，依旧不愿走进屋舍，不愿独自对着烛火发呆，那鲜红的蜡烛因融化而流下的蜡痕，一如她思念的眼泪，每每看到都让她泛起酸楚的浪花，已经忆不起等候的时日，只是固执地一日一日等待着，她不知这样的等待还需多久，她不知他的深情是否依旧，她不知未来是否能与相爱之人，每日粗茶淡饭，举案齐眉。她亦不知，他是否如她般将她牵挂，她不知，他是否记得那个萤火虫的约定。只知道，她该遵守诺言，安下心来，念着他，等着他，盼着他……

月儿在天空徐徐行进，她仿佛听到了他的脚步声，急忙起身侧耳倾听，心随着由远及近的脚步声急促地跳动着，有一个声音在耳边响起，她说："他回来了，他真的回来了……"就在此时，那个风尘仆仆的身影，有力地推开院门，着一身长衫的他，身上背着一个大口袋，深情地注视着她，微微地笑着说："我回来了。"我回来了，简单的四个字，却那样甜蜜，甜蜜到她的眼泪如泉水奔涌而出，甜蜜到让

29　一个爱上浪漫的人

她遗忘了一切,只是那样傻傻地,傻傻地看着他一步步走来。他看着满脸泪水的她,轻轻拥她入怀,右手抚着她说道:"傻瓜,以后我日日陪着你"。继而发出一声叹息,这叹息,有无奈,有心痛,亦有知足的幸福感。

转而,看着月色,低眉扶起她的身子,对她说:"猜猜我带回了什么?"不等她回复,他便像变戏法似的打开口袋,成群的萤火虫纷纷飞出,幻化出一条优美的弧度。她笑了,这一刻她期盼了多久,这一刻她等的多难,只有心知道。

仿若不舍惊扰这一对相爱的人儿,狗吠停了,虫鸣停了,就连月亮也偷偷地躲到了云层里,简单的庭院,那一对相拥的人儿,被萤火虫环绕,奏响了幸福的乐曲……

很浪漫,真的很浪漫,我的心亦被深深触动,泛起浪漫的涟漪,想起孟庭苇的那首《一个爱上浪漫的人》。便起身打开音响,她的声音款款而来,一个爱上浪漫的人,前生是对彩蝶的化身,喜欢花前月下的气氛,流连忘返海边的黄昏……

是的,我就是那个爱上浪漫的人,常常会在某个时刻,因着这份浪漫而写下简短的故事。有人说:"浪漫的人心思简单,生活无忧。"我不以为然,只愿带着我的浪漫在稍纵即逝的岁月中留下只言片语的记忆。

夜幕悠悠来临,让我们一同,来听浪漫的歌……

她说:郎骑竹马来,绕床弄青梅。

她说:君心我心,不负相思。

她说:愿得一人心,白首不相离。

和羞走，倚门回首

30 江南雨巷

　　喜欢于忙里偷闲之际，闻着茶香，听那优美曲调，写下简短的文字，这感觉，于我，是一种妙不可言的深情。

　　时间悄悄溜走，刹那间又到盛夏，美好的季节，若能有一座庭院，一边喝茶，一边感受夏风拂过，一边赏花，那该多好。没有庭院也无妨，就如此刻的我，闻着淡淡茶香一边落字成文，一边抬眉看窗外花枝风影，已然知足地露出最为迷人的笑容，心思淡然，时光欢颜，这感觉，如茶，清新含露，淡雅脱俗。

　　有人说："美好不是现成的。"是的，所有的美好都需要一种成全，大自然的美好需要季节来成全，静夜的美好需要明月星辰来成全，更为重要的一点是所有的美好都需要一颗善于发现美的心。

　　我喜欢一切美好的事物，漂亮的衣裳，好看的首饰，可口的美食，以及此刻的欢颜时光和那个始终想念我的人。

　　优柔的曲调徘徊流转，是美是温柔，是淡淡忧伤落于宣纸上，这样的美，不妖娆却真实，一如那张未上妆的清丽脸庞，素净天然，落落无尘，让人心生怜爱，不舍更换。

　　是谁说过："人生红尘心有爱，生活随意才愉悦。"是的，有些时候，随意方能愉悦。

　　一不留神推翻杯盏，洒落的茶汤上漂浮着几片淡绿的茶叶，一如河中的小舟，透着清凉，我如那个乘着小舟采莲的女子，仰起脸庞仿佛有淡淡水雾拂过，而我，只需闭起眼眸便能感知这份属于盛夏的美好，幽幽山谷，潺潺流水，淡淡心思沉醉其中，如诗如画。

午后的阳光轻轻落于身上，有一种难以言说的温柔，我就这样静静坐于窗下，循环往复地听着这首《雨巷佳人》，歌词优美，曲调优柔，"你从江南雨巷走来，柔柔春风轻吻你裙摆，小桥流水乌篷船的桨声，醉了醒了那沉静的楼台……"

你看，那个身着旗袍的女子，打着油纸伞，款款而来，却始终不愿露出美丽的容颜，然而就是这影影绰绰中的美，却最是动人心魄，让你不舍离去。

写到这儿，该落笔了，今日感谢这首歌曲的成全，是它唤醒我的灵感，让我用简单的文字，记录了美好的片段，时光匆匆，我们都逃不过韶光的流转，镜子中我的容颜已然不再年轻，却依旧婉约沉静，走在红尘陌上，我们可以忧伤，却不能沉沦，我们可以辜负，却不能错过。一如我与这首《雨巷佳人》，彼此成全，彼此欣赏。

愿你们，也能如我般听着它感知美的旋律……

和羞走，倚门回首

31 借几许光阴，享几分安闲

借一点儿闲暇时光，煮一壶清闲浪漫，展开蜷缩的思绪，一字一句，写下一些诗情画意，道出一些人间烟火。

提笔之前，想起红楼梦里的那句："几曾随逝水，岂必委芳尘，万缕千丝终不改，任他随聚随分。"世间的你我，若能拥有这份洒脱豁达，随分从时的心怀，是不是再无忧虑，再无坎坷灾劫了？

疫情不止，网课延续，日子忙碌。而我，如陀螺，每日随着冉冉冬阳缓缓旋转，直到月映纱窗，方能停顿歇息。

今日思绪匆急，似有诸多的话语想要交付于文字，有诸多的心事久久等待，等待着我提笔而落，等待着我打开心门让之顺流而出。

故而，借一点短暂的时光，贴上闲暇二字，在一盏茶中，引领着文字，缓缓而行，似乎只有这样，时光才能散发出温和婉约的气息。

冬阳暖照，茶香四溢，使得这庄重清冷的季节亦有了几分和暖柔情，几许优雅若诗。一直觉得，平淡无奇的日子需要一些小小雅趣来增添色彩，比如一缕茶香，一束瓶花，一段文字。他说："太阳的光原本就是白色的，只因到了人间，才变为暖色。"

静坐喝茶，信手写字，妙哉亦快哉，喜乐亦无穷。万物都在随着无声的光阴更迭，而我们又怎能止步，如何来逃避？所有的事情都会过去，所有的坎坷亦都可翻越，一如此时此刻的我们，面对无休无止的疫情，亦只能欣然接受，只能微笑面对。

31 借几许光阴，享几分安闲

阳光淡淡，温馨美好，一如我此刻的心情，浮躁不见，沉静安然。许多时候，唯有带着我的思绪来写字，才能静慢下来，感受一点一滴的静美安闲。

要说不急不躁，那是骗自己的，我只是个普通的妇人，也会因疫情而惶惶不安，也会跟随大家的脚步想要囤一些药品及口罩，抢一些柠檬和黄桃，奈何思绪懈怠，行动缓缓，每每都空落而归。

然而，也不曾因一无所囤而担忧驻足。一直觉得，该来的总会到来，该去的也总会离去，我们能做的便是坦然接受，从容面对，因为他日回顾，曾经拥有过的，都是最为美好的时光，有情有趣，喜悲皆爱。

茶喝完了，字却未了，这久违的闲暇，似乎变得格外珍贵，格外美好，故而让我生出不舍，不舍落笔，不舍起身，仿若落下的笔端，起来的身影，都是失去。失去了闲暇，失去了宁静，失去了向往的感觉。有的只是烦琐的忙碌，不止的旋转，不接亦得接，不愿亦得愿。一声轻叹，或许生活本身就该如此吧。

一如书中所言："温柔地看待，积极地应对，怎么过都是好日子，都有情意，亦有诗意。"

人生虽若梦，然而，该经的风雨必得去经，该历的劫难亦必得去历，否则，何谈完美？一朵娇艳的花儿不经风吹雨打岂能绽放？一棵小树不经四季轮回，又怎能枝繁叶茂变为参天？人生亦该如此。

好了，虽有不舍，亦只能落下笔端，因为调皮的孩儿打碎了花瓶，此刻他背着一支竹子来到我面前，一副豪迈的样子放言说："妈妈，孩儿来负荆请罪了，请您手下留情。"怎么看都像打了败仗归来的壮士，梦难成，恨难平啊！细细思量，我该如何解决此事呢？

寒风随窗而入，不缓不急，似在提醒我要温柔不减，静待花开。

65

和羞走，倚门回首

32 消夏

都说盛夏时节最为妖娆，却也如此吧，院子里的花儿迎着烈日朵朵绽放，一如穿着各色裙衫的女子，裙摆婆娑，美到无言。

春光早已远去，连一丝踪影都寻觅不见，唯连绵的青草，似乎依然停留在人间芳菲的季节里，铺展在庭院的角角落落，葱葱郁郁，让细心的人儿忍不住感怀，感怀岁月的流逝，感怀邂逅在春天的故事。"风不定，人初静，明日落红应满径"，飘然而至，而后在心中久久地徘徊。

岁月清浅，无痕且深情，寒来暑往，秋收冬藏，日子就这样过去了，许多的事情，甜蜜也罢，伤心也罢，皆会随着时光这条河流淌而过。

喜欢文字许多年，却也只是默默地书写，悄悄地存在，闲散光阴里，便会携着文字游走，渐渐地，与文字难道别离，一如我养的猫儿，彼此成全，长情为伴。

日子炎热，心中清凉，着一身轻薄白衣，束婉约发髻，穿行于屋子的角角落落，除尘扫灰，尾随的猫儿一边欢腾一边叫声不断，让这看似平凡的夏日有了些许诗意，陆游有诗："裹盐迎得小狸奴，尽护山房万卷书。"他用一袋盐迎来一只猫，而小猫亦是尽心地呵护着他书房里的万卷书。一直觉得猫是有灵性的动物，譬如我的猫，似乎认我为阿娘，知我孤独，时时跟随，刻刻不离，贴心顺意。陆游因家贫对猫有愧意，而猫却并不在意，只尽心守护，不曾离去。我对我的猫儿无有愧意，只愿我们缘分的线能够长一点，再长一点……

闲逸时光，除了喝茶，便是写字，有时觉得，此生最难舍的，也唯有这几样了，时常觉得自己是个年迈的太太，无人管束，无人疼爱，只一个人带着猫儿，携着岁月的痕迹，平静，自由，散漫地度日，似乎这样，也是一种无拘无束的美，一如那天上的云，随风飘荡，变换姿态，自由洒脱，却又带着些许傲娇之气。

从不觉得自己是个有才情的女子，也未想过要一鸣惊人，只愿如盆中的绿萝，坚韧良善，无需刻意修剪，有水便可生，有水便有形。

有时觉得，做个看似静谧，实则知心有情之人，亦是极好。与人相处，无需刻意讨好，无需太多华丽地语言，只用心陪伴，不弃不舍，解忧祛烦，便是人间极致的美。

正午临近，炎热更胜，垂落的纱帘悠悠飘动，窗前的我依旧低眉书写，似乎有太多话语想要与你言说，却又难言难诉，抬头之际，远处群山环绕，云海深沉，忍不住低低哀叹。心中似在期待那去不了且遥远的地方，期待邂逅那更美的风景。

到底，我只是个素淡的凡妇，心中亦有执念，有未圆的梦，有未了的情，还有未见的景，却也不烦不愁。

守着一只调皮的猫儿，一壶喝淡了的茶，一支未落的笔，几本未曾读完的书，又何尝不是一种自在的幸福，也罢，柳叶低垂落花飞，漫天花雨绽妩媚，就让这美景，在心中铺展，蔓延……

和羞走，倚门回首

33 寸寸光阴，于当下都是珍贵

　　夏日午后，微风轻轻，阳光绵绵，娴静美好，这样的时刻，似乎做什么都是享受，做什么都能安然。

　　而我，选择倚在床边打个小盹，然而醒来却被一种无力感紧紧包裹着，起身冲了杯咖啡来到书房，书桌明净，不见尘埃，翻开书看了几行，似乎也看不出什么深意，只觉身轻如叶，仿若漂浮在大海之中，无枝可依，无岸可靠。

　　转而想起一句歌词："你是朵莹洁的睡莲，漂浮在青春的水面……"一边想着，一边心中哼唱，亦是生出欢喜，舒颜展笑。端起咖啡，小小地喝上一口，这咖啡总是带着某种神秘，一口而下便让人心清眸明，微微的力量感缓缓升起，如果说方才的我是落叶，那么此时的我该是初绽的莲，洁净芬芳，不枝不蔓。

　　不知怎么，就随心写了这许多，不得不承认，许久不曾书写，我的笔仿若沉睡了千年，我的思绪亦是半梦半醒，模糊不清。

　　其实所有的时间都花在了日常琐事中，然而，却也是碌碌无为，唯一庆幸的便是，这繁忙的日里始终涤荡着幸福的涟漪，故而，觉很是值得。

　　有时觉这样也是极好，一颗心只放在最爱的人身上，愿将时间给他们，愿将美好给他们，愿将心事花在他们身上，他们笑了我开心，他们忧了我难过，为了他们可忽略我平日里的小爱好，为了他们亦可学着做许多曾经不愿亦不想为之的小事情，我想，这便是爱！

　　我爱着我的父亲母亲，我爱着我的小小少年，我爱着我的他，我亦爱着我的手足，这世间最为珍贵的情感，怕也只有他们能够给予我，我愿回馈付出的亦只有他们。

或许，世间你我都是如此，或许，世间你我都重情意，或许我们都懂爱，却不知，这爱里包含着多少细密的柔情，包含着多少琐碎的付出。

行文于此，竟不知该如何落笔，思绪萦绕，难以回转，窗外绿树成荫，石榴花朵朵绽放，远远望去，像一颗颗红宝石镶嵌于枝干上，闪闪发着光，让人觉一切都是刚刚好。

我想我该落下笔端，与父亲母亲一同在庭院里走走，去感知夏日的美好，去欣赏花儿的娇媚，去诉说简单的心语，去回忆遥远的过去。

你听，是谁在呢喃："寸寸光阴，于当下都是珍贵。"

如若可以，我多想这是一场永不散的相聚，无论途经何处，都能够久久地停留于此。

咖啡凉了，笔墨干了，思绪停顿下来，而我的故事还在继续……

和羞走，倚门回首

34 光阴无往来，日子过成诗

　　荒芜多日，该提笔了，要写些什么，却也不知。随性如我，从不喜设定主题，只是随着淡淡思绪一笔笔写下去。

　　窗外浓荫掩映，若不是多日落雨，也该有了暑气的味道，时光如飞，年年岁岁，岁岁年年，说起来似乎漫长无边，实则短暂易逝。

　　伴着清凉的光阴，忆起去年的此时，眼疾难耐，术后每日落泪不止，那时，下定决心永不再戴隐形眼镜，可今年，我已偷偷戴过许多回，真的是，当下的思想和决定不能代为永恒，有些话语安放就好，有些诺言听听就好，有些感动深藏就好，不必在真是假来假亦真的世界里左右徘徊。

　　习惯了一个人掩起门扉，守着闲静地光阴做一些微不足道的小事情，将屋舍打扫到一尘不染，将采回的小花插于瓶中，将杯盏洗到晶莹剔透，每每此时，都会被一种遗世的美包裹而起，一直觉得，不将就于生活亦是一种难得的情怀。

　　虽喜欢安静地独处，喜欢自由无拘的感觉，却也明白，人生不该被孤独占据，还有许多迷人的风景等着我去赏阅，有许多温暖的故事等着我去倾听，亦有许多注定要相遇的人等着我去邂逅。

　　喜欢清静，偶尔却也想要背起行囊远行，想要感受不同的风物人情，想要阅尽人世繁华，所行半生，虽去过的地方不多，但依然知足且深爱，深爱现下居住的地方，以及所及的一切，窗外的花草景姿，室内的寂静小鱼，看似默默地存在，却于四季轮回中陪我伴我，有情也有意。

　　说好了，不理是非，说好了，不问尘烦，说好了，不取悦他人，更不为难自己，可有些是非会主动叩响门扉，有些尘烦亦会莫名地来牵绊于我，在处理是非的时候注定会委屈自己，在心疼她他人的时候亦总会想着法儿的博她一笑，不知这算不算取悦，算不算违心？

曾经有一个心愿，那便是，若可以，我便做一缕自由的清风，独自行走于红尘，邂逅那个想要遇见的人，以及一些想要赏阅的景，背着我的行囊，在最爱的城市，停下脚步，不再离去。然而，行至此处，做了母亲，却连短暂出行的勇气都不曾蓄满，更无法借取时间，想来也该是遗憾了。

是谁说过："和喜欢的人看世间，残山剩水也风流有情，与喜欢的人过日子，粗茶淡饭也弥足珍贵。"回想过去十几载的困苦人生，与先生一起辗转劳碌，尝尽风雨，看尽冷眼，才换取当下的闲情散淡，温暖萦绕，是的，我应当把日子过成自己喜爱的模样，喝茶，点香，插花，写字，等着异地的他如约归来，一同共话夜雨，如诗亦如画，柔情也温馨。

你听，不知是谁在吟唱："倘若我心中的山水，你眼中都看到，我便一步一莲花祈祷……"

说到底，无论是琐事不歇，还是饮酒吃茶，不过是希望有一个相知相爱之人，与你我一同感知罢了。

和羞走，倚门回首

35 庭深人静

　　七月的午后，久违的清静，却有种百无聊赖之感，转而平静。一时又来了兴致，守着满室静默，书本掩面，静躺椅子上，思绪如风筝，高高低低起起伏伏。

　　每个人都希望自己的人生是圆满的，然而，不圆满才是人生。只是，年少时的我们，无法悟到罢了。

　　三十岁之前，我是个不够完美的女子，日日被烦忧缠绕，夜夜亦不得安睡，因而，辜负了许多慢且长的岁月，那时我只想努力弥补残缺，只想证明自己，只想成就完美，亦只想此生无憾地活着，继而将万事搁浅，不记光阴，只为一件事而辗转，只为一件事而忙碌，亦只为一件事而惆怅，直到后来，才明白，在我努力做一件事情的同时，错过了最为可贵的年华，亦忽略了许多人间真正的冷暖。

　　时光，真的不由我们来支配，有时，一往直前的奔赴，会忽略许多不经意的美丽风景，或许错过的便是人生最为璀璨的年华，然而，身处时却并不自知，只觉得日子漫长，好的仍在前方。而今我是有一些遗憾，可我也明白，生命中正是因为有了选择和坚持才会有不同的结局，我虽已老去，却仍感谢上苍厚爱，让我经历磨难而后得以弥补残缺，在那些本就存在的残缺面前，我的这些遗憾一如微微尘埃，无需拾捡，亦不想再拼凑，而真正想要拾捡的又怎能轻易捡起？也正是哪段苦难的岁月，让我明白，从容不迫的岁月是多么不易，要怎样才能珍惜，亦让我懂得了释怀。

　　红尘滚滚，沧海桑田，有时，真的想要做个不知今夕是何夕的女子，只守着一室温暖，白日烧饭煮茶，夜晚红袖添香，即使无言，亦是好的。

时光温婉，内心平静，如若可以，就这样躺到地老天荒可好？如黛玉那般，让浅浅的心事，随着岁月的河流掠过，洗净忧伤的尘埃。

累了，起身，却想起那句："盈盈一水间，绿意心盎然。"有些时候，有些思绪，总是悄然而至。想来，我亦是个诗意之人，却又平凡渺小。

窗外夏阳热烈，花也绚烂，仔细聆听，小鸟对唱，风也缠绵，我倚窗而站，枕窗而栖，就这样醉在盛夏的浪漫诗意里。

有人说醉后无梦，却也不知真假，只知，此时沉醉后的我，思绪清晰，眼神明丽。几日不见，庭院里的花儿，开开谢谢，好不欢闹，或许我该停下来，出门观赏才是。

那日好友问："你是如何做到如此清醒？"我笑而不言。其实，我自认为自己不是人间清醒。不过是，做自己，不与他人比，不与他人语罢了，许多时候，许多事情，我都是知而不言。始终记得那一句："深情的话要留给懂得的人，心里的话要留给在意的人。若没有，那就留给另一个自己。"

是谁说："留下一个人和一盏灯，让黑夜躲在窗外，寒冷的尽头是一壶酒，温暖我唯一的梦，许多生命里走过的风风雨雨，并非每个人都懂，亦非每个人都能体会……"

和羞走，倚门回首

36 暑气喧腾心宁静

暑气喧腾，需要一场清凉的雨，然而，风不动，云未来，雨亦远。

炎热日子里，喜欢在凉爽的室内听着音乐写心事，此时此刻，我是那个身着白衣，扎着花头巾的女子，想要随着一首深情的歌儿，写下只言片语的记忆。

已经许多天没有认真写过东西，也未做任何笔记，只拥着一颗犯懒的心闲度光阴，偶尔也会问自己，你是江郎才尽了吗？怎么会灵感全无呢？怎么会懒于动脑了呢？

可最终我又告诉自己，你该带着你敏感的心去记下每时每刻的故事，你该在灵感来临之时积极书写，而不是拖延。

果然，我和所有人一样，容易被懒惰打败，然而，我又是容易觉醒之人，故而，才能继续前行。

或许是因为炎热吧，近来格外期待夜晚的来临，期待灯火阑珊时，与一见如故的好友相伴漫步，昨日灯下相伴，她带我走了一条从未走过的路，我请她吃冰激凌，她问我："这感觉好不好？"我说："很好，仿若又回到学生时代，纯真亦美好。"

宁静的夜晚，我们就那样慢慢行走，路灯折射出我们的影子，瘦高的样子胜似迷人。她说："我们能够一见如故是因为星座的匹配。"这让从未在意过星座的我，忽然对星座有了兴趣。今日特意下载了小红书，在上面详细查询了解。人就是这样奇怪，有些喜好总会在无意间经某个人的牵引而萌生。

这暑气喧腾的日子里因用心查阅星座亦不觉炎热难耐，反而只怪时间过得太快，想要尽可能地省些出来，多翻看一会儿，多了解一些，其实了解星座亦是一种知识的储备。

  人生匆匆，要学的东西实在太多，想学的东西亦是不少，能认真对待却也不易，其实真正静下来认真专研一件事儿的时候，岁月才是静好的，而心亦是妥帖无扰，哪怕是这难耐的热，亦无法缠绕人心，只觉静如水面，无波无澜。

和羞走，倚门回首

37 秋天的早晨

慵懒数月，该回归常态，认真耕耘才是，然而，失眠之后头疼如影相随，由不得生出烦闷。

早晨，特意迎着朝阳漫步而行，喜欢秋日的早晨，更喜欢散发着淡淡桂花香气的早晨，一个人，着一身长裙，漫步于熟悉的小路上。

一边漫步，一边与夏天的故事重逢，那感觉，胜似美好。多日未曾来过，姹紫嫣红的景色已然落幕，唯有寥落中夹杂着的一种沉静之美，我想，这便是秋的模样。

这一树零落的小花从夏日开到秋天，依然未见残败，生命于它似乎格外坚韧，格外漫长，来到它身旁，忍不住，停下来，拍下它的身影，我与它偶然邂逅，不曾熟知，我不知它为谁而开，它亦不知我因谁而来，只是这样默默地相对，不知它能否感知我的忧烦，只觉得，不熟知才是人间极美，只要我来了，你还在就好，这种感觉真的很暖。

有些缘，看似蹊跷，实则早已注定，所有偶遇，无论是人与人，还是人与物，抑或是我与这棵树。陌生的我们，陌生的情愫，每每走来，都愿意在它身旁停留片刻，哪怕只是轻轻一声叹息给予它，亦是一种情感。

都道秋天是一个令人感怀的季节，感怀什么？感怀春天的故事，感怀夏天的深情，还是感怀过往的离愁别绪？看着匆匆而过的行人，我想，此刻感怀的人，应该只有我一人才是。

我感怀，感怀春天明净的绿叶，感怀夏天妖娆的妩媚，感怀春天那一粒名叫故事的种子，在夏天渐渐发芽展露，秋天来了，它是否能够正式上演？待冬日降临它又该身归何处亦是不知。

幽僻处可有行人，点苍苔白露泠泠。不知为何，突然想起这诗句，有时，喜欢的不过是一种意境，想起的却总是深情，或许，仅仅只是触景而发，只是想要记住美丽的瞬间。

一直都觉得，时光的美好，来自心的感受。于我而言，一朵小花，一首老歌，一盏清茶，一个人倚着窗任思绪缓缓，亦是一种美好。复杂的人生，简单便是美好，静处亦是一种美好。

人生，需要有些时刻慢下来，静下来，就如此时的我，虽带着隐隐头痛，却在这份慢下来的时光中，静静地回忆着那个关于早晨的故事，回忆着独自漫步时的美好。

窗外秋光叠叠，窗内宁静安然。落笔之时，微风吹起书的扉页，我看到这样几行小字：

我来了。

我看见了。

我给予了。

和羞走，倚门回首

38 青山问我几时闲，从容有情度余生

这世间，有些事情，开头总是很难，譬如此时此刻的我，难得闲静，想要写些什么，可却提笔难落，积攒了太多的话语想要借字言说，然而，却不知怎样的词句最贴切，怎样的文字最懂我，只是一副静默状地思考着，莫名地想要回到原点，回到原点寻找那起始的答案，然而，亦是不能。

到底还是糊涂了，日日游走日日忙，有时觉得曾经那个雅致的自己已然飞到了遥远的地方，有时觉得她还在，只是悄悄地藏匿而起，不忍也不舍打搅忙碌的我，待我转身之时，她还在，我亦在，总有一日，我与她定会合二为一，回归那原本的模样。

吾心似秋月，碧潭清皎洁，无物堪比伦，叫我如何说？辗转间想起寒山的这首诗，我喜这意境，初读便深记，读过便难忘，一如那有缘之人，仅一面便难忘，仅一面便深种。如若可以，愿你我都可修一颗秋月之心，度喜悦人生。

秋意绵绵，凉意微微，忍不住起身闭上开启的窗，似乎这样便可将秋置于窗外，将丝丝微凉的气息驱出我的世界。

一直以来，我都如同那个缺爱的孩子，渴望温暖，喜爱暖意，想要温柔地做自己。如若可以，亦愿将这温柔的力量给予你，献给她。一如那浓云之中的一缕阳光，给人以绵密的柔软，给人以淡淡的喜悦，给人以无限的希望。

昨日与母亲一同摘了些桂花盛罐封存，封存这一季的美好，封存这一季的记忆，封存母亲的身影，待来年，待未来的未来，拥怀想念，忆起这个有爱的清秋午后。

离别在即，心中日日酸楚，多少不舍不能言说，多少无奈无法道出，人生就是这样不经过，唯珍惜当下，珍惜点滴的共度时光方可弥补往后不能陪伴的日子。

　　日色暗淡，一如我的情绪，暗暗无光，酸涩难耐，唯桂花的香气在屋子里弥漫徘徊，不由得一声低低地叹息，抬眉四周观望，心底发出幽微的声音，日子清淡，然而到底还是好的，许多的美好或许就在明天的明天与你我不期而遇，有离别才有相聚，有难过才有喜悦。

　　窗外日色渐明，鸟声清悦，我原本暗淡的心亦变得宁静，变得安然，说到底还是要接受离别，珍存美好。

　　其实，人生有许多的回忆，都值得与岁月同行，有些美好，留在心中，一如那美丽的风景，永远都不舍抹去。

　　轻轻放下手中的笔，抬手托腮，透过窗，似看到一缕忧伤挂于我的眉间，有些迷人，有些可人，亦有些无以言说地悠悠然。

　　起身独立窗前，望着庭院渐淡的绿意，感受这秋日的另一种风情，另一种清丽，另一种不施粉黛的淡雅脱俗感。

　　秋风习习，似有无数的心事想要诉说，又无从说起，本就忧伤，不听也罢，转身将桌案收拾利落，煮一壶闲茶，等待父亲起来一同闲话家常。

　　就这样吧，趁父亲母亲还在，紧紧抓住时间的小手，从容有情地做一切想做的事儿，尽可能地将日子过得深稳饱满，过的风情万种，过的温馨美好。

　　你看，斜阳才刚若影，那归巢的鸟儿便喳喳叫着掠过树梢，忽而心生一计，急急地推开紧闭的窗，将烦忧抛洒，让它随着鸟儿一同远去……

39 妙曼秋日

是谁说过,夜里的事儿,交给梦。然而,对于一个失眠的人来说,却也艰难。连日来,夜夜辗转,日日倦怠,这失眠,怕是好不了了。

这难过的感觉,让人有种想要落泪的冲动,眼泪仿若蓄意已久,无法在心中安放,只等待着这一缺口打开,如汹涌的波涛带着委屈,携着不适,奔涌而出,直到流干,倦怠缓解,看着一窗秋景,只觉妙曼温暖,心中柔软舒爽。

我曾说过,眼泪,不是眼泪,是解药。直到此刻,依旧深信。因为亲试多次,次次奏效。

轻轻依偎到躺椅上,伴着秋日暖阳,微眯着眼睛,拿起手机,打开朋友圈,选了一张戴着眼罩入眠的照片,写下这样一段话语:"窗外秋光艳艳,像极了春天。想要像她一样,安享一会儿闲适的光阴,不知能否入梦邂逅从前的那个自己。"

手机滑落,亦不去捡它,就这样微微入眠,一如那个胆怯的小女孩,轻提裙摆,迈入梦的森林,极浅极短的几步,便转身而归,然而,于我而言,这就够了,缓缓睁开眼睛,温暖的阳光照耀着脸庞,如幸福的魔咒,一圈一圈地转动,无需对镜,我便知道,我的容颜定如擦了粉黛般明媚妖娆。

忽而想起那句:"醒来,读书,写长长的信,在林荫路上不停地徘徊,看落叶纷飞……"

有些名言,就是有这样的效力,让你忍不住想要如它般去做一些类似的事情。

起身,任长发散落,裙摆婆娑,想要去往那条熟悉地林荫小道,无限徘徊。途中，偶遇三叶草，这偶然是必然，亦是美好。驻足停留，人生匆匆，总有一些美好突然而至。

我喜欢秋天，喜欢拾捡秋天的落叶，因为它象征着生命，如若可以，我愿捡起所有坠落的生命，让它继而延续。

这条小路，寂静而熟悉，每每走来，心中便会想起那句："幽僻处可有人行，点苍苔白露泠泠……"

落叶纷纷，一边行走，一边感受它的美，继而一片一片拾捡而起，这半绿半黄的叶子，仿若化了脸谱的美人儿，只让人心惊。

这一刻，心中生出某种亲切之感，面带微笑，起身，携落叶而归。

借着一抹温婉秋阳，将温柔的语言，一一赋予落叶上珍藏起来，留给未来，留给回忆……

我说：梦里不知身是客。

我说：今夕何夕。

我说：一叶知秋。

我说：一朝一夕。

不知，有缘的你们，可否愿意弥补下一句，亦不知，会弥补怎样的语言……

和羞走，倚门回首

40 落在莲花上的蝶

秋日黄昏，清澈亦迷离，让人忍不住单手扶额，望向日暮垂落，漫天烟霞之处，仿若农家妇人，等候着那个勤于劳作的男子归家。

记不得，多久未与黄昏相约，多久未与歌声为伴，多久未用文字诉说心语。

我以为，自己就此与这份喜好背道而驰，我以为，自己从此归于平庸，不再诗情，亦无画意。

然而，当时间属于我时，当音乐响起时，当黄昏临近时，无需任何牵引，我便静立窗前，看过黄昏，看过烟霞，莞尔一笑，落坐桌前，起笔，随着音乐在时光中书写心情，这感觉是惬意，是沉稳，是悠然，亦是雅醇。

此刻，窗外暮云低垂，室内缓缓流淌着落在莲花上的蝶，飞过红尘飞过沧海的那只蝶，看尽繁华看尽缘起缘灭……一句句，仿若旧时光在心中盘旋回转，流干了多少泪，还不清欠的孽，回头一瞥，前尘恍如雪。飞过天涯飞过桑田的那只蝶，倾尽云烟徒留心头千千结，要付出多少情才了完一生劫。无奈的歌词，一如黛玉的人生，真情难觅，情劫难过，洒尽眼泪也无法偿还。

人世情态，随光阴流转而不断更改，有些难遂人愿，有些如你我所愿，正如歌曲的尾声，落在莲花上的蝶，可否明悟一切都忘却，莲渡有缘到青灯夜，一颗心再无盈和缺。

弱水三千，只取一瓢，或许并非情深，可却格外动听。

这些年，我喝过许多种茶，遇到过许多的人，然而，仍旧独爱普洱，只念远方的唯一，余生亦不容旁人占去半分。

岁月漫漫，尽期几何？我就这样与时光为伴，看似每日都在重复，其实日日有所不同，昨日沉寂的鱼缸，今日因着几条鲜活的小鱼而变得欢腾有色。

昨日微雨，今日晴好，昨日风过无声，今日风过处落叶无数，清冷孤傲，不与人言。

而我，亦与昨日不同，虽不鲜明，但我知那若隐若现的微纹正在一日日加深，一日日留下岁月的痕迹。

写到这儿，窗外已暮霭深深，细细去闻，似有桂花的香气随窗而入，令人心生甜蜜。

我向往"宜言饮酒，与子偕老，琴瑟在御，莫不静好"的情感。而他，为生活，为梦想，只能去往遥远的地方浮舟沧海。

然而，人生正是因为有了这些所谓的缺憾，才令人向往，才会更加珍惜。

你听，她还在悠悠吟唱着，落在莲花上的蝶，正是花开人间的时节……

月儿漫过窗际，似在轻声呢喃，无人作陪又如何，独自亦可闲庭小径，赏月酌酒，煮茶烹饪，岁月静好……

41 袅袅秋日，心事清扬

细雨绵绵的日子，仿若带着剪剪轻愁，如烟如雾，似梦似幻，淹没人的心房。

忆不起，有多少个日子未曾书写过心情，只一日一日地叠加。好的，坏的，忧的，喜的，那些看似相同，实则有别的日子，一页一页，齐齐整整收于心的角落。

岁月悄悄迈着脚步，不觉间，又是一个秋季，又是一个落雨的秋日午后。

那一年，也是一个落雨的秋日午后，我独自坐于书房，书写寥落的心事，独自站于窗前听细雨呢喃。而今，再来回味，仿若遗落在千年的尘梦，只有模糊地痕迹在心中徘徊，却忆不起那一日写了怎样的心绪千言。

不禁感叹，悠悠岁月，能够记住的，却也不多。窗外，小雨依旧，未曾停歇，一如我的笔端，发出沙沙的响声，心中倦倦懒懒，却也不想停动，只想在一个人的时光里随意写下深情的心事。

寒林点鸦，烟波染暮。此时，我与岁月同在，与笔墨为伴，与茶为知己，因为只有它们可以扫去我眉间那抹若隐若现的忧伤，只有它们可以带走我满身的疲惫。

日子平淡如水，而我们，不过是水中的一粒沙，又何必纠缠不休，不如随了它去，如那水中的鱼儿，自由自在，好不欢喜。

雨似乎停了，又似乎未停，声音极小，却极具优美，一滴，两滴，三四滴，滴滴敲打我的心。我知它的诗意，亦懂它的浪漫。

它说：自在飞花轻似梦，无边丝雨细如愁。

它说：众里寻他千百度，蓦然回首，那人却在，灯火阑珊处。

它说：何当共剪西窗烛，却话巴山夜雨时。

它还说：愿得一人心，白首不相离。

墨香幽来，舒意逸心，一个人的时光，时常让人沉醉难醒，仿若喝下一壶陈年美酒，真想就这样，伴着细细小雨，手扶额头，打个小盹，做个美梦，在梦中寻花觅诗，清静自在。

有时想来，我果真是个容易知足的女子，仅这一会儿独处的小时光，已然卸下了疲惫，满目含笑。

秋风带着适宜的温度随窗而入，仿若想要告诉我，该添茶了，起身，却不愿将茶添满，又一次，静静地倚窗而立，听小雨呢喃，看几片落叶……

42 窗下的妇人在写诗

今日寒露，阴雨绵绵，不曾停歇，仔细去闻，似乎已有了冬的气息。怕冷的我，一早将茶巾铺展开来，一壶一壶地冲泡着这盏最喜的普洱，一如窗外的雨，未有要停的意思。看着茶汤由浓到淡，只觉浪漫也情深。

被琐事缠绕多日，熟悉的笔端似乎变得陌生，提起来，想要书写，灵感已不知藏于何处，这种空无的感觉，着实让人无奈。

只得搁下手中的笔，像个失落的孩子，来到镜子前，看着今日的紫色旗袍，白色毛衣，忽而展颜。心下不禁感叹，岁月的美好，离不开温柔的衣衫，深情的笔触，以及这一盏浪漫的茶汤。

天凉，屋内寒意更甚，开了暖风，想起那句："昔日所云我，而今却是伊，不知今日我，又属后来谁？"是啊！从前所云的我，如今已成了她，不知今天的我，将来又会成为谁？如若可以，望能成为那个自己所向的样子。保有如今的情怀，浪漫深情，忧伤雅致。

窗外烟雨霏霏，屋内茶香冉冉，而我依旧坐于窗下，想要将诸多的心事赋予文字，一如那个窗前的妇人，时而厨下烹饪，时而桌前书写。

一直觉得，人世的美好，与身份无关，若能有一颗知足而温柔的心，便能感知生活的温情，生命的滋味。

当那些美丽的似水年华变成一张张老照片，再忆起，依旧深情满足。这就够了，真的够了。

42　窗下的妇人在写诗

想我这样一个平凡的妇人，却也能感知生活的点滴美好，从而填满原本荒芜的岁月，也是知足。

那日，先生看着我铺好茶巾，一盏一盏地冲泡，却也不觉烦琐。便说道："你真讲究。"我不以为然，对他说："其实，我不只是为了喝茶，我是享受这一过程。"这样细致而洁净的过程，让我觉得岁月亦变的有情，等你的时日亦有了温馨的气息。

于我而言，生活原该如此，洁净、温馨、浪漫、深情，柴米油盐的日子里亦有我们觉察不到的温情。

我等他这许多年，原本以为柔软的心在岁月的打磨下，在生活的历练下，在一个人托起整个家的责任下，会变得坚硬。然而，它没有，这颗心，依旧柔软如初，深情如初，坚定如初。它始终明白自己要什么，明白，该如何装点平凡的日子，如何与荒芜的岁月相看不厌。

岁月百转千回，然无论何时，我还是我，想要在简单中寻一抹诗意的我，想要将质朴的日子过出一份雅趣的我。

写及此处，对生活更添爱意，如若可以，愿你我，都能在有去无回的岁月中，深情而认真地对待每一个看似平凡，实则温暖的日子。因为，生活，是由一个个平凡的日子构成，而我们便是生活的主人，只是舞台不同，演绎的故事不同罢了。

一如此刻，窗下的妇人于笔墨间徘徊，而窗外的行人却打着伞，迈着匆急的步伐……

而我，便是那个窗下瘦弱的小妇人，一边书写一边在想，该给这篇散文起个什么标题才好，最后定为：窗下的妇人在写诗，其实亦非诗……

和羞走，倚门回首

43 秋日私语风扰梦

  时光如水，脉脉含情，不言不语，静静流淌，多日不曾提笔，日日劳碌，日日繁忙。唯有这颗心，始终宁静，始终恬淡，始终悠远。

  也曾于无数个繁忙的日子里渴望过闲散，时常想起弗吉尼亚·伍尔夫的话："挣到足够的钱，去旅行，去闲着，去思考世间的过去和未来，去看书，去做梦，去街角闲逛，让思绪的钓线深深沉入街流之中。"然而，寻常的我们，除了银钱的牵绊，还有诸多的责任需负，所有的这些，看似简单易得，实则难之又难，唯有一颗自由的心，可行至水穷，可坐看云起，可采菊东篱，亦可悠然南山。

  近来，日子于我，除了忙碌，还有疾病的纠缠，染了咳疾，二十一日之久，夜夜不能成眠，所幸的是并无大碍，在点滴随着血管淌过身体之后渐渐驱除，从而康复如初。

  笔触搁浅多日，许多个时刻，许多的想法，都一一忽略不计，也曾想糊涂地度过每一个不适的日子，如街市的妇人，卷起裤管，只埋头忙于当下的事物，万事无碍，不牵不挂，不念不想。然而，每个人的心性不同，所念亦不相同，随着身体的恢复，思绪心间萦绕，每日渴望书房静坐，渴望满窗翠色，渴望墨香悠然，渴望起笔而下将心事流淌，而后跃然纸上。

  奈何家中事情颇多，想要得空亦是艰难，这不，为了写文叙情，舍了午休，舍了茶的深情，舍了父亲母亲的陪伴。

  于我，坐下来静静地写字，便可疗愈一切的烦忧，此时的时光如酒，散发着不易察觉的香气，思绪似乎已然微微醺，如薄雾，如青烟，如那若隐若现地悠悠然，袅娜多姿，娉婷悠缓，亦如那洁白的丝带，随着秋日淡淡地风慢慢飘荡。是优美，是妖娆，是无以言说的美丽感。一如那低眉的女子："转盼如波眼，娉婷似柳腰。"

曾经，我不喜秋天，不喜落叶，不喜寂寥的凄凉感。我和《青苔街往事》里的灯灯一样，只觉得每一片叶子的坠落都是一种生命的终结，心中会生出淡淡地疼痛，总想弯腰拾捡而起，而后带回家中，轻轻地，一片一片洗净晾晒，不舍亦不敢用力鲁莽地对待，生怕它们碎了无法拼凑，总觉唯有这样，可拯救，可挽留，可怀念。

今时却不相同，或许是因着父亲母亲在身旁，或许是年岁渐长，明白的事情越发多了，能够心平气和地顺应自然，亦能发现寥落季节里的别样美。

你闻，风中除了秋意还有淡淡桂花香，这香气，氤氲扑鼻，淡雅有韵，仿若置身仙岛之上，整个世界都是芬芳的，无论你的烦忧多杂乱，都可祛除，无论你的重门多紧闭，都可叩响而开，给你满室的淡雅与幽香，让你温柔地做自己，安宁地去思考，用心地去打理。

落叶如花，落叶亦如画，每一片落叶都带着自己一生的故事，有深情的，有伤感的，有喜悦的，有无奈的，有碌碌无为的，它们的故事还未开始便已终结。一如许多人的人生那般短暂，那般惋惜，那般无言。亦有刚刚长出的小幼叶，刚生出，便只能随风坠落，它们便是那绽放的花儿，随风坠落而绽，一如那古代的美人儿，提着裙摆旋然而下，美到无言，生命虽短暂，却让人一眼万年。

乏了，抬眉望向窗外，想起那句："恰归来，南山翠色依旧。"我喜爱这翠色，亦喜爱这意境，仿若梦中，淡月微云之下，双手背于身后，慢慢游走，慢慢欣赏这秋的美丽，慢慢诉说关于秋的故事。

转而，一种艰深而悠长，清浅而飘忽的思绪来到我的身旁，人生若梦，为欢几何？一声自问的声音自心中而起，闪闪不息，声声环绕，似提醒，亦似惊觉，人生这样短，日子这样美，怎能辜负它？

轻轻伸出我的手，想要挽起时光的倩影，一同去往那梦里的地方。

窗前静默，是一种无以言表的情怀，或许我该轻落笔触，在这美丽秋日里，泡一盏素瓯香茗，想一段古往经来，记一笔今秋风雅。

那风柔柔地附于耳畔，呢喃着："阳光在窗，鸟寂花祥。"我回眸一笑，日子如画卷般倾泻而下。

44 心事悠悠，无思无虑

秋雨敲窗，淅沥缠绵，早晨推开窗，便被蔓延而来的温润水汽锁了心，不由得闭起眼来沉醉其中，睁开眼之后发了条朋友圈：你听，雨落下的声音……

许多时候我都喜欢随着天气更替有感而发，得到回头看时，总能想起那一日的情景，令人感怀满满。

"谁家秋院无风入，何处秋窗无雨声？"雨，是诗性，也伤别离，是雅兴，也喜乐。不同的心情，感受亦有别。

而今日的我，却如同那个调皮的孩子，只觉秋日这样美好，不该辜负才是。以往雨日，我必是掩门喝茶写字，今日却与好友一同，迈入园林，感受秋天。

庭院小径小水塘，曲廊石阶绿草地，此情此景，只觉回到了遥远年代，这一刻，不禁感叹，生命真的很美好。

忙碌的我们，何曾想过，留一些时间给自己，让时光慢下来，走进自然，与它亲近，听听虫鸣鸟叫，看看落花流水，闻闻清新的空气，梳理寥落的心事。

时光荏苒，缓缓流淌，不留痕迹，这许多年，我像个孤独的行者，每日掩门而过，不喜外出，更不喜与人交往，只独享那份闲适的安静，或匆忙的喧腾。仿若一个人将光阴织成了诗，将记忆织成了文字，将人生织成了故事。

这一年，当我发现人生过半时，更多的是不想辜负好时光，偶尔也会寻个闲暇时日，约约为数不多的好友，一同慢行而出，一同闲话家常。

其实并非不喜孤独，而是觉得一成不变的生活，偶尔需要友情来增添色彩，需要自然来净化心灵。

44　心事悠悠，无思无虑

我喜静，也喜文字，我可以在清静时光里喝茶，也可以在清静时光里写自己想写的文字，还可以在清静时光里听音乐，亦可以什么都不做，只与清静为伴，任思绪遨游，任遐想悠然，似乎唯清静可以让我遗忘尘虑，唯清静可让我曼舞而起。

一直都觉得，遵从自己的内心，是对人生最认真的方式，一如白落梅所言："甘心做的事，怎样都有情意，温柔地看待一切，日子都是好的。一粥一饭都有情意，一朝一夕都是深情。"

其实，我知自己并无大志，只是，有些未圆的梦在前方等候，那个远行的人还未归来。故而，我需一日一日地等待，一日一日地织梦。

人生，这般匆忙，怎敢虚度？又怎能怠慢？

你看，那个窗下的女子，穿着线衫，低眉浅笑，书写忙碌，似有一种心事悠悠，无思无虑之感……

和羞走,倚门回首

45 喜欢秋

九月的早晨,温婉清新,风中有了桂花的香气,谁说秋季悲凉呢?其实它也有诸多的美好在等待着我们,譬如不期而遇的相逢,譬如落叶如雨的诗意,譬如蒹葭苍苍,白露为霜,所谓伊人,在水一方的温柔感伤。

我说:我喜欢,喜欢它的温婉,一如我此刻的心思,带着才下眉头,却上心头的缓慢静坐窗前,一笔一画,一字一句地低眉书写。

我说:我喜欢,喜欢它的羞涩,一如那妙年的女子,有着不经世事的怯懦,时常红霞掩面,低眉浅笑,好不可人。

我说:我喜欢,喜欢它偶尔的忧伤,一如寻常岁月里的小妇人,蹙眉静坐,惹人怜爱。

我说:我喜欢,喜欢它淡雅的芬芳,一如此时我杯盏中的茶,不浓郁,却迷人。

我说:我喜欢,喜欢落叶敲打心扉的悸动,一如那众里寻他千百度,蓦然回首,那人却在,灯火阑珊处般散发着惊心动魄的诗意。

我说:我喜欢,喜欢秋雨绵绵无绝期的深情,一如那古老的故事,悠长延绵,情节感人。

我说:我喜欢,喜欢独自一人漫步街头,感受秋天的风,拂过我的发,亲吻我的脸。

我说:我喜欢,喜欢于秋日午后静坐窗下,或捧书,或写字,阳光亦会随窗而入窃取我的宁静。

45　喜欢秋

我说：我喜欢，喜欢它的清凉，可让我着长长的裙衫行走于街巷，一如梦里的模样。

我说：我喜欢，喜欢它的深情，那滴血的红叶，仿若最为动人的故事，总让我忍不住折枝归来，插入瓶中，似乎这样便可有写不完的故事，念不完的人。

我说：我喜欢，喜欢秋日的风，落寞中有着不易察觉的温馨，让人生出感动。

我说：我喜欢，喜欢那满地的落叶，高贵典雅，坚韧沉着，让人不舍踩踏，每年我都会拾捡，而后题字珍藏。

我说：我喜欢，喜欢秋日的黄昏，夕阳垂落，红霞满天，而我便是那远远观望的女子，将一日美好尽收眼底，紧紧封于心的角落。

我说：我喜欢，喜欢听秋蝉的鸣叫，有人说它歌不成歌，调不成调。而我却格外受用，因为我知道，它并非歌唱，而是在诉说它简短的一生。

我说：我喜欢，喜欢秋日的阳光透过树梢悄悄亲吻我的脸，那样轻柔，那样温馨，那样纯洁，一如那小小花瓣随风而过，只是轻轻触碰一下便转而离去，让人来不及回味，只觉美到无言，所谓抓不住的美好，大抵如此吧！

我说：我喜欢，喜欢秋日的午后，慵懒地晒着太阳小憩，一如那雅致的太太，带着温婉的微笑浅浅地打个小盹。

我说：我喜欢，喜欢于秋日的早晨听着音乐吃早餐，音乐缓缓，心事徜徉，将一餐饭吃出几分诗情，几多娴雅。

我说：我喜欢，喜欢端着咖啡站于窗前，看鸟儿成双，猫儿穿梭，以及那一片一片坠落的小叶子。

早晨归家途中，闻着淡淡香气，心情莫名地绽放光芒，后来到了地库，有了不想下车的念头，索性挑一首喜爱的歌曲，将椅背放平，慢慢地躺下，一副悠闲姿态地一边听歌一边闭起眼睛，那一刻，只觉心中空无，洁净清明，被一种安逸忘我的境界萦绕着，很美，真的很美。一曲罢了，睁眼起身，带着美丽的心情下车归来，时光依旧糊涂，而我格外清醒，故而提笔写下了这篇有关于喜欢的美文，这诸多的喜欢，构成了一幅美丽的图画，亦勾起了一些掩埋已久的小事情，而它们便是我人生的小支点，似乎微不足道，却又不可或缺。

和羞走，倚门回首

46 季节无声，情怀依旧

　　时光寂寂，心意悠悠，在这个清风徐来的秋日午后，将琐事拒之门外，只留一片寂静给自己。

　　提笔之际，那句："自在飞花轻似梦，无边丝雨细如愁。"徘徊于心，绝美的诗句，似乎格外贴合我此时沉寂的心灵。

　　窗外阳光正浓，一如我缱绻的情绪，浓浓地，怎么化都化开，却又透着淡淡芬芳的美丽。

　　书桌上墨香幽幽，让人不由得轻轻一叹，想要写下简短的字句，给这寂静的时光留下温润的印记。

　　不觉间，已迈入了秋天的门楣，昨日，特意去买了几枝莲荷，我说过，我与莲荷每年都会如约而至。此时，看着它们袅娜身姿，款款姿态，禁不住感叹："生命就是这样轮回，一季季，一年年，看似相同，却又始终有别。"

　　然而，我却不愿回首过去，有人说："任何回首都是对红尘的眷念。"其实，不回首，也并非无眷恋，只是明白自己的使命，安于当下罢了。

　　"浮萍寄清水，随风东西流"，喜欢曹植的这两句诗，看似简单，实则意义深远，许多时候，读诗，亦能感知命运的无奈。

　　流年似水，韶华暗度，而我，依旧是曾经那个柔情的女子，时间能改变的，不过是容颜。曾经也想要寻一片属于自己的天空，而今，却不愿忆起那些年少时的梦想，只愿，只愿随着时光，看悠悠白云，品别样清新。

47 秋雨有感

这缠绵的雨，似乎并无要停的意思，窗外涓涓流水，仿若住在了小溪边。

天微凉，这样的日子，适合披着毯子喝茶，听歌，写心事。阴雨绵绵的日子，有些温暖还需自己给予。

一整日，偌大的屋子里，只一个人，也是忙碌不减，在书中与那些未曾谋面的主人公相遇，在笔墨纸砚间与文字相随，在茶盏中过度人生，也是极美。

其实许多时候我也想要做个闲人，然而诸多的事情都需一一打理，未了的故事需要一笔笔书写，一如我的人生，需要一步步走完。

不觉间，日影飞逝，夜幕来临，落雨依旧，一天，就这样过去了，忙碌的我，打开电脑，开始耕耘，想要把今天的故事交给文字，让它成为有情的往事。

不记得从何时开始，每逢雨日，便浑身疼痛，这病怕是好不了了，一整天都是忍着疼痛忙碌，我总是这样倔强，每日要完成的事情，必定完成，若完不成，总会自责难安，害怕辜负了光阴，辜负了自己。

午后困乏，蜷缩在床上，却也难眠，微闭着眼睛倾听落雨的声音，那一刻，仿若世间只我一人伴着呢喃的雨。有诗意，有落寞，有感怀，亦有无奈。

人生就是这样，身为女人，你选择了怎样的人便要过怎样的生活，譬如我，当初的不顾一切，注定了交给等待二字。这两个字，深情且漫长，考验人的耐心，考验着彼此的感情。其实，许多时候，我也不知，我的等待能否画上圆满的句号，我不知，我的深情是否交给了真情。然，更多的时候，依然选择相信，相信初心，相信自己，相信彼此。

和羞走，倚门回首

今日读到这样一句话："好的东西，不会也不肯为任何人而停留。"读完之后合上书，不禁感叹，是啊！好的东西，一如我们的美好年华，不会停留。

昨夜梦里与先生相见，早晨给他发信息说："昨晚我梦见你了。你说：我们辜负了多少日和月，辜负了多少好年华？我们，从未问过彼此想要怎样的日子，有的只是对生活的妥协。"忙碌的他回复我："我明白。"再无下文。

后来，我听到我的心，发出了长长地叹息声。我知道，它是累了，真的累了，跟着我这样的主人，它隐忍了太多的无奈，咽下了太多的委屈。我虽知道委屈不能求全，幸福不是靠忍耐得来的。然而，许多事情我都是知而不言，因为我明白，懂得人，无需我说，不懂的人，说亦无用。

想要捧起我的心，用柔软的帕子，轻轻擦拭，擦去委屈，擦去无奈，而后给予她温暖，让它变回最初的模样。

生活有时真的是无奈的，一如海子，本有着一颗向美的心，他说过："从明天起，做个幸福的人，喂马劈柴，周游世界，从明天起，关心粮食和蔬菜，我有一所房子，面朝大海，春暖花开，从明天起和亲人通信，告诉他们我的幸福。"然而却在一个阳光明媚的日子里终结了生命，他的无奈又有谁能明白？他所经的苦难又有谁能体会？

有时看着自己的容颜，回首过往的岁月，一路走来，多少艰难，多少苦涩，也都熬过去了，哎！就这样吧！让往事随风而去，以后的日子，无论喜忧，都该深情地经营，坚定地行走才是。

48 月有清秋日安然

日日忙碌，所为何事，却也不知。是荨麻疹的纠缠还是琐碎事情的牵绊？我在问自己，然而，许多时候，许多事情却终究是了无答案的存在。

总之，让我的思绪沉寂多日，似乎已然忘记提笔之后该写下怎样温情的话语。只是看着八月的日历，想起林徽因写下的"八月的忧愁"，想起了已是秋天落叶时。

那一年的八月，那一年的秋天，我如同丰收的果实，飘飘然降落人间，母亲时常说："我的生日吉祥，我到来的那一年，家中丰收满贯。"而我，也在冥冥之中喜爱上了"八"这个数字，喜爱上了八月，喜爱上了八月的秋天，亦在心中把"八"这个数字定为自己的幸运数。

八月的风，一如温柔的我，温软有情，细腻芬芳。透过窗，携一缕花香来到我的身旁，大自然的气息总是这样诱人，让我忍不住想要闭起眼眸，将这芬芳的气息尽收心底。许多时候，我都喜欢一个人，静坐闻风，喝茶欢颜。

今日读到这样一段话："无极限美好的年纪，光阴像是被洒了亮粉，无论铺展在什么地方，都显得耀眼。"而我却在想，怎样的年纪才算是最好的年纪呢？光阴似云烟过隙，仿若只是一夕之间，青春已然抛掷甚远。我想，如今于我而言，每一个当下都是最好的年纪吧！每一个日子，都安静有情，每一段光阴都浅淡安然。

多日来，我停下了缥缈的思绪，只想于忙碌中寻一份安静，从而慢慢地，慢慢地感受日子的不同。

那日我说："几枝桂花，几片红叶，或许也是秋的约定，年年如期而至。一盏清茶，一缕香，便是对日子的约定，日日如期而来。"她说："我真多情。"我不以为然，因为我明白，每个人对待生活的态度不同，感触亦不曾相同。

窗外，云依树梢，很是美好，我却未有拍照之想，只是这样，静静地观赏，好似生怕惊扰了这片刻的美丽。

该落笔了，只叹光阴有限，悠然而过，不舍辜负。唯愿我喜爱的八月，能给读文的你们捎去一份浅浅的美好。

世间女子，绮丽多姿，只愿你清雅如诗！

49 回忆渗出

一个人，带着孤独，走过白天，踏过深夜，闲散地生活了十日，白日不觉无趣，夜晚亦不生恐慌，虽身体不适，却也是难得的自由自在，随心随意。人生，每一个年轮里，都需要这样的清静无碍。

明日，远行的孩儿归家，心中很是期盼，他说："回来要给我一个大大的拥抱和一个深深的吻。"不得不说，此次远行，于他于我，都是难得，这短暂的分离，让我们明白了以往每日相伴的珍贵，也自审了母子情中各自的不足，亦懂得，有些情感，有些习惯，于无声中深深映入心底，素日里那些小脾气，于我都是美好，于他，更多的是愧疚，电话中有些伤感地对我说："妈妈，我爱你，有些不足以后我会改掉。"他的这些话语，看似简单，却让我忍不住落泪。

十年，人生中最为重要的岁月里，先生远在他乡，瘦弱的我独自带着孩儿走过每一个春夏秋冬，看着他一点点儿长大，牙牙学语，上幼儿园，上小学，由稚嫩的小小孩儿蜕变成文质彬彬却又洒脱阳光的少年。

这些年，我爱他胜过爱自己，却又从未丢失自己，他哭了我会痛，他病了我揪心。此刻，许多画面浮现眼前，那一年的深冬，刚上幼儿园的他，于凌晨两点钟哭着说耳朵痛，匆匆起身打开灯才发现他的耳垂红肿不堪，一刻也不敢耽误，披上棉衣，用棉被包起他柔软的身子，忘了深夜的漆黑，忘了害怕，就那样勇敢地走出家门，零落的灯光下瘦弱的我抱着他站在路边焦急地等车，望眼欲穿中来了的士，坐上车一路哄着哭泣的他来到医院，挂了急诊，又抱着上楼，可被告知值班医生休息了，孩子依旧疼痛难忍，哭啼不止，我便着急地一边落泪一边对护士说："麻烦您了，喊喊大夫吧！孩子耽搁不起，他的耳朵不能失聪啊！"护士看着我终是生出了同情，帮忙喊了大夫，匆匆检查，开了所需药品以及器具，告知我回家如何操作治疗，道谢之后抱着孩子付款拿药出门打车归家，夜色中我便是那身披铠甲的勇士，回到家中如护士嘱咐的样子给他冲洗耳朵，滴药，继而抱着哄睡，看着他沉睡的稚颜，心中才生安稳，天，也快亮了。

上小学后，因他年岁较小，身高亦不是很足，心智不够成熟，有很长一段时间被同学欺负，期间有找老师，亦寻过家长，奈何家长态度有失友好，老师亦是为难，在最后一次被欺负之后触犯了我的底线，看似柔弱的我拿起了最为有力的武器，虽过程繁复，却终得以解决。

那一晚，孩子拥着我说："妈妈，今天欺负我的同学向我道歉了，并且保证以后不再动我。"我惊讶地说道："真的吗？那太好了，妈妈为你高兴。"心中却也无比的敞亮，并未告诉他我费了多大的周章去解决，不想让年岁较小的他知道这些人世艰难，未来或有一日待他长大成人和他略说一二。

而今，他阳光积极，文气有佳，时常带给我别样的温情与惊喜，淘气别扭亦是常有之事，更多的却是知我不易，给予体贴。

我不知，我的人生有多少个十年，只知这十年，我把诸多的时间和精力给了他，将极少的时间留给自己，他喜欢看我写的文，每每看完都会竖起大拇指表扬，亦喜欢与我一同在书桌旁书写，或者我写，他只做个调皮的伴者。

夜深了，月色朦胧，此刻，更多的回忆一点一滴地渗透而出，心中有欣慰亦有不舍，多想让时光缓慢一些，再缓慢一些，好让我在多一些时间给予他，陪伴他。

我深知，总有一日我会推他去远方，目送他远行。而他，亦会如当年的我那般携梦而起，踏遍山河，看山看水看世界，寻梦寻城寻一人。

我想，无论何时，那些与我一同的甜蜜儿时时光他不会忘记，那些快乐的画面会跟随他一生一世，抵却他人世的烦忧。

回忆停下来，笔触落下来，枕着想念，温柔入梦，待到新日，日子如常他归来，一切都是冉冉有光亦有情。

50 寒秋小记

寒秋,也有晴光绽放时,这明媚的感觉,令人心旷神怡,一往无惧。

放眼望去,满目秋色,心亦随之褪去浮躁,变得明净,温婉。一如身着的衣裙,漫柔,婉约。

假期结束,我的他再次离家奔赴于外。这些年,我们已经习惯了这种偶尔相聚,时常分离的模式。

只因始终明白,在岁月的河流中,我们彼此温柔地存在着,一个转身便能相聚,一个回眸便是情深。有些话,无需言说,仅一个眼神便能彼此懂得,于我而言,这就够了。写到此处,温馨的感觉漫过心房,许多时候,懂得,便是幸福。

宁静的时光,与文字相约,无需费神斟酌,只跟随着这颗柔软的心,写下温柔的话语给这冷落的秋日便是好的,只因这样的日子,更需明媚与温柔。一如那空落的瓶,需要一朵娇艳的花,给它以点缀,方能彰显出美感。

淙淙流水,如一条温暖的小河,淌过我的心房,不由得放缓笔端,侧耳聆听这清澈的声音,缓缓慢慢,柔柔温温。有时就是这样,会为这偶然的邂逅忽而停顿。这一刻,仿若那一句:"在深秋的生命里遇见生命的深秋。"故而,停顿,珍惜。想要将它深印于心。一如早晨的那一抹秋光,可触及内心深处。

"心似白云常自在,意如流水任东西。"喜欢这句诗,一如此时的我,由心而去,随意书写,自由自在,无拘无束。

此刻窗外晴光灿灿,猫儿依偎身旁,而我,依旧散落着长发,坐于窗下与时光为伴。好喜欢这美好时光,亦喜这温馨的气息。人生匆匆,越来越懂得珍惜,不敢轻易虚度，不舍轻易浪费。仿若每一分，每一秒，都是用昂贵的生命换来，故而格外仔细格外认真。

猫儿起身离去，似在提醒我，该收笔了。然而依旧不舍，有太多的话语想要写下，想要告诉你，落叶飞过窗台留下怎样的声音。想要告诉你，善感的我，有着一颗怎样柔软的心。想要告诉你，忧伤的我，书写着怎样感人的故事。想要告诉你，两个人的微温，靠在一起可抵岁月寒冷。

抬起手腕，看看时间，正午已过，有些时候，沉浸于某一件事，真的可以忘却一切，譬如时间，譬如烦忧，譬如淡淡思念。

回首，这样一篇散落的文章，一如那个碎碎念的优雅太太，并无主题，只是一字一句地散漫诉说。亦如那个漫步的妇人，时而低眉，时而浅笑，伴着秋光，走走停停，不舍归去。

我能想到最浪漫的事，就是和你一起慢慢变老……先生打来电话，他说："我到机场了，却回不去。"我问："为什么？""要隔离。"接着便是他爽朗的笑声，在他那里，一切事情都可坦然待之，亦可欣然接受。而远方的我，亦可温柔安慰。

落笔前，想起那一句："温暖的心给幸福的人，浪漫的心给所爱的人。"若可以，愿相遇在文字中的你我，都能将温暖的心，给幸福的人，将浪漫的心给可爱的他。愿我们，都能有所爱亦被爱。

生活，不会随意开出满意的花儿，需我们热情地浇灌，用心地感知。一如此时窗前的女子，温柔恬淡，安静无争，只见她轻轻放下笔触，微笑仰头，似闻到了生活的气息……

51 枫叶有情

好风好日，鸟鸣叶落，远远望去，那般诗意，那般美好，如梦若幻，让人忘了忧思，沉浸其中。

落叶是生命的凋谢，亦是对下一个春天的承诺。有些时候，离开并不是结束，而是另一种开始前的预演。

昨日烦忧缠身，喝了一天糖水，终得开解，许多时候都是这般，烦闷时冲一杯糖水，静静坐于窗前，一边搅拌一边发呆，看着小勺搅动的旋律，糖粒慢慢溶解，仿若亦溶解了我内心深处那些无法抛掷于外的事情。此刻想想，不禁深深感叹，这样简单的我，想要在尘世间生存下去，亦是不易。

席慕蓉说："假如生活是一列疾驶而过的火车，快乐与伤悲，就是那两条铁轨，在我们身后紧紧追随，所有的时刻都仓皇而模糊，除非你能停下来，远远回顾，因为只有在回首的刹那，才能得到一种清明，酸辛。"

然而许多时候，我们却都迟迟不敢也无力去停下来回首，因为前方还有我们想要到达而未到达的站口在久久等待，一如那个等待的爱人。

我喜欢洁净，亦喜爱缓慢，喜欢慢慢生活，慢慢感受所有的过程，晨起得闲，庭院里漫步，折了几枝枫树小枝，上面些许娇嫩的叶子，回到家中清洗之后，一一插入瓶中，静静观之，很是美好，有人说枫叶的寓意是深情的爱人，因它艳丽的红和叶片的形。其实，究竟是什么，亦无从说起，但它的美却不容忽视，几乎每个秋天，我都会折几枝回家插入瓶中养上一段时日，总觉得，能够如此喜爱，也是一种缘分，故而也是用心待之，有时直到叶子枯萎，亦不舍丢弃，依然让它以干花的形式存在于我小小的世界里，其实许多时候，不弃才是深情。

侧眸望去，浓重的云层遮住了温暖的阳，似要落雨，又似乎只是稍做停留，得有力的风忽然而至时，便随之离去，一如人与人之间的缘分，突然之间得以相见，而后便擦肩而过，再无邂逅之日。

乏了，落笔，安坐于桌前，捧起书来，想要做个书生，不慌不忙，不急不躁，一页一页用心读起。她说："凡是美丽的，总不肯也不会为谁而停留。一如我们美丽的容颜，岁月无声，却会在我们每一个人身上留下它的痕迹，也会带去我们最为不舍的东西，譬如容颜，譬如记忆，然而，有些美丽亦会与岁月同在，那便是善良，纯净，美好。"

窗外云淡了，风也轻了，而那一抹秋阳亦泛起淡淡柔情，恰如此刻我的心情……

着窗儿，

捧起书，

默读之，

风微动，

心若柔水，

文如人……

52 光阴仓促，善自珍重

光阴如水，缓缓流淌，而我们，如同水中漂浮的落叶，带着几许不舍，几许期待，顺流而下，去往那个未知的未来，无论你是否愿意，是否喜欢，都无法逆转而回。

有人说，这个季节，送人几片落叶，或几许阳光，都是极好的，如同风雪之夜，赠予的那一盏温暖的茶，温柔有情，真诚有爱。

仿佛眨眼的工夫，已然到了九月的尾末，想这一个月，似乎还算顺遂，日子在如常中进行，倒也心安。深秋已近，傍晚的风已有了丝丝寒意，夏天真的成了往事，只能回忆。

此刻，窗外秋风悠悠，落叶无数，偶有小鸟飞过，在树梢稍作停留，便起身飞往更遥远的地方。也曾希望自己化身为鸟，在蓝天上自由飞翔，也曾希望自己是一棵树，为所爱之人遮风挡雨。

而今却明白，那些年少时的梦只能是梦，藏于心中便好，无需时常晾晒，亦无需时常翻阅，让它的芬芳豪迈永存便可。

午后时光，总是令人安然如水，只静静坐于窗下，伴着时光的河流缓缓而行便好。

提起笔来写下几句深情的语言，端起茶盏喝一口绵密的茶汤，翻开书的扉页，看一段佳期如梦，寻一段落叶如雨的文字，都让人觉得温润妥帖，沉静欢颜。

风吹叶落，心事徜徉，不急亦不缓，借着丝丝缕缕的秋日阳光，将心思一并付诸文字，仿佛岁月里皆是温柔秋色。

和羞走，倚门回首

忙碌的日子，有时也会掩埋我的深情，荒废我的笔墨，可总会在落寞之时，有断断续续未了的心愿在心中徘徊，仿若暗夜里那盏明亮的灯，冉冉升起。

想起那一句："你是飘过窗的雨，却停驻我心里，因为最初，所以永远，而散落水中的梦，是我执着的心。"恰如我未曾了却的心愿，许多时候，我都如同幼年的女子，心有大志，愿跋山涉水，不辞艰辛，只为能够到达彼岸。

其实，我心明了，许多的心愿，都只能是心愿，未必非去实现，可也从未想过放弃，依然一日一日地编织着，是为未了的愿，也为未归的人。

行文至此，阳光疏疏落落洒洒满室，不由得将思绪抛掷于一旁，只将自己置身于温暖的秋阳中，闭起眼来，享受这一刻的宁静温暖。

是谁，轻轻俯于我的耳畔说道：人生只有一次，不可对自己过于苛刻，光阴仓促，要记得顾惜身体，善自珍重。

不知，遥远的你，是否能知我文中意？若可以，愿你日子如诗，心如莲。

若不能，亦感恩，愿你生活如水，绵密温情，心如暖阳，温如初。

53 初冬

今日立冬，晨起时天色暗淡，薄雾浓云，天地之间仿若挂上了飘逸的帘，如梦如幻，很是美好。

柔软时光里，我写下了这样一段文字，是诗亦非诗，是文亦非文。

我说：

冬天悄悄地来了

这样的季节

适宜

披大大的披肩

洒淡淡的香水

喝暖暖的茶汤

听舒缓的音乐

写长长的文字

而后

候一场雪

等一个人

不知，有缘的你们，是否认同？其实，我知道，每个人对生活的追求不同，感知亦是不同，这仅仅只是我个人的意愿罢了。

一直以来，想要做一个温暖的人，想要过有情的日子，因而，喜欢，一切柔软的画面，亦喜欢穿柔软地衣裳，写温柔的文字，一如我养的鱼儿，温柔地——游来游去。

午后，浓云渐淡，太阳以缓慢的姿态冲破云层，展颜而笑，这般光景，忍不住，走出家门，庭院漫步，冬天的门楣虽已开启，却不够浓郁，空气中依稀有了冬的气息，桂花已了无踪迹，银杏叶纷纷而落，如同一把把蒲扇，洒落人间，深情亦美好。

不知是谁，用这深情的落叶堆起了爱心，中间洒落点点花瓣，给这寥落的季节，增添了一抹浪漫的气息。

是谁曾说过："人间满目皆清欢，唯有银杏不负秋。"是啊！是这片片银杏成全了美丽的秋景，它让秋天如一幅烫了金色边框的图画，让人忍不住驻足，忍不住惊叹。

都知我喜欢拾捡秋叶，喜欢在秋叶上写下文字，而后夹入书中，偶尔翻开，便会想起这一年的秋，和这一年秋天的我，只叹，页页有叶总关情。

寒意渐近，夜色阑珊，每每此时，便会想起，家人闲坐，灯火可亲，一盏灯，一家人，温暖的画面，微笑的浪花，抵却了一切寒冷，成全了简单的幸福。

时常会想，那个下班的男子，急匆匆走入庭院，抬头仰望我的窗，那一盏温馨的小小灯火，缓缓流入他的心房，温暖他，拥抱他，让他忍不住面露微笑，急急上楼推门而入。

而我，便是那个窗前的小妇人，温婉中等待他的归来，无论何时何分，一直一直等下去……

她说：留下一个人和一盏灯，让黑夜躲在窗外，寒冷的尽头是一壶酒……

此时，等待的我，忽而被淡淡忧伤的情绪包围，轻轻放下笔触，守着夜色，温一壶酒，驱赶寒意，对月独酌，添一份文人的雅趣。

你看，那遥遥的星空，有一颗柔软的星，缓缓地，缓缓地踱着步子……

54 写在初冬

烟雾缭绕，萍波若画，缕缕寒意，却又很是清新，这样的早晨，林间漫步，眼前仿若一册美丽的画卷徐徐展开，任你如何行走，都不能忽略它自然而脱俗的美丽。

有人说：无论你是否愿意，冬天都已来临。继而想起那句：浮生若梦，为欢几何？缓缓提起笔来，写下"一颗静心看世界，半壶清茶悟人生"几个大字。许多时候，都是这样，随意而写，随心而为，却也能贴合当下情境。

午时已过，天色依旧朦胧，厚厚的云层遮挡着太阳，仿若给它穿上了烟灰色的棉袍，只给红尘以朦胧之感，放眼望去，不见人影，屋内亦是清清冷冷，一种似孤寂，似落寞的情绪席卷而来，连手指都是那般冰凉如水，只得起身泡一壶温暖的茶汤给自己。

"绿蚁新醅酒，红泥小火炉，晚来天欲雪，能饮一杯无？"每逢冬日，便会想起这首诗，此刻亦是如此，捧着温热的茶汤，一如那个鹤发苍颜的妇人，守着小火炉，嘴里一句一句地呢喃着，只是，她在问谁，却不知？然而，却又让我心生怜爱，难道这一生都要孤寂而过？这一生都要等待下去？我想，不会，一定不会。你看那树梢的鸟儿，独自等待一会儿，便有伴而来，继而双双归林。

时光糊涂，我亦追随，一个人，携着孩儿，伴着它，一日复一日，看似重复却又有别地度着日子。

人的一生，总会有大大小小的等待，渐渐地连自己都忘记了究竟在等什么，直

和羞走，倚门回首

到最后，将等待封存，换上另一个词语，另一种颜色，另一种心情，日子如新，人心向暖，随遇而安。

茶汤微温，逐字而写，小雨敲窗，又添寒意，紧了紧披肩，喝一口茶，孤寂的情绪已然消散，想这朴素岁月，难得有如此湿润的时光，瓶中的枫叶衰萎多日，却也不舍弃之，每一年都会促成一束干花，只待来年看时，心中生出一份柔软的感动，岁月的痕迹，亦是这样一点一滴而留。

女子的一生，本该是简静的，而我，却总会生出一些愁绪，一些忧伤，却又不知来自何方，慢慢地，我竟爱上了这深情的愁绪，雅致的忧伤，总觉得，才下眉头，却上心头亦是一种无以言说的美丽。

暖风阵阵，如一条清雅的手帕挥散着温暖，猫儿安逸地蜷缩在一旁，原本清冷的日子散发着洁净而温馨的气息，仿若一块美玉，洁净剔透，又仿若一束小雏菊，带着天真而害羞的模样悠悠而绽。

起身，倚窗而立，拥着柔软的心，遥望那隐藏在云层中的太阳，倾听小雨的声音，那一句："雪沫乳花浮午盏，蓼茸蒿笋试春盘，人间有味是清欢。"如一缕和暖的风，拂过心头。

55 颜的心事

久不提笔，然文气犹在，思绪模糊，心亦糊涂，这阵子，纷繁的事情将我紧紧缠绕，似乎已经许久未有过闲情，亦不曾雅致。果然，忙碌可让人忽略一切，我甚至已经遗忘了时光几何。

其实常常懊悔，常常无措，常常想要将万事抛掷于红尘，寻一幽静山谷，搭一间茅屋，带着我的纸笔，隐居而起，岁月里不求大富大贵，只求宁静悠然，好不快哉。

奈何责任深重，爱我的，我爱的，都需一一照料，用心陪伴。我深知，这便是我此身的使命，爱着他们，亦甘愿为他们弃掉所有，只留纯爱。

此刻的闲静，让我觉得极其的珍贵，极其的满足，沉寂的心仿若春风吹醒树梢的嫩叶，散发着欢欣的生机。

恍惚间已到冬季，窗外落叶铺满大地，浪漫亦诗意，想起那句："自知醉耳爱松风，会拣霜林结茅舍。"我喜欢这样的意境，故而深深印如脑海，我对许多事物都是如此，宝爱的，心喜的，都会一一留下，宝爱的物件存于小小角落，心喜的话语藏于脑海深处。想这碌碌人生，若能拥有自己所爱之物，所喜之句，该是幸之又幸。

无意中看了一个小视频，一个小朋友带着童稚的语调说：人生如四季，冬天嘛就是要结束的时候，所以要过好每一天。许多看客都笑不可挡，而我，却被他的睿智震撼久久，年纪这样小，却悟得这样深，让人好不佩服。

是的，每一个当下都是唯一，每一个日子亦都是新的，都值得我们用心对待，好好地度过。

我是个落寞的人，亦是个冷淡的人，可内心深处却又柔软有情，故而对许多的事物都易感紧紧。

她说：冬天很冷。我告诉她：冬天其实是最为柔软的季节，因为落雪会融化一切。

她调侃着说：只有你，会在每一个季节里寻找出美感。不由得轻叹，不这样，岁月该少却多少欢欣，不这样，时光该多么乏味无色。

暮色苍茫，一日光景，以极快的速度行进，让人不舍辜负，因为流逝的除了时光还有我们年轻的容颜，悄悄地被时光带走，悄悄地留下痕迹，它的名字叫岁月。

夜色暗涌，屋子越发地冷了，忽略了暖气，倒也心宁，起身搭个披肩，仿若古代的女子，散发着古典之气，娴静亦文雅，冷有冷的情致，热有热的妖娆。

生活平淡，自寻欢喜，品一盏香茗，写一段心情，不辜不负，不强不求，安然亦自在，悠游亦清欢。

手机响起，好友问我在忙什么？我答："抓住时间的小手，做一切该做的事儿，念一切该念的人，不虚度，不彷徨。"不知她是否懂我所说之意，明我所表之境。

半溪明月，一枕清风，伴我行走久久，我知前路依旧渺茫，或许此身注定平凡无奇，梦不可圆，然而，仍不舍弃之。人的心，总该有一些向往，有一些期待，有一些目标，才会有盼头，想要去努力，去实现吧！

不知不觉窗外已夜色深深，低眉的我不知今夕是何夕，亦不知今宵是否有月，有时糊涂亦是好的，可让人遗忘年轮，遗忘不快，笔端轻落，脑海中浮现出那句："歌管楼台声细细，秋千院落夜沉沉。"

今日这文就题：颜的心事可好？

56 至乐人间不生怅

不知为何，仿若听了一夜的雨声，淅淅沥沥，未曾间断，晨起掀帘而望，烟雾滚漫，朦胧若幻，仿若置身仙境。

入冬以来，日日忙碌，想要停歇下来，梳理思绪，写写文章，亦是不能。

今日之情，今日之境，很得我心，继而搁置琐事，于斜窗下，桌案前，写下几行绵密的文字，给岁月亦给自己。

正午时分，窗外依旧迷人，秋味犹在，而冬，还在来的路上，不急不缓，那般自如，那般洒意。一如那个潇洒的男子，心中明了这一季是属于他的，故而，冷静自如，只待序幕拉开，我分明看见他含着烟卷，一口一口地吞吐着，无忧亦无愁，不急亦不躁。

"白雪纷纷何所似，撒盐空中差可拟。"忽而想起这句诗，或许是期待一场大雪，期待洁白的世界吧。

连日来，心中始终愁绪淡淡，明知所为何事，却又那般难解。我本柔弱，奈何为母，诸多的事情需要面对，许多时候，许多事情，我选择隐忍，总以为退一步海阔天空，总以为别人亦如我般，懂得尊重，懂得收敛，亦知感恩。

然而，这滚滚红尘，人分百种，有些人，视你的隐忍为懦弱，尊重作无能，感恩二字更是抛于一旁置之不理，而收敛二字更加不知是何意。继而，触碰你的底线，激发你内心早已遗忘的火焰，直到一触即发，方明白，每一个人都是一个独立的个体，每一个人都有底线，每一个人都需要被尊重。

和羞走，倚门回首

此时此刻，我的心底，又一次泛起无奈的怒意，其实，这本不该是我的样子，是生活，赋予了我们原本不该有的怒，不该有的愁。

忽而抬眸，看着这温馨的屋子，却又是那般空落，无有依附，唯有一颗坚韧的心，始终在坚持。

他说："其实你不弱，只是你自己收敛了牙齿和利爪。"质疑之余，回想独自带着孩儿这许多年，经历的，隐忍的，承受的，那么多的伤悲，那么多的难过，那么多的眼泪，在无人的夜里独自吞下，白日里却依然微笑示人。究竟是什么样的一种力量让我如此坚持，如此坚强，如此隐忍？

停下来，默默地，想了想，似乎看到我的内心深处，那一颗要强的种子，深埋于心，却又那样柔软，那样深情，那样让人怜爱。可身处红尘，有些时候却又不得不带着锋芒，于我而言，实乃艰难。

一直以来觉得自己不该来到这人世间，也曾觉得自己并不属于这里，心中所向，不过是那古旧山村，青山环绕，炊烟袅袅，日出而作，日落而息，于黄昏时，伴着晚霞，守着柴门，等待那个晚归的农家夫君，看似简单，实则情意无限。

人生之路，冥冥之中，早有安排，我们途中所遇到的人，所经历的事，都无法逃离，唯有接受，那些可以选择的岁月，我的际遇不胜如意，可仔细回味，又是那般有滋有味，不失美好，虽不能如愿，却又很是温馨，或许正是因为那时的不易而让我明白了珍惜当下的平稳。

时常于几案前，缓缓捧起茶盏，一声叹息，舒眉展目，叹息中带着无奈，展颜中带着满足，我知，这一盏茶，不仅仅是茶，它包裹着我的孤独，我的等待，我的落寞，我的忧伤，以及我的时光。继而一口一口轻抿而下，让它润湿我的唇，滋养我的心。

也曾想过老去时的模样，皱纹深深，白发苍苍，带着满腹的故事，不慌不忙，优雅从容，面带微笑，简简单单地，一壶茶，一缕思绪，一首歌，一颗心，伴着先生度余生，至乐人间，不留遗憾。

57 光阴如雪，厚重有情

煮茶等雪，候鸟有情，落字成文，舒颜展笑……

这些时日，因着身体不适，便将万事搁置，只携慵懒度日，一度觉得无比美好，可终究是个喜爱文字之人，又怎能日复一日地虚度？

许多个日子都不曾喝茶了，不得不承认，在疾病面前许多事情都是可以妥协的，譬如傲气，譬如喜好。

听闻今日有雪，午睡起来窗外并无落雪的痕迹，转而来了兴致，有些不管不顾的欢悦感，焚香，煮茶，候雪，写字。于我，十大雅事能及一二亦是好的，便觉无比的知足，无比的幸福，仅一刻，那些所谓的烦忧便已抛掷于窗外消散无迹。

冬天的光阴似乎总是散发着落寞的寂寂感，然亦是宁静致远的悠然，我就这样，伴着一缕香，一盏茶，一瓯纯净，在光阴中游走，温馨亦美好，自由亦洒脱。一边写字，一边候着那一场漫漫大雪，想要雪中寻梅，亦想雪中忆事。

依稀记得去岁的冬天也曾这般候雪等待，而今都已成为回忆，人生就是如此无奈，无论你我是否愿意，时光都会带着我们走过岁岁年年，然而你若有心，多少个新岁都掩盖不了你旧岁的痕迹，抬眉望去，香烟袅袅娜娜，那个二十岁羞涩的自己在心中涤荡开来。

行文于此，茶有些淡了，我的年岁该是到了这般颜色，淡淡地，浅浅地，也无措，也落寞，然而也接受，亦知足，继而才能散发出芬芳的气息。

不知几时，一只飞鸟落于我的窗前，用它坚硬的嘴巴琢着我的玻璃窗，似乎在与我打招呼，我侧目看着它，却不敢起身，怕扰了它的玲珑，片刻之后它抬起头来，

和羞走，倚门回首

用纯净的眼神望着窗内的我，四目相对之时，我分明看到它的眼中我的脸，它喳喳几声便毫不留恋地转身起飞，我听懂了它的呢喃，它说：愿你看尽世间好山水，只记欢喜不记忧。

这邂逅，短暂而难忘，若可以，我多想俯下身来，捧它于掌心，喂它些食物驱寒换暖，继而放它归林寻梦。奈何缘分浅薄，仅限于一窗之隔的情意，这世间，有些相遇就是这样猝不及防，有些相遇就是这样无可奈何，有些相遇就是这样短暂如刹那。

然而，能够相遇便是幸运，它的话语我能懂，而我默默的祝福不知它是否可感知一二。我愿它：白日有食可觅，夜晚有巢可归。我愿它：双宿双飞，共温暖。

推窗望去，云层浓厚，雪依旧未曾落下，而我却做好了，寒夜客来茶当酒，竹炉汤沸火初红，寻常一样窗前月，才有梅花便不同的准备。

58 扬眉转袖若雪飞

醒来,窗下静坐,或许是有些冷吧,莫名地,一种寥落的孤寂感漫上心头,似彷徨无措,又似孤苦无依,忍不住想要落下眼泪,然而,仅仅只是一瞬间,那感觉便烟消云散。

岁月,真的可以更改一切,今时今日的我,再不似从前那般柔弱无措,心中有的是更加坚定的力量。

起来,窗下煮茶,普洱的深情总是令我心生感动,喜欢它浓郁的色泽,喜爱它柔软的绵密,对普洱,我始终有着一种不变的情感。这世间,茶有千种,能让我日日想念的唯有普洱,也唯有它,可拂忧添喜,可除虑增欢。

一盏茶,一缕香,一个人,一份情,心是舒缓的,颜是温婉的,就这样静静地轻端茶盏,闻香忆事,将岁月里那些温馨的片段,美好的瞬间,在脑海中一一展开。

一直觉得,无论年龄几何,都该有一些铭心的记忆,刻骨的深情,在一些浅浅的时光里静静回味,一如陈年佳酿,品一口便泪流满面,咽下去便温情脉脉。

端一盏茶,来到窗下,看一片白雪清光,如梦如幻。昨日,长安城的雪,落得肆意亦慷慨,一度让我生出某种错觉,以为置身遥远的家乡,以为自己还是那个年少的孩子。

直到后来,与好友相约雪中漫步,方才清醒,年岁渐长的我们,已不似孩童那般欢闹,甚至不愿伸出手来感受雪的清丽与浪漫,只是慢慢行走,静静听取咯吱咯吱踩雪的声音,拍了几张照片,却也不觉尽兴,可又寻不到真正的兴致,寒意浓的仿若化不开的冰块,只得告别各自归家。

和羞走，倚门回首

一个人，一路迎雪而行，倒有种说不出的浪漫情致，雪花轻轻落于我的脸庞，睫毛，长发上，亦不去抬手扫落，只待它慢慢融化为水，滋润心房，便觉真实而美好。

看着厚厚的积雪，想起红楼梦中妙玉珍藏梅花上的雪，待多年后取之煮茶，所谓的禅茶一味，大抵如此吧！心下有那么一点点小冲动，想要归家寻一小罐将雪盛入，藏它个三年五载，待兴起时取之煮茶待友，感受岁月的气息，不知是否可有一番禅意，几缕茶情。

然而，终究只是想想，未曾付诸行动，这世间，有些事可想却不可为，有些人可念却不可得。

不知不觉，窗外已暮霭沉沉，点了蜡烛来煮茶，想要寻一份晚来天欲雪，红泥小火炉的感觉，然而，当蜡烛燃烧时，心中却响起那句"红烛为谁燃"的话语，许多时候，许多话语，许多想法，都是那般莫名地邂逅，莫名地打动人心。

想起曾无意看到过的一段文字："世间许多事，你无需问清缘由，也无需知道答案，一切自有安排，你只需享受人生历程里邂逅的所有美好。"

时光无声，夜色下，一片皎洁，让人忘了忧思，杯盏中的茶已不似方才那般浓郁，然而，依旧有香气萦绕。

窗外阑珊若梦，我的心，有一点点清扬的婉兮，借着这一点点情致，想要将万事搁置，做个闲人，然而落笔之后终待起身做回厨娘，俗世中的我们，谁又能悠哉自若呢？

红烛依旧，打开音乐，一首应景的雪中情缓缓而来，你看，那夜色之下，红黄的灯光映现于窗内，一抹倩影带着几许柔情，转身做回了那个平凡的妇人……

59 落雪有情，唯记忆可存

整整一夜，雪落如诗，柔柔软软，纷纷扬扬，呢呢喃喃，似在诉说那辗转的往事。

晨起，改了心情，换了容颜，勾起了乡愁，迎来了小年，若没有乡愁，岂不快哉。

都说雪是孤傲的，亦是清冷的。我说："它是洁净柔软的。"一如我的心，不可轻易触碰，只因易感易伤又易碎。然而，你若轻轻走近，缓缓捧起，便可融化成水，可煮茶，可润心，可煎药，可疗伤。

这场雪，让我忆起了诸多的过往，曾于落雪的傍晚与姐姐一同漫步街头，听着脚下踏雪发出的咯吱咯吱声，聊一些浅淡的心事，抬眸看灯火阑珊，心中是无尽的柔情。

依稀记得去年的那一场大雪，我穿柔粉色的衣裙与孩儿一同走出家门，踏雪寻欢，而后写下那篇深情款款的《雪中情》，获赞无数。此时再忆起恍若隔世的清梦，兜兜转转又一载，不再年轻的我，唯有回忆可存可念可感知。

今日白雪皑皑，我却不想走出家门，所为何？体感不适，低烧缠绵，唯有一颗柔软的心静静地等待。

乡愁若梦，也牵人心，伴着落雪循环往复地听着那首《爱在草原》。回忆着那些曾不经意的往事，其实哪时的岁月亦不平顺，亦有忧烦缠绕，然到底年轻，一个转身便可遗忘，不像现在，顾虑太多，故而常常举棋难定，消耗身心。其实每个人的岁月大抵相同，皆是喜忧参半，各知艰难，各自释怀。

和羞走，倚门回首

人生匆匆，辗转数载，那时正值青春年华的我们，时常相伴，一同寻欢一同忧，一同幻想着遥远的未来，就如父母爱情里的安杰与安欣，无话不说，无忧不共。

安杰结婚前对安欣说："我总想着有一天，一个又高又大又帅气的男人出现在我面前，穿着白色的西装，系着红色的领带，在月光下含情脉脉地看着我，在我的耳边轻轻说：安小姐，我爱你。"这样的画面，我们似乎也曾有过，所不同的是，我不似安杰那般大胆，敢于吐露自己的心声，只将诸多的想法放于心中。然我们亦有过共同的秘密，共同的故事，以及相同的情怀，后来，时光将我们拉开，各自有了不同的经历，不同的生活，以及不同的想法，然而难忘的始终在心中常驻。

席慕蓉说："美丽的梦和美丽的诗一样，都是可遇而不可求的，常常在我们没能料到的时刻里出现。"却也如此，再忆起，你我曾都是那个爱做梦的女孩，渴望掬水月在手，弄花香满衣。渴望着生活若梦，充满温情，任岁月游走，不减浪漫。真个是，最是人间留不住，朱颜辞镜花辞树。

白雪徘徊，回忆辗转，仿若穿越回最为悠远的乡村，那时的我还是扎着羊角辫儿的小小女孩，于每一个冬晨，透过玻璃窗感知屋外的寒意，听着挑水而归的父亲迈着沉重的步伐，一步一步踏进家门，零下十几度的早晨，因着责任和纯净的爱意为我们满屋子丫头一担一担地挑着一日所需的井水，胡须上挂着因呼吸而结出的霜雪，眼神里亦是疲惫，然没有过多的歇息时间，放下水桶匆匆吃过早饭又要迎着寒意去往工作的地方，那时的生活，于我们是质朴简俭，亦是平淡的心酸，简单的幸福。于生活，它真实可期，于回忆却也珍贵。

母亲是个内心温柔且雅致的女子，她虽从未入过学堂，亦不识字，却有着一颗雅致而细腻的心，寒冷的日子她亦能过的暖意融融，简单的衣物亦要给我们穿得干干净净，不染尘埃。勤劳如她，四季不歇，时时为生活寻着那一份妥帖，凡事她都提前做好打算，不让猝不及防之境展现，苦难于她都可接受，贫穷于她亦可度过。一块小小花布在她手里可变为一副好看的袖套，一块纸板亦可变为收纳的花盒，衣裳破了可绣一朵小花，头发乱了可编出新鲜的小辫儿，记忆中母亲曾用一块小红布为爱美的我打出极为好看的蝴蝶结扎于发辫上，美到让我眷恋难忘。

一直有一个愿望，哪便是希望母亲能够年轻一些再年轻一些，因家中姊妹众多，故而，与同龄之间我的母亲年岁最大，容颜沧桑，岁月的痕迹深重，那时的我亦是贪心，始终渴望着母亲能够容颜娇媚，不负沧桑。奈何我只是一个渺小的凡人，有些所愿只是所想，却无法实现，心中有些许遗憾，后来亦都慢慢接受了。

写及此处，不由地泛起酸楚，眼泪簌簌而落，我知，这是回忆的牵绊，亦是思念的酸涩，新年将至，以往能干的父亲母亲再不能忙碌着准备年货，剪纸贴画，磨墨写联，蒸馍点砂，和面炸花。而今，诸多简单的家事成了负累，只一心期盼着远方的女儿安好顺遂。我能做的，亦只有照顾好自己，免去他们所牵所挂，多一些时间多一些爱给予他们。

眼泪打湿了衣裳，不由得低啜，再难下笔书写，新岁在即，唯愿父亲母亲身体康健，笑颜常在，安稳妥帖。

和羞走,倚门回首

60 皓腕下错过的那一朵

皓腕下错过的那一朵,你们猜它是真还是假?

风雪漫漫,抵挡不住的洁净蔓延开来,这样的日子,适宜做什么?温酒?还是煮茶?两者皆可。如若不能,不妨打开音响听听歌,让音乐,唤醒你心底的故事,唤醒那些关于风雪的往事,或浪漫或童真,或伤感或喜悦,于他人而言或许只是一场简单的小话剧,于有故事的你来说,却是一朝一夕的日子,以及刻骨铭心的记忆,深情亦美好,伤感亦动人。

窗外落雪纷纷,我坐于窗下,一边喝茶,一边写字,似乎亦生出几分惬意,想起白落梅书中的那句:"人比花低,人比花静。"然而却始终不敢与花争艳。

都说我是个有故事的女子,是的,我有故事,而且有许多,过去的每一天于我都是故事,有欢乐,有悲伤,有喜悦,有相逢,亦有离愁。

我从一个不谙世事怯懦的女孩,早早离家尝遍冷暖,随着岁月这条河流,一路慢行至此,几多不易,几多艰难,只有我知道,曾一度想过用最简单的法子了却此生,然而抬眸之时的那一抹彩虹告知我希望的消息,继而坚持走下去,走下去,方换得我现下的安稳。

一直以来,我遵循自己最初的选择,接受所有我该接受的残缺,即使心有不愿,亦是伸手而接,只因我明白,该我受的怎么都逃不掉。

然回头看时,觉一切都是那般美好,所有走过的路似乎都是我想要的模样,如今,虽已芳华不再,然依旧温婉秀丽,素雅如初。

他说:"一万年太久,只争朝夕。"我亦是认同,是的,光阴似箭,如梦如幻,看似漫长无边，实则稍纵即逝，故而，于一朝一夕的日子里，于你来我往的时光里，做自己该做的事，惜自己该珍惜的人，以一颗温柔的心过好每一个当下，才当不负此生。

有人说："爱自己是终身浪漫的开始。"是的，世间你我，生于红尘，唯有学会爱惜自己，才能懂得如何来爱惜他人，同样，一个懂爱的人才能与浪漫执手前行。

窗外风雪依旧，写字的我随着音乐闭上眼睛，是被音乐渲染了心事，还是被文字陶冶了情怀？却也不知。

音乐落下最后一个音符，睁开双眼，看窗外天地茫茫，这场大雪将大地深深掩埋，而我，守着一窗风雪，闻着茉莉的芬芳想要问问你，谁是你皓腕下错过的那一朵？

和羞走，倚门回首

61 是谜是影是故事，是你是我亦是她

冬日的晨，薄雾笼罩，丝丝缕缕间散发着寒意，却又那般澄澈洁净，寂然如水。喜爱早起的我，站在窗前远远地，看着晨曦冉冉升起，光晕柔淡如纱，亦如那小小火把，点燃我清冷的心，想要寻一份温馨，携一份美好，将寒冷的日子过得温暖如春，过得芬芳馥郁。

仿佛被冬日蛊惑了思绪，连日来心情些许沉郁，些许落寞，几多难言，几多无奈，只得一一接受，而后慢慢消减。

日子始终向前，温柔的我亦时常被琐事牵绊，被烦忧缠绕。却也能从浮躁倦烦，思绪恍惚中抽离，勇敢地，在无人相伴的时光里慢慢前行。

思绪辗转间，冬阳展眸，薄雾褪去，唤醒了整座城市，亦唤醒了梦中的人们。庭院里老树带着零落的叶子，不枝不蔓，不缠不绕地一棵棵伫立着，它们的年轮怕是数也数不清了吧？然而，却依旧迎着暖阳，舒展睡颜，有生有息，依旧随冬候春。

城市里的早晨，看不见袅袅炊烟，听不到犬吠阵阵，亦没有那扎着花头巾洒扫庭除的妇人。有的只是车鸣急驶和步履匆匆的行人，他们的神情，是那样的忙碌，那样的匆急，虽有些许焦虑，却又是那般富有生命的力量。

而我，多年来置身家中，将一颗心分为许多瓣儿，却亦是瓣瓣忙碌，瓣瓣洁净芬芳，似乎一直有微风吹动，一直轻轻飘扬，远望美好，近嗅芬芳。

匆忙的日子，随着这缓缓而升的冬阳如一本书，徐徐翻开，扉页上写着：在等待的日子里，刻苦读书，谦卑做人，养的根深，日后才能枝叶茂盛。

第二页如同一张可以播放的水墨画，慢慢移动，慢慢展现出一个身影，她在演

61　是迷是影是故事，是你是我亦是她

绎一个关于生活的故事，那个扎着花头巾的女子，在刚刚苏醒过来的屋舍里，除尘扫灰，烧水煮茶，身影单薄瘦小，手指裹着纱布，却未曾停歇，一样样一件件地做着最为可口的早餐。停顿间隙打开音乐，抱起猫儿梳理它的毛发，喷洒去味的香水，此时的画面远看已然是岁月静好，近处则是朴素真实的日子。

音乐缓缓，涤荡着她的心，只见她放下猫儿，眼眸含笑来到案前拿起纸笔，低眉写下：多一点时间，多一点心思，去享受生活的美好与乐趣。继而仰起头看着案上那将萎不萎的花束，心头，是说不出的愉悦与温馨。

陆续播放的画面中有了小男孩儿的身影，文气的模样很是讨人欢喜，只见他搂着女子的脖子，呢喃着最为暖心地话语，而后彼此安坐随着音乐吃早餐。

如水的时光，质朴的日子，写及此处，我分明感觉到自己的心落下了温馨的眼泪，抬眉望去，一旁的孩子，那般认真，那般欢颜地上着网课，再伸出手来，看着新茧复老茧的地方，莫名地感动。

许多时候，正是因为拥有，我们才要好好珍惜。

此刻，临近黄昏，我于案前一边回顾，一边书写，心底似有一股温暖的泉缓缓流淌，诸多的委屈亦不曾留下痕迹，我只愿过好当下的日子，演绎温馨的故事。手指受伤又奈我何？既是生活赐予，那便爽利地接受它。

掀起纱帘，阳光随窗而入，光影下飞尘缓缓，一如我的文字，起起落落，诉说心语。

她说：月圆的晚上，一切的错误都该被原谅。

她说：将所有心事托付给文字，让它载着你的忧，载着你的喜，载着你的故事去远行。

她说：你若是那含泪的射手，我就是那只绝不躲闪的白鸟。

轻落笔端，依着椅背闭目沉思，良久，睁开眼眸，起身来到窗前，太阳的笑颜已然淡薄，似乎不愿沉落，不愿沉寂在漆漆黑夜。

62 一壶茉莉解忧愁

小窗幽雪，春意清浅，冬意深浓，是春亦是冬的季节，总有一番独特的意境，让人心生眷恋。

特意泡了壶茉莉，闻着满室幽香，忽而抬眸看窗外落雪纷纷，忽而低眉提笔写几缕纸短情长，看似重复着一种简约的姿态，然而内心却忧愁紧紧，只叹，幽雪年年依旧，身边的人和事，却已不复从前。

一场雪，是否能掩埋昨日？又是否能掩盖所有的忧伤？我想不能，因为，雪终究是要融化为水，而发生过的事儿却始终存在，唯时间可带走，唯时间可淡去。

然而，有些刻骨铭心，是时间也无法带走的，唯安放于心的角落，任时光的灰尘落满，亦不敢擦拭。

有时我在想，若不与茶为伴，不与文字相依，我该拿什么来打发这寂寞如雪的光阴？

今日这壶茶，清香袅袅，我心中那浓重的婉约愁思，亦是随着它逐渐化开，而后飘散无踪。

喜欢长安，亦喜欢长安的雪，有时甚至爱上了这寂寞如雪的时光，看着悠悠飘窗而过的雪花，我的心似乎变得更加湿润洁净，像那雨后梨花，不染尘埃，又似那雪中之梅，孤傲飘香。

有时，我想着，什么都不记不念了，就这样，带着孩儿守着这座城，等着一个人，看春暖花开，听净水回风，丢开文字，每日穿行于大街小巷，被烟火缠身，或浓妆艳抹，或光脚踏拖，与寻常妇人闲话家常，互道心事，虽我亦是寻常，然而，终是不能，我不能，不能违背我的心。

　　始终喜欢长裙飘飘，喜爱旗袍款款，喜欢一个人独来独往，于四季里喝茶，摘花，写字，捡叶，将情绪交予文字，将流水的日子交予文字，如此，便是诗意，如此，亦是美妙甚好，于我，唯有如此才觉心安。

　　落笔之际，茶汤所剩无几，轻轻端起茶盅，闭眼闻这茶香，浅浅地微笑附于脸庞，朱唇轻启，将茶汤一饮而尽，这缓缓而下的香气让整个身心贯穿茉莉之间。

　　人的一生，何其短暂，若违心而过终究是会遗憾，什么是最好的选择，不顾一切奔赴所爱就是最好的选择。

　　如若可以，我愿人生简单一点，再简单一点，可以如雨后晴天，亦可如明月清风。

　　侧眸而望，不知几时，窗外的雪停了，心中的愁亦散了开，日子一如那灿烂的阳光，熠熠生辉五彩斑斓……

和羞走，倚门回首

63 一剪小时光，是梦亦非梦

混混沌沌又一日，不知不觉，已迈入腊月的门楣，这难熬的冬日也该结束了。

你看，蜡梅花已偷偷露出笑脸，这象征着什么呢？象征着生命，象征着力量，亦象征着希望。

仿佛做了一个悠长的梦，一个背离思想的残梦，梦中不再有音乐，不再有笔墨纸砚，不再有巧笑倩兮，不再有尘饭涂羹，不再有茶香袅袅，亦不再有不绝瓶花。

有的，只是我的表面平静，内心恐慌，有的，只是我的万般无奈与千般不舍，我挣扎着想要从梦中逃离，奈何身单力薄，无法挣脱，只能周旋其中。

我独自看着这冷清的场景，排队的长龙，直到夜色深沉，那一抹散发着温暖的小灯，一盏盏亮起，给这夜色，给这凄清增去淡淡温情。

夜色阑珊，而我独自行走于熙攘的人群之中，不知这人流之中，是否，也有一人，在众里寻觅我的倩影？亦不知他是否会着急？是否会久久寻觅，久久等待？

恍然间，是谁，对着我的额头弹下一记爆栗子，让我愕然间睁开双眼，蹙眉之际抬眸看着白纱帘，才惊觉，我尽单手托腮打了个小盹，这梦，原是真的。

手指穿过长发，由发根到发尾，看着桌上厚厚的《红楼梦》，莞尔一笑。

为什么笑？明明结局很悲伤，我笑的是自己每晚穿越进去久久不愿出来的糊涂，笑得是说到心酸处，荒唐愈可悲的凄凉。孩子总说我需得他来拯救，需他来将我从这深深红楼里拉扯而出。

然而，真亦假时假亦真，假亦真时真亦假，梦里梦外亦都是我，又何来拯救，何须拯救，不过是不愿醒来罢了！

63 一剪小时光，是梦亦非梦

打开音乐，一首忧伤中带着起伏的音乐，仿若一把纤细的小手在我心上一笔一画地写下："摘一轮明月，给平凡的你，给平凡的我。"

轻轻来到窗前，掀起窗帘，仰望天空，那月牙儿闪闪烁烁，似一根划着了的小小火柴，点亮我的心，你的呢？是否也被点亮？

一切都很无意，只是突然而发的思绪，提笔写下，我只是个普通的小妇人，喜欢陶醉在笔墨纸砚间，亦常常陶醉于自己的思绪里，喜欢闻着墨香写下一些深情的话语，而后露出心满意足地微笑。

搁笔之时，一朵干花轻轻掉落，似给平凡的你，亦似给平凡的我，若你我终不得相逢，就让它诉说一段似水流年……

和羞走，倚门回首

64 冬日午后随笔记

冬日午后，一人独坐，倒也清静，可还是想着要寻一些事情做做，似乎也有一点儿想要打发时间的念头，这段时日整日里被孩子缠磨着，许多的事情都被搁浅，屋舍的角角落落都已布满灰尘，桌上的书已尘封多日，轻轻捧起打开扉页，一片秋叶带着久违的气息飘飘然坠落，有一丝猝不及防的惊喜，亦有一抹芬芳的浪漫，我想，日子于我，始终是浪漫而诗意的吧！一如我喜爱的那句："柔情似水，佳期如梦。"

这个闲静的午后，我变回那个雅致的太太，系上花头巾，带上花围裙，仔仔细细地擦拭着每一粒可见的灰尘，直到净几明窗方才作罢，虽有些疲累，但看着洁净的屋子，心中却是满满的知足感。

一直觉得，于女子而言，每日洒扫庭除都是必不可少的，所住之处定是洁净而芬芳的才不辜负这质朴的时光，奈何这个冬天我与孩儿轮番生病，许多个日子都是逞强着有心无力地度过，心情也曾几度崩溃，只能于暗夜里独自疗愈。

而今，算是康复起来，一切如新，一切亦如旧，我一如既往地珍惜着每一寸光阴和每一个独处的时刻。

思绪舒缓，人亦轻柔，来到窗前，放空心灵，什么都不去想它，看着窗外萧瑟的景象，脑海里却开出了绚丽的蔷薇，一朵复一朵，颜色各异，花形别致，在绿树的映衬下是那般娇媚，那般轻盈，不禁呢喃出那句："绿树阴浓夏日长，楼台倒影入池塘，水晶帘动微风起，满架蔷薇一院香。"

转而，展颜微笑，我喜欢这样的时刻，喜欢由心而来的愉悦感。尘世间的我们，走在人生的这条路上，忧愁难免，故而，我们需学会接受，学会放下，学会展望，学会创造。

　　思绪舒缓的时候连时光都是松软而绵密的，仿若晒过太阳的大棉被，散发着温暖的气息，忍不住想要闭起眼眸拥时光而眠，于是我便静静地临窗而坐，静静地沉醉，想起曾在书上看到过的一段话："人生恰如大梦一场，沉醉容易，梦醒太难。"其实每一个日子都很平凡，而我，却宝爱着每一种颜色和味道，珍爱着每一个日出与黄昏。

和羞走，倚门回首

65 日寒心暖

晴天朗日，却也不想下楼，更不舍拉开紧掩的窗帘，只因屋里暖气的缺乏，想要以这样的方式留住这微微的温度，亦不知是否可得。

细细想来，已经有许多个日子不曾走出家门，只是日复一日地过着不与世争的质朴小日子。

来古城这么些年，如此的寒冷，似乎还是初次，晨起，暖气达到冰点，没有任何温度，心亦是跟着冰凉无限，仿若置身室外被寒气层层包围，开了空调来缓解心情，我不喜这种因寒冷而缩手缩脚的感觉，总有种回到遥远朝代的错觉，贫穷围绕，温饱难安，睁眼闭眸皆是惆怅，虽日有太阳夜有月，却没有盼头，更看不到丁点儿的希望。

然而，入冬以来，似乎每一个清晨都是此般境况，让人无奈亦惆怅，却无丝毫解决的法子，不得不承认，无论身处那个朝代，老百姓的基本诉求永远都是那般艰难，只是被来回推脱，哪怕你花了银子，依然买不来你该享有的温度。

人性的恶与贪，永远存在，那些堂而皇之的说辞，不过是谎人罢了，奈何我势单力薄，孤掌难鸣，几次谈判依然无果，而今已不求温度，只待如数退回银钱。

冬阳明媚，却只升寒气不升暖，披了厚厚披肩，煮了壶普洱，想起那句：花开堪折直须折，喝茶也是，此刻的普洱，入口顺滑，如丝如绸，高雅温柔，四季更迭，喜忧参半，然，心境始终不变，清明静宁，不染尘埃。

时光悠悠，不慌不忙，我喜欢这样的感觉，将手机调于静音模式，拒绝一切的打扰，守着一室静默，闻着茶香窗下独坐，仅一刻，便可遗忘这不适境况，仅一刻，仿若落于日月山川，美好，清宁，无忧，无虑，无需在意年轮几许，无需在意三餐四季，更无需在意那些恼人的人情烦忧。

佛说：众生皆苦，唯有自渡。我亦是认同，我虽年岁不大，却也经历过常人无法承载的苦难，而今的坦然和豁达，亦是那些过往的成全，那些无光的岁月让我珍惜着此时的微微光明，珍惜着此时的淡淡幸福。

一抹冬阳折射而过，一如我心中的温度计，暖意淡淡，却散发着旁人难以察觉的幸福感。

忙着书写，不知几时，茶烟生了千朵，如梦如幻，美得让人遗虑欢颜。

和羞走，倚门回首

66 日子如花似梦

雨雪霏霏，行道迟迟。这样的日子，如若可以，不妨点个小小火炉，一边煮茶，一边读书……

若不能，那就耐下心来，认真冲泡一壶属于今时今日的茶，亦可暖意融融，心境明媚。

近来，喜爱上了橘皮茶，每日吃完橘子，将剥下来的橘皮清洗除尘，剪出喜爱的形状，用开水冲泡，袅袅清香细腻恬淡，入口亦是醇香缓缓，有茶情亦有橘香。

小淇看着杯中橘皮的形状说道："妈妈，万物皆可艺术，对吗？"是的，万物皆可艺术，万物皆有灵性，只是，许多时候我们选择了视而不见，选择了忽略不计。

生活，有时简单，有时宁静，有时却烦恼无边，而我总会恰逢其时地劝说自己接受一切，好的，坏的。只因我明白，无论好与坏，都是生命的馈赠，都能有所收获。

有人说："无极限美好的年纪，光阴像是被洒了亮粉，无论铺展在什么地方，都显得耀眼。"而此时的我，不知算不算与美好擦肩而过，却依然想要紧紧抓住光阴的手，与它一同前行，一同发现美好。

就像此时，橘皮茶香气萦绕，心事徘徊于笔墨纸砚，小淇就在身旁，闭上眼，似乎连寂寞的安静也渲染上了香气与美好的幸福。

下午时分，小淇说："妈妈，我觉得每个人的心都是一本书，只有自己能读懂它，哪怕是他的妈妈，可能亦无法读懂。"我想，他该是有了自己的小秘密，作为母亲，或许，我该抽出更多的时间来读懂他。

写了没几行，抬眸看窗外，才发现，已到日落时分，夕阳带着微醺的感觉缓缓垂落，垂落……

新岁逼近，每日总是这样忙碌，然而，具体忙些什么，却也无从记起，或许，每个勤劳的主妇都是如此，忙而有序，累而生欢，有所待却无所求。

唯愿：日子如花亦似梦……

和羞走，倚门回首

67 各自安好

忙完，冲一杯咖啡，在缓慢的光阴里感受生活的美丽风情，窗外一片湿润，似有落雨的痕迹，想要推开窗，迎一缕清风而入。

早晨折了几枝蜡梅，插入瓶中，装点心情，此刻，满室的淡雅芬芳，让我心中生出欢喜，婉柔的感觉直抵心间，清清淡淡，柔柔缓缓，一如我的思绪，柔缓地萦绕心扉，似一种原生的美，又似光阴馈赠，那般自如，那般平顺，又那般深情。

人生，太过匆匆，碌碌半生，所为何求，亦是不明，近来的我，有些糊涂，亦有些懒惰，然终究是看淡世事，安享当下。

于我，每一个平凡的日子都是好日子，每一份浅淡的心情亦都是好心情，生命中，无需太多华丽的喧闹，只求宁静的安稳。

有那么一段岁月，尤为喜爱海来阿木的歌，每日于晨起暮落时相伴相随，他的歌，时常让我热泪盈眶，亦时常让我深深陶醉。

后来，不知为何，渐渐疏离，渐渐遗忘，不再听起，或许就如旁人所说"这世间，所有的事情皆因一个缘字"而起，我亦不去过多思谋。

然而，就在今日，就在这个细雨迷蒙的午后，就在这个不起眼的时间点，当我想要午睡时，拿起手机，打开酷狗音乐，那一首《各自安好》映入眼帘，没有任何迟疑，带着随意的心情点开，而后戴上耳机，闭起眼眸，听着听着，便入了梦乡，梦中有海，梦中亦有河，梦中有你，梦中亦有我，梦中有过去，梦中亦有现在，梦中我时而蹙眉，时而欢颜，时而沉静，时而浮躁，似乎想要寻找，却又不知寻些什么，小河打湿了裙摆，大海冲乱了长发，我提着裙角奔跑，追逐，然而，还未追到，梦——便醒了。

醒来，歌声依旧贯穿心扉，不愿起身，想要就这样，就这样静静地听下去，听着听着，一种微醺的感觉弥漫开来。

我的心，仿若置身一叶小舟上，在小小河流上孤独地飘过，又似一片落叶，孤单地顺流而下，却又是那般寂静，那般秀丽，让人想要伸出手来，轻轻地，轻轻地捧它于掌心。一如歌中的那一句：孤独就像一条河流，缓缓流过不眠的心。

心，就这样随着音乐涤荡开来，花她开在岁月的两岸，梦里是你，梦外是你，回忆像一条河流，寂静穿过牵挂的眼，思念它蔓延两岸，此岸是我，彼岸是你。整日里穿梭于文字中的我，过往亦是简单，已然无太多思念。然而，脑海中却开出了淡雅的丁香花，小舟前行，丁香两岸，美的惊心，美的亦动魄。我不知，我的眼中是否有牵挂的弦，亦不知，这思念如何蔓延，只知，此岸的我，彼岸的你，曾经相悦亦相知，如今相离不相忘。

谁都不可能，再回到从前，如今的我们，只能各自安好，匆匆而过的，还是那时光，无法忘记的是你的容颜。音符落下，歌声结束，我从微醺中醒来，一抹感动的情绪漫过心头，只觉深情无限。

时光漫漫，窗外的雨，依旧迷蒙如烟，未曾停歇，亦未更改情致，转醒的我，带着无限深情提笔写下：多情只有春庭月，犹为离人照落花。

细雨依旧，岁月深沉，而我，身暖心安……

和羞走，倚门回首

68 此心安处是吾乡

糊涂地度过了许多个日子，思绪似乎都是混乱的，这个冬天于我确乎有些难熬，我和孩子不间断地生病，无休止地往返于医院，与疾病纠缠的日子里，忽略了太多的美好，亦遗忘了书写的心情。

遥望去，心窗一片模糊，没有了往日的明亮与色彩，而那窗下的妇人已不见踪影，或许有一日她会如约而归，抑或许从此消失在茫茫人海，永无归期。

有时也想着就这样做个庸碌的俗人，日食三餐，不管不顾，日出而起，日落而眠，将诸多梦想搁浅，诸多感知忽略，奈何心有不甘，仿若有那么一根执拗的线始终紧紧复紧紧地缠绕着心中那最为敏感的地方，让我忍不住想要坚持，想要继续前行。

于是便起身擦拭心窗，直到窗明如镜方才作罢，继而系上花头巾，煮一壶深情的普洱茶，打开音乐，坐于窗下，闻着茶香提笔书写。

此时此刻，有一种融化的感觉，仿若整个身心化为了一条柔软的河流，随着音乐缓缓流淌，流淌的过程中遗忘了那些恼人的烦忧，身心得以愉悦，灵魂深处的那个自己回到了童年的模样，嬉戏欢闹，不管不顾，只沉浸在此时此刻。

记不得曾在哪本书上看到过这样一段话："生命中能够让我们欢喜满意的时刻实在不多。"深以为然，幼年的时候这样的时刻似乎格外的多，而随着时间的游走，越长大这样的时刻越是难得，可我们却都忽略了原因，究其原因，是我们内在的不饱满，想要拥有的太多，而真正拥有的又觉得不是那般美好。

写及此处，案上的蜡梅随着音乐轻轻坠落了几片花瓣，过程有种猝不及防的美丽，我想要用手机拍下来，可是当我拿起手机时花瓣已如那柔软的美人般亲昵地覆在桌案上，我仿佛看到了她那双微眯的丹凤眼，美的不可方物，继而放下手机低眉观看她优美的睡姿，嗅取她悠悠地芬芳。我喜欢这一时刻，仿若刹那的芳华，虽转瞬即逝，却如烟火般将绚丽永恒地留于旁人心中。

　　想起苏轼的那句诗："试问岭南应不好，却道，此心安处是吾乡。"

和羞走，倚门回首

69 陌上花开缓缓归

　　晨起迎着第一缕阳光走出家门，些许清冷，些许落寞，衣着厚重，步伐缓慢，瘦弱的我，每一个冬天都是那般难熬。然今岁的冬更加艰难，被病毒感染之后似乎往年沉睡的大小疾病一一苏展而醒，在属于各自的领地里愉快蹦跳欢唱，显露身手。而我，却要忍受疼痛的折磨，一度落泪如雨，持续打针七日之久，终于换来安稳，各自回归最初的模样。

　　无意抬眸被庭院里的那一枝梅花吸引，继而走近细细端详，我知它是假的，却依旧不舍离去，心中有喜悦，亦有遗憾，更多的却是对美好生活的向往，连日来多少眼泪浇灌了心伤，多少无奈化作叹息，多少疼痛独自承受，在看到这枝假的梅花之时都消散无迹，虽只是片刻的不见踪影却亦是无比珍贵。

　　冬阳徐徐游走，如若可以，多想将满腹心事系于它的身旁，让它带着一边游走一边洒落于无人的山脉，埋葬而起。

　　柔弱的我，总是这样，不与人争亦不愿将诸多的心事道与旁人，只觉得人生这样不易，不该让自己的烦忧扰乱别人的心房，亦不愿给谁增添一丝的不快，故而，独自承受，独自面对，独自开解，无奈时的那一声叹息便是释怀的声音。

　　朋友邀约，本不想去，却又觉得该出门走走，偶尔听听别人的心事，亦是好的，想这个冬天，似乎每日都在家中游走，极少迈入红尘，渐渐地，竟然厌了熙熙攘攘的人群，厌了心门之外的声音。

　　于我而言，似乎静静地才是美丽，静静地才是人生。

　　回想曾经，我亦是那个喜爱穿梭于闹市的女孩，虽囊中羞涩，却亦是得空就想前往，只觉哪里的世间更大，哪里的声音更温暖，什么都不买，只是走走便觉幸福而知足。那时的我一心向往着城市的生活，向往着心中的城，亦向往着城中那个未知面孔的人，后来，辗转南北，许多的城市都有我的足迹，亦有我的故事，只是渺小到无人知晓。

如今的我，似乎早已和那个怀揣梦想的女孩道了别离，只跟随着自己的心伴着年轮，一天天一年年地度着岁月，从不探究岁月是否静好，只觉得，随心，安然便是好的。

也曾忽略自己为别人而活，屏蔽自己所有的呐喊声，只为身边所爱之人能面带微笑，不知是那一日，幡然醒悟，那一刻我看到了灵魂深处那个小小的自己，满身是伤依墙而泣，那瘦弱的样子让我的眼泪泛滥成灾，匆忙中跑过去拥她入怀，从那一刻开始，我关闭了外界的那扇门，专宠自己，想要为自己而活。

70 闭门即清欢

树叶落了，

阳光变了，

风吹在冬日的肩膀上，

一点儿温度也没有。

漫步归来，喝了一壶普洱茶，听了会儿音乐，读了几页人间四季，心中不再惆怅，只觉平淡安然。

厚闲说："日子本来的模样，就是一方小院，喝茶吃饭，闲话家常。"我亦是认同。

在这座城市里，我没有太多的朋友，亦不喜与人过多的往来，选择了用文字来诉说心言，用文字疗愈心情。

此时的我，临窗而坐，清清淡淡，时光寂静却亦温馨，世间你我，许多时候都该摘取一束光阴，享受孤单，在这寂寞孤单中，仿佛可以听到心灵深处的悄悄话。

你听，她说：踏雪寻梅去呢，有暗香浮动，你曾说过似我般美丽，蓦然的心事，寂寞了天气，怎能忘却深爱的你……

听完之后，只觉诗意盎然，让人舒心展颜。

桌上放了一个小花瓶，插了一片银杏叶，微光之下，金灿灿的颜色散发着浪漫的气息，一直觉得，素雅的日子需要一些简单的物件来点缀才能装饰心中的梦。

其实梦是什么颜色的，我亦是不甚明了，只是觉得日子该这样过罢了，柔和细暖，雅致盎然，让人心生柔软，遗忘那些窗外之事。

掀帘而望，远山淡影，有时，抽象的事物也可让我们感知美好，冬天的云似乎格外的厚重，给人一种沉甸甸的感觉，却又无比洁净，忍不住想要抬手摘取一朵，融水而饮，洗却尘虑，增添柔情。

黄昏迟来缓缓，我亦不慌不忙，想要慢慢地，慢慢地留住这瞬间的美好。

写写停停，思绪有些模糊，似乎遗忘了方向，迷茫无踪，却亦不急，一如摇摆的小闹钟，依旧嘀嗒嘀嗒地摆动着，自在，无碍，优美，动听，似有一种孤云独去闲的情怀弥漫于内心深处。

曾经有人说过读我的文有一种缥缈的美感，我亦认同，因我每一次的书写都是随心随时随感随思绪，从不刻意为之，故而有着些许缥缈的感觉。

落日照亮温柔，远远望去霞光如锦，璀璨人心，生出一种不舍的心情，这一日又该谢幕了，谁道时光无情呢？其实无情胜似有情。

就这样吧，掌一盏灯，等一个人，日子素静，却亦深情如许。

窗外有月，皎洁明净，心中有爱，温馨和煦。此情此景让我想起那句："绿蚁新醅酒，红泥小火炉。晚来天欲雪，能饮一杯无？"

来吧，让我们一同，将万事搁浅，围着小小火炉，对饮一杯陈年佳酿，在微醺中诉说不知名的天荒地老，寻觅一些细腻的消息可好？

和羞走,倚门回首

71 飞雪敲窗话流年

岁月无声,日子有痕,每一天都真实地存在着,只是许多时候我们因忙碌而糊涂地度过,匆急地行走、翻页。未曾用心体会,亦未曾用心留恋,有些片段似乎连回忆都是模糊地。

忙碌的日子,时间倏忽而过,而心却是空落难安,究其原因,还是因为想念这安静的时刻,想念这有音乐,有茶香,有文字的独处时光。

其实,每日所写,都是一些零落的小事,然而,习惯了,便不能再轻易放下,一辈子这样短,能有一样自己喜爱的事情来做,实乃不易,故而,格外珍惜。

季节更迭,飞雪敲窗,越发地冷了,然而那零星飘落的雪花却有着诗一般的美好。想起那句:"日夕北风紧,寒林噪暮鸦。是谁谈佛法,真个坠天花。呵笔难临帖,敲床且煮茶。禅观堪早闭,应少客停车。"

寒冷的日子,唯有茶,可以予我些许暖意,看着袅袅茶烟,仿若幼时母亲在厨房烧饭时的滚滚热气,隔窗而望,亦是暖意融融。

有人说:冬天是美丽的季节。我说:冬天是回忆的季节,忙碌的我们,可以于寒冷的夜晚,围炉夜话,亦可以一个人,静静地闭眼回首。

譬如此时的我,倚着窗,回忆着幼年的往事,那个寒冷的早晨,玻璃结出了厚厚的霜,上面有着各种似树木,似落叶的画面,扎着羊角辫,穿着花棉袄的我,很是认真地爬在窗前端详研究,时而伸出手指在上面图画,时而哈气想要融化,时而用舌尖舔一下试探它的温度,时而又回头看一眼背后是否有人,心中似乎明了这样做是会换来批评的，直到父亲的身影出现，才会急切地转过身来。这回忆仿若一幅水墨画，又仿若童话故事，深深地印在我的脑海里。

写及此处，温馨的感觉直抵心房，不由地起身，站于窗前，看着纷飞的雪花，想起那句：此情可待成追忆，只是当时已惘然。

人的一生，总有一些时刻是美好的，也总有一些时刻是悲伤的，然而，无论是美好还是悲伤，随着时光的迁移，终会化为烟云，让你无法抓住，只剩回忆可以咀嚼。

落雪的傍晚，萧瑟而清冷，仅站了一小会儿，已被寒意席卷，手指冰凉，浑身不适，只待转身披上厚厚的披肩，喝一口温热的茶，不敢再贪恋窗外的景色，心中却期盼着明晨入眼的白色景象。不得不感慨，无论年龄几何，我的心始终向往着简单的美好。

一样的黄昏，别样的故事，一样的黄昏，别样的心情，一样的黄昏，别样的容颜，一样的黄昏，别样的情怀，若干年后，再忆起，定如那线装的书本，只有我能读懂，亦只有我珍藏如宝。

又该落笔了，心中有许多的感激，却不知该从何说起，回首走过的时光，展望将来的一切，似乎都是美好的，于我而言，这就够了。

人世多繁华，看着这纷纷扬扬的雪花，一如看见了幼年的自己，洁净无争，怯懦亦安然。

和羞走，倚门回首

72 光阴不可虚度，一日不可无茶

流光瞬息，窗间打马，小雪已过，未见霜雪，却也寒意相侵，冬意深浓，长安的冬天，凛冽也温柔，寂静亦如画。

奈何，疫情依旧，不见好转，核酸成了生活的主旋律，网课亦是不可或缺的一部分，而出门的路，却被一次次阻断，些许无奈，却也安稳。

掩门，煮茶上课，写字疗心，日子简单却也忙碌，平凡却也诗意。都说无事是福，而有事可忙，又何尝不是一种幸福。人生，怎可安闲，又怎可，糊涂地忙碌。

窗外繁华退却，黄叶满径，室内茶香氤氲，音乐缓缓，记不得几时开始，喜欢上了这种清简质朴的时光，在自己的时间里沉默自处，从容洒脱。

连日来头隐隐地疼痛，不见好转，唯有忽略不念，方可缓解，这不失为一帖简单地良药，许多时候，许多困扰，我都是自给自渡，自解自治。

都知我心性和顺，却不知我所经之苦难，偶尔停顿回首，只觉如攀爬天梯，那般不易，那般艰辛，终究是慢慢渡过了，然而，再忆起依然揪心，依旧感伤。

而今，岁月旖旎，心亦柔软，虽已不再年轻，却也感触流年，平淡的日子也生欢喜，无味的人生亦能别出心裁，寻一份温暖，找一缕芬芳来填补。

起身掀帘，本想着借一米阳光，却未能如愿，那便支几缕寒气进来，让它告知我，珍惜当下的温度。

人生，本就是一个慢慢积累的过程，所有当下的好，都是我们所走过的每一步而成全，艰难不可免，美好亦不远。

这个下午，些许倦懒，些许无奈，些许落寞，些许感怀，喝了几盏茶，发了一会儿呆，辅导了一会儿作业，就过去了。心中生出不舍，只叹时光无情，就这样在我的无意中从指缝流走，未道一声再见，未留一抹颜色，甚至未发出一声叹息，无影亦无踪，无痕亦无迹。

转而想起那句："盛年不重来，一日难再晨。及时当勉励，岁月不待人。"当真是不能再漫不经心，不能再糊里糊涂地忙碌，当方向明确，用心待之才是好的，所谓的岁月无忧，大抵是日日不虚度，夜夜不彷徨而成就。

你看那树梢的鸟儿，天气这样寒冷，却依旧不曾懒惰。

零零落落写下这许多，无意胜有意，人间苦短，如梦似幻，那些曾经不曾记录的时光，而今想来，很是可惜。现下的每一个日子，我都格外珍惜，都想用行文的方式记录而下。

未曾想过让谁来懂我，亦未想过让谁来读，只是以一种自我喜爱的方式给人生留下痕迹，让思绪得以安放。

光阴流转，笔触落下，喝一口温热的茶汤，轻轻取下披肩，扎上花头巾，系上花围裙，下厨做一顿人间至味。已然一个合格的厨娘模样，满分的母亲，投身烟火，亦是温情脉脉。

和羞走，倚门回首

73 醒来，再不提起

寒冷的夜，寂静的夜，漆黑的夜，冷的如霜，静的如水，浓的如墨，难以化开。

踏着夜的深沉，披着阵阵寒意，我从梦中醒来，反反复复，一次次睁开眼眸，想要寻一抹晨光，试了几次，仍无法寻到。

身未动，只是轻轻探过手机，瞥一眼时间。哦，原来，才凌晨四点钟，时间尚早，还需入眠。再次闭上眼眸，却已了无睡意，心中似有难以消散的情绪在跟随。

辗转中，忍不住，忍不住开始回顾那个纠结的梦，梦中孩儿已然青春模样，说着一些成熟的话语，却又不似真正的他。看着他，我是那样着急，那样难安，一直在悄悄问自己，他是我的孩子吗？在他脸上为什么我寻不到一点儿关于他的踪迹。为什么，为什么我寻不到那种打心底里对他的疼爱？为什么，为什么我连回忆都找寻不到？

这纠结无措的情绪，如一根绳，于无形中缠绕着我，牵绊着我，几次抬起手来，抚摸他的脸庞，掀起他的发际，寻找熟悉的模样，找寻那调皮的笑颜，然而，他是那般生硬，那般陌生。

这缕缕失败的感觉，让我好生着急，好生无奈，心中一次次呐喊，一次次疑问，我的孩子呢？我的孩子丢了吗？可是，无声无响亦无回答。

一时间，我仿若成了这世上最令人怜惜的母亲，泪如泉涌，咬着唇际，揪着头发，看着那个陌生的孩子，几次三番左右摇头，似乎只有这样，只有这样才能够摇醒这骇人的梦境。却又不敢醒来，不敢转身离他而去，怕一个转身，成了别离，怕一个转身，真的丢弃，怕一个转身，再无痕迹可寻。

无助的我，伤悲的我，难安的我，在梦中丢盔弃甲，泣不成声，心中迷茫，眼神荒凉。

我多想，多想有那么一盏灯，指引我前行，给予我希望。我多想，多想有那么一个人，牵起我颤抖的手，告诉我，告诉我这只是一个梦。我多想，多想听到那熟悉的声音，远远地，远远地喊着妈妈奔我而来，扑个满怀。我多想，多想捧起那熟悉的脸庞，对他说：别吓妈妈。

然而没有，那一刻我迷失方向，不知所踪。那一刻我只能浑身颤抖，落泪如雨，满心伤悲地看着那张陌生的脸，听着那些生硬的话语，静静呆呆，痴痴傻傻，抓起他的手，一如那救命的稻草，生怕他甩开，生怕他决绝离去，没了消息。

就在此时，仿若有那么一个人，被我的情绪感染，被我的不舍感动。伸出手来，轻轻地推着我，推着一步三回眸地我走出漆黑梦境，推着我睁开眼睛，寻找晨曦。

此刻的我，一边回忆，一边抽泣，眼泪打湿了被角，心一次次疼痛，一次次收紧。写至此处，压着低泣，起身，来不及披上衣衫，匆匆来到孩儿房间，轻轻推门，不敢开灯，寻到他的床边儿，慢慢躺下，拥他入怀，已经如我般大小的身子，依然那样柔软，依然散发着熟悉的奶香味儿，听着他的鼾声，不由得凑上去，轻吻他的脸庞，心就这样坦坦地得以安放，闭上眼，任眼泪滑落，再不舍离开。

睡吧，搂着我的孩儿，一同睡到黎明时分，这个梦，再不提起。

和羞走，倚门回首

74 载爱前行

入冬以来，初次感冒，浑身乏力，隐隐地泛着疼痛，难过的感觉几度蔓延，想要久久地躺下去，却也不能。清晨六点半的闹钟，对于一个已成为母亲的女子来说，是责任，亦是爱。

逞强着起来，眼泪几番落下，又几番收起，告诉自己，要坚持，要一往如初。洗漱，收拾妥帖，来到厨房，一件件，一桩桩，仔细地做好早餐，才得以安心展颜。

转身来到卧房，看着孩儿甜蜜的睡颜，那般不舍喊醒，却又不得不喊，上学的孩子真是不易，肩膀那样瘦小，书包却又那般沉重。

然而，却又是每一段人生必经之路，辛苦亦美好，一路披荆斩棘，一路繁花似锦，一路雕刻，一路描绘，继而成就美好的自己。

看看时间，已近七点，窗外依旧漆黑如墨，若不是路灯照射，不是步履声声，不是车辆行经，已然一副深夜之感。

思绪仍在飘逸，孩儿却于睡眼惺忪中问道："妈妈，几点了？""七点整。""哦，我该起来了，不然赶不上七点四十的早读。"

伸个懒腰，便匆匆而起，一边穿衣，一边说道："妈妈，快帮我打开英语，灌灌耳音。"这样的他，总会让我生出缕缕自豪之感。

漫漫人生，幼年的积极阳光对于男孩子来说，是何等重要，何等可贵，我懂，亦明白。

他是那样懂事，那样贴心，那样积极有爱，他曾说过：我爱我的家，爸爸是宇宙，妈妈是天空，而我是云朵。

临出门前,他说:"妈妈,晚上我回来你的感冒应该好了吧?"我答:"一定,一定好起来,晚上好好陪着你。"

于是,送完他,看着他背着沉甸甸的书包走进校园,我便匆匆归家,收拾妥帖,去往医院,检查,开药。回到家后按医嘱一一喝下,带着几分虚弱,几分难过,躺到床上沉沉睡去,无梦亦无感。

不知睡了多久,醒来已是午后,浑身被汗水浸透,亦觉有了精神,一如露珠下绽放的那朵花儿,娇艳欲滴,展颜微笑。

稍作缓缓,该起来了,洗个热水澡,着喜爱的衣裙,素净的脸庞,亦是悠然心会。来到桌前,不敢喝茶,冲一杯蜂蜜水也是好的,一边喝着甜甜地蜜水,一边感叹,成年人,生病亦是需要资本,家中无人,真的不敢亦不能生病,那种瘫痪的氛围对于孩子来说着实骇人。

打开相册,翻看过往的照片,一张张,都是岁月的见证,时间悠然而过,看着孩儿幼时的模样,更加想要珍惜与他一起度过的每一个时刻,每一个当下。不想亦不愿来日用那句:当时只道是寻常,来形容彼时的情感。

人生如沧海,渺小如尘,却又那般坚韧,那般灿如星光。所有的过程都值得我们认真以待,所有的艰难亦都是成长的积淀。

此刻,窗外薄暮冥冥,而我,虽有些许不适,些许无力,却依旧磨墨展纸,提笔落字。曾经也想余生安逸,不再专研习字,只做温柔的母亲。曾经也想每日梳洗打扮,不再过问柴米油盐,只做娇艳的妻子。然而不能,生活面前,我们都是平凡的素人,更何况我这样普通的家世,简朴的思想。

岁月如水,潺潺流淌,而我,随着它的流动,一边行走,一边学习,一边注入生命的颜色,给孩儿,给自己,亦给远方的他。

一份温馨,一份甜蜜。一份浪漫,一份关怀。一份体谅,一份包容。一句我懂你,一句我明白。汇聚成爱的海洋,让我的孩子,在爱的海洋里成长为那个美好的自己。

写到此处,思绪缓缓,一如那舒缓的钢琴曲,起伏之间自然流淌,让人随之心生恬静。好的文字,好的向往,总能让你的心轻轻安放,一如那初生的莲荷,静静地落于水面。

光阴缓缓,时间顺延,从未停止,而我们,又岂能不去珍惜,岂能不载爱而行。

和羞走，倚门回首

75 此情可待，追忆犹在

又病了，这糟糕的情绪要多么大的胸怀才能容纳呢？一整个秋季，似乎都在医院中徘徊往返，句号仅仅画下六日，正当我带着一丝满足的窃喜想要回归生活本来的模样，时而忙碌，时而清闲，时而书写，时而漫步时，高烧突然来袭，那一刻，浑身的骨髓似乎都是疼痛的，一丝力气也没有，眼泪亦是滚烫如炙，然而，还是硬撑着独自去往医院，挂号，抽血，化验，打针。

多年的生活已经教会我足够的坚强，教会我顺其自然，教会我遗忘柔弱，万事既来之则安之，所有的事情有开始便有结束，过程烦琐，结果却亦如心，于我这就够了。

其实也曾是个我见犹怜的女子，只是在生活的雕琢下有了岁月的痕迹，有了曾经未有的勇气，我想这样亦是好的，尘世间的你我，谁又不是一路走来逐渐清醒，逐渐长大，逐渐坚强，逐渐勇敢呢？角色在逐渐转换，心态亦逐渐成熟，继而放下那份娇柔，做了这世间最勇敢的自己，至于岁月的痕迹，亦是值得拥有，不妨紧紧拥抱她。

此刻，距离发烧的日子已经过去四日，故而才又力气静坐记录。回想一下，亦是胆怯的难过，看着泛青的手背，有一些耐人寻味的隐忍。

忆起幼年生病的时光，母亲为我流了不少眼泪，父亲每晚给我打针，那时的我娇柔怯懦，极其的怕疼，每晚我都亲眼看见父亲用针管抽药的全过程，每每他喊我时，我都想要逃离，然而，只是想想，从未付诸行动，只因我爱我的母亲，不想看到她愁上眉梢的脸庞，想要尽快地好起来，让母亲开心，让母亲舒眉展颜。

75　此情可待，追忆犹在

可我也有要求，那便是打针的时候家里所有人都必须闭上嘴巴和眼睛，不可说话亦不可看，一旦有声音发出我便无法控制地泪如雨下，最初姊妹们总忍不住笑出声来，后来，发现我真的会哭也就各自自觉，迁就于我。而今想来，那时的我或许有一点儿霸道了，但更能明白对于一个小女孩儿来说每日打针是一件多么恐怖的事情，那时的我亦是蓄满了足够的勇气承受着，而家中所有人对我亦是因爱而顺从着。

忆及此处，心底泛起柔软的酸楚，眼泪控制不住地奔腾而下，有一些莫名的伤感弥漫开来，时光匆匆，那些美好的过往仿若昨日，然而还未来得及珍惜，便已悄悄溜走，想起那句："此情可待成追忆，只是当时已惘然。"

我的心总是这样，柔软有情，容易伤感，故而喜欢孤独，你看，又这样一个人静静地待了好些时候。

仿若眨眼的工夫便到了夕阳西下之时，那远处的山峦亦是披上了美丽的晚霞，美得让人心醉，让人遗忘了时光几何。

冬天的夜来得越来越早了，有种说不出的感觉萦绕心间，那便不去说它，任它独自徘徊吧！

暮霭沉沉，又到阑珊时，那些雕刻在时光里的记忆又该深深掩藏而起，轻轻回眸，望向窗外，这夜，似乎格外温柔，亦散发着不易察觉的浪漫感。

起身推窗，仰望星空，虽不知今夕是何夕，却亦想要寻那皎洁的明月，奈何寒气浓重，还未寻到便只好紧紧闭窗而归，然而亦不觉遗憾。

依着窗前的栏杆，尽有种独自凭栏看月生的情致，似乎许多时候，我都是这样，独自寻着那份美好的感觉。

你看那夜色之下，华灯初上，寒气弥漫，有多少人在等待，又有多少人在匆匆归来，有多少人在思念，又有多少人在相遇。

当时明月在，曾照彩云归，牵起我的思绪，落下笔端，愿你我都能拥有同剪西窗，共话家常之平凡。

76 不感伤，不追忆

阴沉沉的天气，天空仿若拉上了忧愁的帘，让人觉得沉闷无比，屋子里泛着阵阵寒意，还未入冬，手脚已然开始冰凉。

唯有茶，可以给我些许温暖。也唯有茶能让我放下一切，只享受那片刻的闲适，不在想着节省岁月，操劳日子，感伤年华，追忆往事。

或许是天冷的缘故，心中竟开始期待炉火沸腾的日子，想着想着，便笑了，笑自己年龄不很大，却似乎有着老者的心态，期待的事情总是那样不合常理。

一直以来我都不是个活跃之人，心下想的总是那些温暖而又深情的事情，想我这样一个人，真的是与世难容，故而才喜独来独往。

清冷的日子，却也碌碌忙忙，喜欢把每一个日子都填的满满的，仿若只有这样才能称心顺意。

琴弦上落满尘埃，可真正开始抚时，还是毫无感觉，只得作罢，许多时候，我都不喜勉强自己，因我深知任何事情都勉强不来，我们终究做不了心的主人。

有时，我想着，努力去做，不问结果，可许多时候，许多事情，不是努力就能做好，亦不是努力就能成功。

我喜写字，故而，每日无论多忙都会在书房磨墨书写，那一刻的我应该是一种忘我的状态，只把一切情感，一切思想赋予文字。

日子沉闷，唯爱好可添彩，一如那桌上的花，水中的鱼，静守的猫，让人好不欢颜。

日影飞逝，仿若打了个小盹，窗外已夜幕来临，忽而想起一句歌词："繁华落幕我不离去，在灯火阑珊处等着你。"那一年亭亭年岁的我，也曾暗暗敢问上苍，谁会在灯火阑珊处等着我？

  眨眼间，我已不再年轻，那时的梦，仍在，只是更换了一种方式安放于心。人的一生，不是所有梦想都可实现，然而，有梦，才会不觉人生寒。

  人生匆匆，转眼几十载，过去的岁月成了难以书写的故事，而当下的每一日，却又是平凡中不失温情。或许是受过太多的伤害，看过太多的冷眼，又或许是当下的日子来之不易，才会每日那么认真地来过，珍惜这些平凡的小事，才会那般渴求温情，想要温柔地对待一切。

  此刻，一盏清茶，一首老歌，一支素笔，飘忽间，仿若回到了最美的年华，带着淡淡愁绪，淡淡期许，不知前方的路途会有怎样的际遇，唯有一颗坚定的心跟随。

和羞走，倚门回首

77 晨之念

失眠的夜，似乎格外漫长，拥着满怀无奈熬到六点钟，迷迷糊糊有了些许睡意，然而却被朦胧的清晨吸引，转而起了来。

或许是因为屋子太冷的缘故吧，急切地想要系上花头巾，于厨房熬制一锅热气腾腾而又醇香无比的奶茶，一如母亲的气息，那般温暖，那般温馨。

于是，随心的我，忽略了难得的睡意，起身收拾妥帖，一边听音乐，一边下厨忙碌起来，奶茶熬制途中，特意冲了杯咖啡，坐于桌前，手拿小勺轻轻地，一圈一圈地搅动，这种极缓极慢的搅动过程，让我觉得无比美好，苦中带着丝丝甜意的味道缕缕飘出，闭上眼，仿佛那一缕诱人的桂花香，缓缓而至，亦仿若过去的人生，重新上演。

端起咖啡，来到窗前，微启窗扉，倚窗而站，窗外依旧朦胧，如境如幻，而大地却显得格外湿润，方明白，不知何时，下了一场小雨。

依稀记得曾听过一首歌，歌名已记不得了，歌词却字字在心："记得不要活在别人眼里，而要活在自己心里，该坚强就坚强，该善良就善良，想哭的时候就放声哭泣，记得不要在乎别人非议，要习惯性选择忘记，把所有冷眼嘲笑都当作是一种鼓励，就不会觉得有多委屈。"是的，我们不应该活在别人眼中，而要活在自己心里，带着你的思想，去往更遥远的地方。

桌上的蜡梅芬芳不减，奶茶已经熬制成功，系着花头巾的我，虽手指冰凉，却依然开始伏案忙碌，人生，是一个漫长的过程，亦是一个学习的过程，在生生不息的岁月里，不懈怠，不消极，日子才能简单宁静，安稳妥帖。

77　晨之念

搁笔之时，撷一缕晨光，给有缘的你，亦给平凡的我，让我们一同把它放入杯中搅拌均匀，一饮而下，我想生命亦会生辉……

和羞走，倚门回首

78 等待

等待，

是一颗会发芽的小种子。

等待，

是暮霭沉沉时那一盏温馨的小灯。

等待，

是漫漫长夜里的惆怅。

等待，

是细数流年里的无奈。

等待，

是晨起暮落时的期盼。

等待，

是春阳下悠悠河畔的捣衣声。

等待，

是夏日骄阳下依旧盛开的那朵勿忘我。

等待，

是秋天随风坠落的银杏叶。

等待，

是冬日伴雪而开的那朵白梅花。

等待，

是昏黄灯光下低眉书写的瘦弱小倩影。

等待，

是岁月里的悠然叹息声。

等待，

是选择之后的无奈。

等待，

是柔软女子坚韧的心。

等待，

是诗意的真情。

等待，

是孤独的河流。

等待，

是寂寞的愁，

亦是沉沉黑夜落不尽的小珍珠。

等待，

是窗前的小妇人，

亦是此生伴我左右的一种小滋味，

浓的——怎么化都化不开。

我与等待，似乎一直有着一种难解的缘，因而，直到此时此刻，我的人生一直与等待为伴，且从最初的厌倦到而今的相看不相厌，这些年，我从不敢轻易触碰它，因为，心会痛。

女子的一生，好时光就那么几年，而我，最美的岁月都与等待默默为伴，说不后悔，那是谎人的，多少次，我想要弃它而去，多少次，我想要在最美的时光里过最为平凡的生活，可是不能，因为我不能也不愿丢掉初始的选择与深情的诺言。

年轻的时候，以为有爱就好，在爱情面前其他都是其次，欣喜地随着心爱的他迈入婚姻的城，以为城中皆是如意，直到爱情消融，才发现一贫如洗的城，是那般不堪度日，那般煎熬难耐，于是绾髻劳碌，期待满城花开，后终是妥协于生活，做了倚门等君的妇人，然而，一等便是许多年，却也无怨无悔。

和羞走，倚门回首

　　书上说："这世间，心甘情愿做的事儿，怎么做都是深情。"是的，我亦认同，除了深情还有无尽的美好，一如我，纵然耗尽半生，却亦不曾在意得失。

　　时光流转，我已不复旧时容颜，发依旧，人沧桑，唯有这颗心，始终洁净，始终坚韧，始终深情，始终真情不改，亦始终悠然自得。不攀不比，不羡不慕，我的深情，一如街巷人家里的小妇人，婉约宁静。

　　时光寂寂，黄昏临近，我心中那粒名为等待的小种子，已然破土而出，发芽生长，花开满枝，一朵一朵复一朵，重叠而起，遥望时，一如那幸福的花环，正在闪闪地发着光……

　　他说："待到果实成熟，定会香甜。"我想这幸福也是一样，因而，我愿意，一直一直等下去，等待他日归来的他将幸福捧给我。

79 独坐幽篁里，思念在飘荡

夜色阑珊，独自坐于窗下，看车来车往，继而想起那句："每逢佳节倍思亲。"低眉之际，苦涩而无奈的笑容挂于颜上，不得不承认，在这座城市，我是孤独的，虽然我喜爱它古朴的气息，但却无法驱赶来自内心深处的孤独。

对于一个远嫁的女子，最怕的便是这种假期不长亦不短的节日，看着旁人驱车归家探望父亲母亲，心底的艳羡一点点蔓延，直到泪水溢出眼眶，再深深地吞下，带着看似平静如水实则波涛汹涌的心情低眉落落寡欢地做着一切。

忆起在外上学时的第一个五一，那时的我倔强而执着，将父亲母亲的嘱咐置于脑后，亦不接受旁人的帮助，独自买一张站票，抱着给刚满周岁的小外甥买的大布娃娃，踏上火车，一路于雀跃中站回家，近一天一夜的车程，亭亭年岁的我，以站一会儿，蹲一会儿的姿势坚持了下来，只因心中有爱。

而今忆起，依然无疲乏之感，只记得推开家门的那个瞬间，有惊喜，有温情，更有热气腾腾的爱意在蔓延。

时光匆匆而过，眨眼间便是十年之久，这十年，于别人可能只是一个故事，于我却是一日一日地坚持，一日一日地隐忍。隐忍什么？隐忍我委屈时对父亲母亲的想念，隐忍明明很苦，却要笑着对母亲说："我挺好的。"

十年很长，十年亦很短，在这不短不长的过程中，我与母亲都适应了由想念架起的桥梁，我们彼此遥望，彼此挂牵。

春节时，离家两年的我，于夜色深深时风尘仆仆地踏进家门，才喊了一声妈，母亲便拥我入怀，一边落泪一边说："谁说距离不是问题，谁说交通便利，距离不

和羞走，倚门回首

是问题两年才归来一次，交通便利从早晨走到深夜才能到家。"听着她似责备，似心疼的话语，我的心顺着纹路层层裂开。

离别时，拥抱过后我不敢再回头看她的眼眸，怕泛滥成灾的眼泪淹没了彼此柔软地心。

说好的，天气变暖便接她而来，说好的，假期定归去，然而，一切都随着世事变迁，不能实现。

母亲在视频中说："这样看看就如同见面，别惦念，我们都很好，你也要平安。"我知她的逞强，我知她的想念，我知她的无奈，我更知她期盼的心情。可却无法做到如十年前那般无牵无绊地奔她归去。

是责任，是理智，还是我对母亲的爱在无声地光阴中逐渐递减？我想要知道答案，却始终是那般无奈地叹息。

虽无答案，我却亦知道，我爱着母亲，一如她爱着我，于她，无论我年龄几何，都是她最爱的女儿。于我，无论何时，她都是我心中那棵深情的大树，供我四季依附，亦是那个端然安静的母亲，有她在，我方觉人世安稳妥帖，有她在我始终有依恋。

窗外星辰闪烁，我的思念亦随着星辰闪烁迷离，风过处，思念飘荡，虽无言却动人……

80 归来随笔

外出几日,归来已是春天,案几上的蜡梅枯萎了,却并未掉落,姿态依旧,雅致依旧,这孤傲的性子,怎能不让人怜爱?不让人佩服呢?

生为女子,有些时候,我们亦该如它般,孤傲决绝,清幽安然,人生匆匆,何必随波逐流,又何必委曲求全?

年前年后,许多个日子里不清闲亦不忙碌,却并未留下只言片语的记忆,只是碌碌无为,安闲恍惚地虚度而过,这感觉很是缥缈,有一丝美好,亦有几分落寞。

近几日,长安的天,风沙弥漫,尘埃飞扬,放眼望去,一片橙黄,仿若随风而飘的纱幔,缓缓涤荡于人世间,微信朋友圈许多人说感觉像世界末日,而我却觉得很美,因为始终明白,人生中每一个瞬间都只有一次,不会重来亦不会成为永恒。故而,岁月的种种我都用心体会,人生的滋味亦都愿一一浅尝。

此刻坐于窗下,一盏清茶,一首音乐,一支素笔,一缕浅淡的思绪,有一种明月在天天似水,似余一片坐禅心的清静,亦有一种久别重逢的亲切感。说到底,我虽是个俗人却又有着一颗不俗之心,世间很大,世间亦璀璨,而我想要的,始终只是一个小小角落,不争不扰,不喧不闹,温馨亦洁净,简单亦清幽。

和羞走，倚门回首

81 化作雨，化作雪

化作雨，化作雪，化作云，落于所爱之人肩上可好？如若真有神，我会祈求化为其一，常伴所爱之人身旁。

凌晨三点钟，醒来之后，再难入眠，夜，凉的几乎要侵入骨缝。伸出胳膊探过耳机，便开始听歌，一首接一首地听着，思绪随着音乐时而起伏时而平静。

天微微亮时，便不再贪婪被子里的温暖，赤着脚丫跑到落地窗前，拉开窗帘，向下张望，张望什么？不得而知，或许仅仅只是一种习惯，习惯了每日起床后拉开窗帘向下张望，就如同习惯了每日刷牙。

整日里都是这样忙碌，时间好比手中的小米粒，稍不注意便会流掉一些，然而，谁又能一粒不剩的抓住呢？

一直以来我都不是活跃之人，有人说我是忧伤的，亦有人说我是高傲的，其实我亦难以定论自己的性情，或许两者皆融，或者只有其一，若有其一那便是忧伤吧！时常会有来自骨子里的柔情与伤感，为旁人的离散而垂泪，为自己的孤单而自怜。然而这一切，于我而言，可能仅仅只是被无言的意境唤醒罢了。亦会如你们般洒脱到一个转身便可忘却，一个回眸皆可回归，因为生活始终向前，不允许我们在某一段情绪里久久停留。我明白，亦清醒，故而能够在这薄情的人世间顺行而往。

窗外阳光正好，一边喝茶，一边写字的我，转而想起了："疏影横斜水清浅，暗香浮动月黄昏……"只觉时光里有了梅花的气息。

我知自己只是个普通的小妇人，什么都幻化不成，无论是雨雪，还是星云，不过是一种浪漫的想象罢了，然而，人生正是因美好想象而变得美妙，正是因美好的想象而让人生出向往，亦是因想象而让人有眷恋之情，你看哪碧空之中，暖阳灿灿，似在对你我呢喃："醉里不知谁是我，非雪非雨亦非云。"

和羞走，倚门回首

82 回忆如支点

　　暮霭下，灯火旁，一边织围巾，一边陪孩子写作业，虽是冬夜，然而却格外温馨，此情此景，不由得忆起幼年的时光，老家的冬天格外的冷，那时不时兴暖气，更加不知暖气为何物，取暖只靠火炉，不很大的火炉，连接几根炉筒，拐拐弯弯衍生于每个房间，那时家里经济拮据，也不舍得添许多的碳，只少许给量，保持微微火焰，就是这样，整个屋子亦是温暖蔓延。

　　每一个夜晚，我们姊妹几个写作业，母亲便在一旁做着针线活儿，我喜欢偷偷观望母亲的模样，她的模样，总给我一种温婉的美好，也因着于此，我爱着每一个深深寒夜。而今想来，红泥小火炉的情怀，不过于此了吧！

　　人生是一个缓慢前行的过程，每一个当下的日子都将成为过去，而每一分心情都是回忆的味道，过去的，将来都不会拥有，而每一份拥有亦都不会成为永恒。

　　思绪缓缓，笔触前行，伏案书写的孩子仰起头来用童稚的语调问道："妈妈，你在写什么？"我告诉他，忆起了一些往事，想要写下来。他好奇地爬过来看完之后依偎着我说道："妈妈，此刻我也觉得好温馨呀！"都说情绪可以传染，其实有些时候，文字里的感情亦是可以传染。譬如此时此刻的我们，相依着，默默地不说话，便很温馨，有一种回到旧时光的感觉溢满心房，闭上眼眸的那一刻，恍惚间我似乎回到了幼年的时光，回到了母亲的怀抱。

　　夜深了，寒气越发地浓重起来，垂落的窗帘顺顺滑滑，无半分波动的起伏，使得屋子更加宁静温馨，橘色的灯火又添温暖，心中生出一念，平淡便是幸福，这一刻无论是美若琉璃，还是清风苦雨，都将成为过去，故而，我们都该接受命运给予的一切，所有的滋味都该用心品尝，因为尝了苦，才会珍惜甜，因为历了难，才会珍惜福。

掀帘而望，远处的灯光星星点点，如梦如幻，轻轻伸出手来，飘逸的思绪中有一颗最温暖的星光落于掌心，闪闪烁烁间映现出几个字来："云意不知沧海，春光欲上翠微，人间一堕千劫，犹爱梅花未归。"

一直觉得这世间无人懂我，而我自己却始终懂得自己，所有的情绪我都能一一感知，却从不愿与人诉说，生于世间，无论你有怎样的情怀，都该融入当下，接受一切。

用善良感染生活，用温柔感染人生，都说回忆无用，而我觉得，回忆如支点，无数个回忆的串联支撑起了我们前行的道路，故而，我珍惜着每一个过往的曾经，珍藏着点滴的回忆，一如这个寒冷的夜晚，幼时的回忆如同一盘下酒菜，让我一边细细品味，一边轻轻书写，连时光都有了微醺的感觉。

和羞走，倚门回首

83 寂寂光阴诉心语

光阴寂寂，心情低低，一如这阴沉沉的天气，似要落雨，又迟迟不舍落下。

多日的忙碌，似做了许多体力活，周身疼痛难耐，仿若得了重感冒，也不知是不是又被羊羊附体，生出些许担忧，继而坦然迎接。

此刻坐下来，想要写点什么寄托心事，却亦是落字不能成文，似乎有许多的话语想要诉说，又似乎空空如也，走过的岁月洁净无尘，无需书写，更无须道于旁人。

泡了壶普洱茶，喜爱这玻璃壶，亦喜爱这玻璃杯，通透明净，一展颜色，普洱茶需这玻璃壶才能衬托出它的美，茶器一如女子的衣裳，得体的衣裳无需华丽，亦会令人气质出尘，动人心魄。

有人说：喝茶喝的是心情。于我而言，茶是相守相依的伴侣，一如书中所写，它堪比深情的爱人，共历沧桑岁月，同留光阴痕迹，继而在世俗的时光中一同慢慢沉淀，而后化为永恒。故而，我爱茶喜茶，爱它质朴幽香，喜它醇厚深稳。

日子清俭，素心若兰，简单的日子，我亦是用心待之，身体不适，便由着性子随着这壶茶写一些细碎的片段，给自己，敬时光，这颗心一日不见文字似乎都是空缺难耐，不够饱满。这时光，无论快慢，无论喜乐，无论清醒还是糊涂，都值得我用心用文字记录。

她说：喜欢你的文，每每看过都会心生安静。很是感恩，于我，只是随心落笔，不华丽却真实。想这世间，唯真实的东西最是打动人心，唯真实的情感最为动人心弦。

闲散似乎格外美好，让人忍不住要拥它紧紧，好让它慢一些，慢一些游走。

寻了些花生，一颗颗剥出，继而慢慢地品尝，可做茶点亦可给时光增添一份闲适的安逸感。

碌碌人生，有时需要如我这般地自我安慰，自我虚度，自我享受孤独的美好。

黄昏临近，心亦安然，不曾如旧时那般彷徨无助，亦不似那般期待黎明，只是这样静静地，静静地与时光为伴，与茶相依。

写了几行小字消遣光阴，墨汁的气息似乎总能带着我的心回到遥远年代，心中一直住着一个才下眉头，却上心头的女子，婉约情深，衣袂飘飘，如仙如画，每每提笔我便化身为她，远离红尘，重归故里，书写流年。

晚霞盈动，如薄纱轻舞，如梦亦如幻，令人心思神往，黄昏的落寞已然无影无踪，期待的是那满目星河的时刻。

茶已然凉了，然而，幽香仍在，一如那远赴的爱人，温暖犹在，深情犹在。

放下笔墨，端起茶盏，闭眼闻取它的醇厚幽香，这香气湿润柔情，滋润心房，虽无言却动情。

起身，如那掌灯的女子，放下帘幕，让满室的微光绽放温馨，让湿润的心回归柔软。

随意打开笔记本，写下那句昔日所云我，而今却是伊，不知今日我，又属后来谁？

耳畔响起那句："玩笑之间，诺言无有破绽，留不住亦抛不开，心飞快变幻，我却追的太慢……"

84 寂夜

漫漫长夜，与失眠相遇，想起那句："所有相遇都是久别重逢"。而我与失眠，似乎时常重逢，想擦肩而过亦是艰难。

难眠，却也不想惊扰谁，只静静地聆听心的声音，一边聆听，一边如同翻书般，一页页翻看着过往的片段，那些委屈，那些喜悦，那些忙碌，那些无措，那些模棱两可的回忆，一字一行浮现而出。

翻着翻着，我尽发出一声叹息，唉！过去的就让它过去吧，哪怕留下伤痛的回忆，若重逢也不再提起。这话语不是我写的，却跟随我许多年，只觉得，它如一剂良药，适合所有受伤的心灵。

人生如行路，虽无法回头重新拾捡，却可以丢却那些不值得的人和事儿。沿途风景无限，尽可能地拾捡一些美好的片段，把它封存而起，腌制这颗温柔的心，以便走过余下的岁月。

夜更深了，依靠着床头，无心去理会明月的呼唤，亦无太多心事与它诉说，白日里太过匆忙，此时，倒想慢慢地感受夜的寂静，仿若旧时光里那个妙龄的女孩子，拥着梦想，期盼着黎明的到来……

85 假日里的梦

假期第一天，分数还未揭晓，亦不曾挂记，每学期结束我都不曾过多关注分数，因为上学的每一日，孩子都是那般努力，那般辛苦，若最后分数不理想，我亦不舍责怪。人生很长，人生亦很短，于我，过程永远大于结果。

因而，我的心是轻松的，人亦是温柔的，这些年，于我而言，日日都是假期，然而，只有真正的假期里我才能有那么一两日允许自己由内而外地闲散，遗忘。

今日的早晨从中午开始，生物钟依然于六点准时敲响，拿起手机瞥一眼时间，再难入眠，起床的念头悄悄燃起，却又坚决地将它打消，辗转反侧中，一时兴起，匆匆起身，寻了张面膜用热水浸泡几分钟，而后温温地贴于脸上，回床，戴上耳机，打开音乐，闭上眼睛任思绪遨游。

明明心中清丽，却亦有梦而至，梦中似将春天盛于碗盏，将夏日贴于鬓角，将秋日握于掌心，将冬天温于火炉，而后轻轻抬手，将浪漫系于窗棂。很美，真的很美。想要长长久久地将梦继续，亦是不能，猫儿声声呼唤，醒来，音乐依旧，梦在徘徊，闭眼回味几许，只觉美到难忘，美到无言，若可以，我想要在梦中一直一直走下去……

阳光随窗而入，打在墙面上，粉红的花朵散发着温馨的光，似在微微欢笑，一如那朵孤寂的蔷薇花，辗转中寻到了停靠的枝岸，虽不知是否可长久栖身，却已然满足。

思绪收回，带着愉悦的心情起来重复着每日的种种，一锅奶茶熬了许久，直到有了母亲的味道，鸡蛋煎了又煎，依然不能成形，亦不气恼，烤了几片面包，煎了

和羞走，倚门回首

几片培根，切了一盘水果，播放一首班得瑞，和孩儿一同愉快地吃早餐。孩儿看着面包说："我不舍得将妈妈的爱吞下去，怎么办？"

他的话语，总是出其不意的惊人，出其不意的给予我温暖，这一生，为他付出的所有我都心甘情愿，因他失去的所有我皆不去在意。

此时，窗外阳光明媚，而我，忙碌之后想要静静地喝一杯咖啡，将失眠置于脑后，随心所欲地将咖啡喝到夜幕降临，喝到思绪迷醉，已然一副今朝有酒今朝醉，明日愁来明日愁的洒脱。若可以，我愿将这洒脱分一些给远方的你，留一些给身旁的他。

雪光折射，倏忽而过，起身来到窗前，树梢的红梅亦真亦假，美的孤傲，美的芬芳，美的让人遗忘了岁月。想起那句："腊月多白雪，常伴红梅开。"

86 肩上的云

风起的时候我好想你，
多想陪你走过四季，
那段爱情，还留在心底，
沉默得像身边的空气……

暮落时分，伴着晚霞，戴上耳机，想要轻眠，却被这首深情的歌曲打动。

喜欢安静，喜欢她唱的每一首歌曲，总是那样情深柔软，继而让你心底生出难言的感伤，却又美到无言。

飘雨的时候你在哪里，
望穿秋水不露痕迹，
只有那片蓝色的天空，
它曾看过我们的甜蜜……

眼眸微闭，却难入眠，带着丝丝头痛，剪剪轻愁一同迈入柔软的情景。

窗外小雨淅沥，如这多情的音符敲打我的心房。你看，那个柔情的女子，携着回忆，撩起帘幔，心中呢喃：这落雨的日子，你在哪里？那些加了糖的日子可还记得？

浮云微散，秋水长天，手扶斜窗，随着歌曲缓慢移步，又一次被歌声带入情景，思绪萦绕，潮湿的情绪浓而难化，许多时候，一首我喜欢的歌，便会有打动我心灵的地方，一句歌词，一种情调，甚至歌手所唱的气息，都能让平静如水的心泛起阵

和羞走，倚门回首

阵涟漪。这个时候，我望月落泪，看物有情，满眼都是故事，满心都是感伤的愁绪，这愁绪，如一缕茶烟，带着绵密的香气迷醉我的心。

你是落在我肩上的云，

随风飘飘成相思的雨，

掌心里还留着你的情，

却像花瓣般散落一地。

闭眼仰头，那一朵云如洁白的蝴蝶，带着一种相思轻舞双翼想要离去，却又生出不舍，就那样静静依偎，伸开掌心，那时的微温还在，怕它消散，想要紧紧抓住，却在紧握手掌的那一刻惊扰了这沉睡的情感，只能眼睁睁地看着它，如片片落花，一片，两片，三四片地离去，像个无措的孩子，伸手想要再次紧紧抓住，然而一切都是徒劳，只能带着忧伤，带着不舍，紧咬唇际，目送它随风而逝。

你是落在我肩上的云，

随风飘飘吹来了回忆，

看那往事在心里堆积，

从此只剩我一个人孤寂。

我已亭亭，无忧无惧，心中酸涩，眼眸情深，多少往事，尘封久久，不曾离去，亦不曾打开，有些情感适宜寄存，寄存在心底的角落，如同茶，伴着流年存放，又何须问，何须启，哪时逢？

温柔的夜，伤感的歌，柔情的我，清月之下，这寒夜，似乎也散发出温暖的火苗，想要保持一种姿态，一种情调，让伤感找不到空隙，只被柔情占据。

披肩滑落，手指微凉，却不舍离开玻璃窗，仿若只有这样，只有这样才能将情绪渲染。

情会淡，愁会消，岁月这条河，会带走我们的情，消去我们的愁，只依稀留下一些浅淡地回忆供我们偶尔咀嚼。

歌声依旧，心绪冉冉，想要写下的忧伤不知是否随心，是否情深？

此刻窗外夜色阑珊，低眉的我，倚着窗，写着字，却不知，那暮秋的垂柳，是否系得住一份深情的相思……

87 母爱是一次次辜负

小寒，天未亮便被冻醒来，一种无以言说的不适感紧紧复紧紧地包围着我，却也不愿起床，起身寻一床被子加上，而后打开空调，想要继续入眠，然而，心如明镜，清澈见底，灵魂深处的女子，掀开了我朦胧的眼眸。

唉！辗转中一生长叹，算了，戴上耳机，打开音乐，那么就让歌声唤醒我犯懒的心吧。

探过手机，打开日历，看着"小寒"两个字，回忆的门楣缓缓开启，忆起幼时寒冷冬日里，母亲一边缝制新衣，一边说"大寒小寒一年全完"，而我，顾不得理会她的话语，只满心期待着她手中的新衣几时完工，亦未曾想过她的手指是否会疼痛。

老家的冬天格外的冷，然而，每一个清晨，我都有暖衣可穿，因为早起的母亲总会把我们姊妹几个贴身的衣物在火炉旁烤暖和，而后才唤我们起来。

那时的我，从未想过，早晨的衣物本该是冰凉无温的，亦未曾想过，是母亲让这冰凉变为了温暖，更未想过母亲一件件烤衣的时候是否生过疲累。也曾有过质疑，天这样冷，母亲为何要早早起来，这质疑直到为人母后才真正明白，是责任，是深爱，让她心甘情愿日日早起，夜夜晚眠，亦是责任，是深爱，让她忽略了疲累与疼痛。

幼时，常常看到母亲独自落泪，虽不知原委，却也是看一次心痛一次，如今，嫁作他人妻，方明白，若不是内心积攒了诸多的委屈与无奈，任谁都不会在无人的角落垂泪缓解。

和羞走，倚门回首

亭亭年岁时，也曾暗下决心，那便是，无论以后我行自何处都要带着母亲，要护她爱她，亦要将这人世的美好都给予她。

然而，当梦想的翅膀可以带着我飞翔的时候，我却忘记了曾经的决心，把母亲搁置一旁，带着她的思念飞到离她极远的地方，甚至未曾回头看一眼她不舍的眼眸是否含着泪水。

如今，远嫁他乡，把思念的线越拉越长，长到这头的我看不到那头的她，时常会因想念而抽痛的心，此时又开始隐隐作痛，然而，我知道，今年又无法归去，虽无奈却也接受。

都说母爱是一次次辜负，是的，深以为然，我们终究是为了我们爱的人而辜负了爱我们的人，然而，她却始终无怨亦无悔，亦始终原地等候。

笔下的字迹像一朵朵小花晕染而开，才发现，不知几时，我的眼睛开始下起雨来，这雨不大亦不小，却始终无法停止……

起身，走出书房，看着玩耍的孩子，内心深处竟生出一种感谢，感谢我的母亲与光阴的馈赠，让我拥有这尘世间最为平凡的幸福。

雨一直下，一直下，一直下，一如我的思念……

88 简单即幸福

又逢午后,独坐窗下,一盏清茶,一支素笔,一缕思绪,静享时光,慢品岁月,觉稳妥亦有情姿。

提笔之时,其实心中也是恍惚,继而悄悄感慨,时间,为何那般仓促,似乎只一个转身便从早春来到了深冬,让人来不及回味,便只能随着时光温婉游走。

今日大雪,这座古老的城市却并未落雪为妆,而是以明媚的姿态迎来了这一节气,却亦让人觉一切都是刚刚好。

我喜欢,喜欢每一个有阳光的日子,因为有阳光的时候心是温柔的,无关春夏秋冬,只是因为这一缕明媚的阳光,心便会变得温柔有情。

想起林清玄的一段话:"山是温柔的,水是温柔的,樱花是温柔的,而心,是一切温柔的起点,我愿能常保这一切温柔的心情。"这段话语,每每想起都会忍不住闭目微笑,仿若坠入温柔的世界里,那般温馨,那般美好,那般眷恋不舍,想要就这样将余下的时光渲染。

日子平凡,却又是那般匆忙,从秋到冬,我都无比忙碌,忙着生病,忙着打针,忙着化验,忙着喝药,就这样在季节的轮回中循环往复,许多时候我亦不是那么坦然,亦会无比焦虑,可更多的时候我懂得接受,懂得耐心等待。因为我明白,这世间所有欠下的债都需偿还,而如今的我小病连连,便是多年来我不在意身体而欠下的债务,我的身体疲累无比,故而以这样的方式告诉我该还债了,该停下来好好珍视她。

于是，这许多个日日夜夜里，我用心照顾着，仔细对待着，继而一日一日地恢复如初，一日一日地明媚如暖阳。

写到此处，忽而想起前几日在医院等待时写下的几个字："人在事中磨，烦恼即菩提。"那日的等待让我心中烦闷而无奈，后来自我劝说，终能平静等待，耐心处之，同时感谢医院给我拉响的警钟，让我明白余下的岁月该好好爱惜自己，明白人生若没了健康一切都是空谈，这世间，所有的爱与被爱，都需在健康的前提下才能建立而起，我有所爱之人，亦有爱我之人，然而，生病时我却不愿让他们任何一个知道，我爱的，不舍让他们担心，爱我的我亦是那般的深爱着他们，更加不愿让他们因我而生起愁容，故而要更加地好好爱惜自己才是，自己健康了才有能力去爱，有权利被爱。

人生一世，如天地微尘，渺小脆弱，想做的事情要及时去做，想爱的人亦要及时去爱，不必等待，不必迟疑，亦不必苛求回报，只要心中无憾，便是完满。

这些时日，我的时光一如那温柔的太太，将烦忧拒之门外，只静守炉火，闻着茶香，一边听歌，一边织围巾，一颦一笑皆是温柔，一针一线都是深情，真个是针线慵拈，帘帷低卷，别般风味呢！

平淡的生活里，我们可以偶尔驻足慢下来，多一些时间给自己，多一些空间给心灵，让她深深地沉静，慢慢地品味，其实，简单又何尝不是一种幸福呢？

89 静享光阴，简中有茶，间里有字，字中有情

阳光疏疏洒落，白云缓缓飘移，如一首芬芳的诗，"荷花温柔地送来，她衣褶暗暗地香气"。此景此诗，是否可淡却你眉梢的愁，扫去你心头的闷？我觉可以。

忙碌的时光暂且搁置，寻一缕光阴留给自己，泡一壶柠檬水，坐在小小角落，与文字相近相依，只觉温暖幸福，看上去似乎只有光影，却又始终透着一抹无法捕捉的美好。

若可以，就让我执着地坚守这份美好，不因物改，不因时忘。

小口轻抿柠檬水，只觉酸涩难言，于我，怎如一盏清茶，快意生趣，幽香袭人。然而，此时的境况亦是不得不喝，不为其他，只为心中有安，平凡的我总是这样，喜爱在纷乱的日子中寻求一份明知无果的安慰。

紧掩门扉，不闻世味，是否可允我不尝阳味，免受疼痛？若不能，只求来得晚一些，再晚一些，等到远行的他归来，有人照料时，怎样的疼痛都可尝可试，可接可受。如今无人照料的日子里，只求平稳安顺，无起无落。或许，这亦是如我般寻常妇人之愿吧！

光阴游走，不减热情，披散的长发柔顺如初，若不是孩儿的一声妈妈，心中依以自己还是那个妙年的女子，手执素笔，面带微笑，在明媚的阳光下安静书写。

日子无波，却过的极快，悠悠缓缓间带着我们行进，退却稚气，披上沧桑，看似无迹，实则不断更改。许多的过往我不敢去回顾，只因那时年少，心思细腻柔软，一度被小事牵绊，虚度了最为美好的年华，那般清澈的岁月却不曾留下欢喜的痕迹。慨叹之余，再无言语可表。

而今，唯有一颗坚定的心，如同诗经里的女子，衣袂飘飘的手捧古卷行走在古朗月下，人在景中，景显人影，婉转天然，清扬悠远。

终是受不了柠檬的酸，换了普洱，这绵密的感觉一如我的文字，让人心生安静，泛起柔情，任你有再多的烦恼，抿上一口便能缓减一二。

生活无味，茶来增添，心事纷繁，茶来冲淡。写及此处，想起昨日她说：我们要多久才能见面，才能一同共话家常？我告诉她，不急，慢慢熬，熬的浓浓的，里面充满故事。一如此时的茶，浓得无法化开，却绵密润心，浪漫如诗，一缕茶香，闻风盼雪，掩门闭窗，纸砚间流转的时光总是那般柔软情深。

这个上午，在指缝间预留的时光里，我喝了许多盏茶，写了许多行字，很是欢喜，我没有所谓的事业，唯有生活，或许生活原是我一生的事业吧，只是从前的我心中糊涂，不曾明白。而今明了，亦不算晚，往后余生，或有坎坷，或有风雨，亦当认真经营，不辜不负。

乏了，起来伸个懒腰，抬眸望去，青山逶迤，薄雾升起，听闻远方的你们都已康复，心中很是安稳，为你们高兴着，亦为幸运的我祈祷着。

唯愿平凡的你我，在庸常的日子里，享该享的福，惜该有的乐，无论是贫或是富，皆能平安顺意。

无论何时，你我都该记得，窗外的花儿会开，南飞的鸟儿会归来，残缺的月亦会变圆。

90 莲的心事

深深秋日，白云覆盖，不再欢颜。几多凉薄，几许落寞，如一缕晨烟萦绕心头，头隐隐地疼痛着，似在诉说无尽的诺言，让我的心，随着它一阵一阵地收紧。

连日来，不知为何，每日凌晨即醒，辗转间再难入眠，却也不敢如往常般起身去往书房，不敢再怠慢自己的身体。人世仓促，既来之，便该好好珍惜才是，身体终究是自己的，平日里随意待它，终有一日受那无尽的疼痛。

本想着给自己放个假，不写文，不抚琴，只穿着柔软地衣裳，在屋子里静静地喝茶，消遣光阴，回首过往。奈何晨起时，折的那枝桂花，香气袭人，让我忍不住，展颜浅笑。想起白落梅书中的那句："人比花低，人比花静。"转而，提笔开始书写……

自古逢秋悲寂寥，恰如今日之心情，许是因着身体不适，因着那秋日暖阳躲于云后，我的心仿若蒙上了忧伤的纱，悠悠忽忽，挥之不去，些许悲凉，些许无奈，想要落泪，却又转而微笑。想要一笑化悲凉，一笑化忧伤，一笑换心颜，却也不能。

推窗望去，树木依旧苍翠，并未换下衣衫，然，风过处叶落无数。是啊！留不住的，终究随风而坠，一如好年华，缓缓流淌而去，不可挽留。

写到此处，想要稍作停顿，轻轻搁下笔端，打开音乐，一首莲的心事，缓缓而来，轻柔的乐感，仿若温柔的心，亦如那洁白的手帕，柔软绵密，让人欢喜难言，浅笑安然，仅这一刻的美好便更换了一日的悲凉与落寞。

心事悠悠缓缓，随着音乐，几番来去，几番辗转，到底如烟消散。晴朗的心，

和羞走，倚门回首

　　明媚的颜，温柔的衣裳，一如那初绽的莲，巧笑倩兮，美目盼兮。想将万事置于身后，只这样静静独坐，将闲情挂于窗外，将温馨深锁于屋，疲累时支取一些就好。

　　是谁说：清闲可消千百愁怨，温柔能抵岁月漫长。感触深深，一直觉得，有一种温柔，如瓶中之花，安静无争。有一种清闲如静处的猫儿，恬淡悠然，亦如水中的鱼儿，自由自在，无怨无愁。

　　浓云深密，风也痴狂，似要落雨，起身关窗，紧紧小披肩，喝一口温热的茶，缓解这秋日的寒意。束起散落的发，提起笔端，继而忙碌，始终记得那句话：在忙碌的日子里做个深情的女子，做个柔粉色的女子，年年岁岁，岁岁年年，纵然老去，亦给人一种美好温柔的念想。

91 静夜有感

夜色悠悠，却心如明镜，难以入眠，辗转中起了来。每每失眠，总会默默起身，移步来到书房，其实，也不是每次都会读书写字。有时，只是喜欢依偎在椅子里，戴上耳机，半眯着眼，随着音乐的旋律，忆起一些过往，或随心所欲遐想。

今日读到这样一段话："高兴时，听的是旋律，难过时，却懂了歌词。"却也如此，年岁越长，越能明白歌词背后的深意，明白每一位歌词创作者的性情。

这首《诺言》，伴随我许多年，从未生厌，我不是个喜新厌旧之人，对旧物，故友，以及岁月里过往的点滴痕迹都格外珍惜，始终觉得，他们是生命的见证，亦是岁月的色彩。

窗外月色朦胧，星辰闪烁，虽难眠，却惬意，想起王维的那句："深林人不知，明月来相照。"

此时的我，一如那个爱做梦的女孩儿，将灵魂抛给音乐，却又与朗月为伴，常常觉得自己并不了解自己，本是柔弱深情之人，却又时常会俏皮倔强，远离最为真实的自己。我想，或许每个人的内心都住着一个调皮的精灵吧！

夜更深了，就这样不急不躁地度过慢慢长夜亦是好的。忽而发现，不知何时，我竟喜爱上了偶尔失眠，喜欢上了于寂静夜色下，独自蜷缩在书房，游走在自由的思绪中。

都说越长大越孤单，其实更多的时候应该是束缚，越长大越束缚，是生活的束缚，亦是责任的束缚。故而，才会需要这样寂静的时光，在这时光里，解开束缚的绳，感受那份难得的闲适。

和羞走,倚门回首

纳兰性德自叹:"我的一生开心太少,惆怅太多。心愿终不得圆满。"或许这就是人生,永远都不如人意。其实,谁的人生不是这样呢?

零零落落,字字有声,无需回顾写了什么,只愿往后余生,安好如诗,内心,清静如水。

安!

92 流年随笔

日光浅浅，直抵心间，忍不住从忙碌中抽离而出，享受这片刻的宁静，来到窗前，单手扶额抬起头来，与光对视久久，久久，久久地不愿低眉转身……似乎只有这样，才可晾晒心情，只有这样，才可让疲惫更迭为柔情，只有这样，才可唤醒内心深处那个清丽的自己。

时光糊涂，日子忙碌，许多时候我亦是会将感知忽略，将自己掩藏，只是按部就班地将所有事情一一妥帖安放，适应着世间所有的劳烦，享受着世间所有的甜蜜。

荒废了许多个日子，说不着急那是谎自己的，然而，日日亦是平静安度，不起波澜，岁月的小手，不知几时悄悄地，悄悄地将我改变，曾几何时，也是个事儿多便觉烦闷的女子，而今，哪怕日子如乱麻，依然能够坐下来，静静地条条捋顺，如果说这是一种能力，倒不如说是成长，是成熟。

有人说：美好的事物皆有禅意，我是认同的，譬如此时的我，独自一人静坐窗下，泡一壶茶汤，伴着悠悠时光，一边闻着茶香，一边将心事赋予文字，有低眉的婉约，亦有抬眉的静好，可茶汤寻梦，亦可与茶共语。都说：好茶好壶好心境。我说：好茶好壶好时光。这一壶普洱，仿若似曾相识的旧人，随着袅袅茶烟缓缓向我走来，不说过往，不道别离，就这样静静伴我左右。

都说：长大的每一天都有变化。也是深有感触，这一年，一些细微的变化都在提醒着我，已不再年轻，譬如一种不慌不忙的心态，一种悄无声息的落寞，一种……不可挽留的心情。也时常会想起三毛的那一句：我来不及认真地年轻，待明白过来，只能选择认真地老去。我知道，在岁月面前我亦有忧惧，有不舍，有惋惜，有无奈，和这世间所有人一样，我亦想时光过得慢一些，再慢一些……

然而，淡定的我，到底还是接受的，亦更加懂得珍惜，如果说人生是一本书，我想以后的岁月我会认真地品读每一页，亦会认真地填充每一天，不留遗憾，亦绝不惋惜。

多一些力量与期许，少一些怨怪与烦琐，只让岁月洁净安然。

我不修禅，许多识我之人却都觉我有禅意，我想，这禅应是自心中而生，其实这世间，许多事情都不必刻意为之，心中有种子，自会生根发芽，而后成为该有的模样，所谓的面由心生大抵如此吧！

窗外的风似瞥见了独坐的我，温柔地送来一缕花香，几片花瓣儿，这细腻的香气让我忍不住想要起身踏出家门闲庭信步，赏花觅香，而后折枝归来。

而我，只是嘴角上扬地停顿片刻，并未起身，不是我不够随性，只是此刻的宁静，于我更加珍贵。

人生若梦，岁月无情，那么，不妨允许自己做个深情的女子，温柔地对待一切，肆意地享受生活，享受春风的温婉，夏荷的清新，秋叶的浪漫，冬雪的从容。

我说："温柔的风送来了花香。"其实还有那首："我打江南走过，那等在季节里的容颜，如莲花的开落……"

93 落雨的日子

有没有那么一刻，你同我一样，突然间觉得身心俱疲，连呼吸都需手扶墙壁？

有没有那么一刻，你同我一样，想要关掉手机与世隔绝几日，好让疲累的心得到真正的休息。

有没有那么一刻，你同我一样，明明很难过，却依然要微笑着面对生活，面对那些不懂事儿的人？

有没有那么一刻，你同我一样，只想在一个人的世界里寻欢？可现实是你必须去完成那些不想完成的事儿？面对那些你不想面对的人？

忙碌的生活，一度让我放下温情的笔触，已经不知多久未曾静下心来写作，每日虽忙碌，但内心却空无一片，远远望去，那明净的心房似乎已然落满了灰，再看那清澈的小河，花瓣的小船恣意畅游着，果然，无人照料的世界，难以维持最初的模样。

一直都觉得，每个人的内心都住着另一个自己，她时刻帮助我们做出正确的选择，因为她的感知更加细腻，且永远先我们一步。而我，连日来，被一个忙缠身，却忽略了她的呐喊，直到她躺下不再配合我的时候，才发现，原来，她真的累了，累的只想昏昏欲睡，累得不想再多言一句，累得想要忽略一切。

今日，小雨绵密，叫人忘了忧思，索性关掉手机，在寂静的世界里，将自己还给自己，把时间还给时间。

仔细想来，似乎已经很久不愿再迁就别人，亦不愿再委屈自己，余生再不愿像曾经那般，把欢喜留给别人，只把苦难留给自己，曾经那些多忧多伤，多愁多思的日子，终是过去了，如今的我，一如那窗外的花，在风雨敲打之后变得更加芬芳鲜艳，虽韶华远去，却不减旧时姿态。

一个人独处，连光阴都变得静美无比，那洒落的尘埃似乎亦是宁静安逸的，我只需轻轻一吹，它们便飞离心房，还我最初的模样。仓央嘉措的诗词里有这样一段，始终让我记忆犹新。

我问佛："为何不给所有女子羞花闭月的容颜？"

佛曰："那只是昙花一现，用来蒙蔽世俗的眼。"

没有什么美可以抵过一颗纯净仁爱的心，我把它赐给每一个女子，可有人让它蒙上了灰。

是啊，忙碌的生活，让我们忽略了一切，即使心上洒满尘埃，亦无从发现，只有静下来的时候才会念起那一方纯净。

窗外小雨依旧，有一个安静的女子，静静守于窗下，看落花纷纷，闭上眼，似乎闻到了那一抹雨后清新中夹杂着淡淡花香的气息。

寻常岁月里，杏花谢了，梨花开着，外面的世界亦是寂静的，悄无声息，却无比美好。我的另一个她已经微微睁开双眼，你看，她正打着哈欠伸懒腰。

94 忙生烦，慢生欢

忙碌的时光，总是让我心生烦闷，有人说忙而忘忧，可我却不喜这忙，不喜这般匆匆度日，在我眼中，许多的喧闹繁复不如一抹寂静简便，亦不如片刻缓慢的停顿。当下的忙碌我亦是无力改变，唯愿二月的忙碌能够成全三月的闲散。

昨日曾提笔写下这样一段话语："时光不言，却烹煮了生活，咖啡虽苦，却能解你心忧。"她说我仿若站在生活圈外之人，所道之语总是那样真切，却又是旁人无法琢磨到的。其实不然，于生活我亦是懒散而愚笨，有些感悟不过是光阴的馈赠罢了。

这不，被琐事缠绕近一日，此刻于闹中取静，打着哈欠落文字，于我而言，这便是人世极乐，愁绪尽散，无忧无惧。

窗外春色渐浓，空气中氤氲着芬芳之气，那般清澈，那般悠悠不绝，仿若遥远时空展开了那盏你我期许已久的门楣，哪里姹紫嫣红，哪里翠竹依依，哪里虫鸣鸟叫，哪里炊烟袅袅，哪里有着质朴人家，哪里可听潺潺流水，哪里亦可让忙碌的我们将脚步搁歇，让疲惫的心灵娉而婷之。

此刻，我静坐角落，任由思绪遨游，有时想着，就让思绪代我闯荡江湖亦是好的，时常想要背上行囊踏遍山河，寻梦觅城，摘云看日，吹风看海，将心思抛洒于所经之处，让它生出温情而绵长的故事，才当不负此生。然而，亦只能是想想，人世有着太多的责任与牵绊，亦有诸多不舍与惦念，如今身处的这座城，便是与我缘定情深，它容我栖身于此，任我扎根深种，许我情感发芽，我又怎能决绝转身，这牵绊如一根根藤蔓，纠纠缠缠将我紧紧包裹而起，难舍亦难离，江湖怕是闯荡不成了，唯有一颗自由的心，唯有一种自由的思绪可放飞，可代我寻梦，可代我觅城，可代我遨游于想去的地方寄托心事。

行文于此，阵阵暖意由心底泛起，似温柔的春风悄然而至，又似年迈的母亲替我披衣遮凉，抬眼看去，却亦是空空无人，唯有心中闪过她老人家温柔慈爱的容颜，有些想念无需时常提起便已深埋于心，有些距离看似遥远其实并不远。

人的心，小到可以捧于掌心，却也大到无有边际，可容纳我们想念的人，惦念的事儿，走过的岁月，故乡的月。

喧闹的季节，文字亦少了颜色，寂静的时光，诺言亦不再情深，就连丰盈的心事亦变得消瘦，那长长的故事亦低了眉头，而你我又何必执着。

浮云掩日，心亦沉沉，似要落雨，又似疲惫暂歇，低眉的我似梦非梦，似醒非醒，写下那一句："时光越去越远，终于只剩我一人和那一抹淡淡的斜阳……"

95 美丽心情

晨起不见曦，唯有浓云翻卷如幕，让人少了期待，多了沉郁。这个美丽的五月总是阴晴不定，时好时坏的天气里，散发着某种耐人寻味的气息。

然而，依旧用心待之，穿了洁白的裙衫，外搭米色薄毛衫，觉这阴暗的日子亦是洁净清新。

送小小少年去上学，临出门时发现他白球鞋有些脏，便对他说："换一双鞋吧，这双白日里妈妈抽空洗洗。"他说："不碍事，可以穿。"看着他毫无介意地穿上，心下有些疑惑，男孩子，真的不讲究吗？这白色鞋子，不应该是白白的穿起来才愉悦吗？为何他能视而不见？

路上忍不住问他："你不觉得鞋子脏？""还好啊！"一副无所谓的态度。我又说："白鞋子就是穿个干净，这脏脏的，看着不舒服。"他说："我们男人没这么讲究。"好吧！我忍不住笑了。已经自称男人了，或许他的内心已在悄悄转换，只是我还未曾发现，以为他还是那个小小男孩。

归来，小雨稀落，心中生出几许不舍，对雨，我始终有着温柔的情感，喜欢雨中漫步，喜欢雨中遐想，喜欢雨中悄悄地哼唱王菲的那一首《微风细雨》："微风吹着浮云，细雨漫漫飘落大地，淋着你淋着我，淋的世界充满诗意……"

很美，真的很美，在这个落雨的早晨，在这个诗意的早晨，我独自撑着小花伞，漫步而行，路过一家庭院，门口落满玫瑰花瓣，透过矮矮的院墙可见院落里一张小圆桌，厚厚的尘埃诉说着无人打理的寂寞，雨滴落下之后映现出一个个小小的痕迹，亦不知这深锁的重门是否有人可以叩响。

和羞走，倚门回首

　　我未作停留，亦不敢去轻叩门铃，怕无意之中扰乱别人平静的心房。

　　漫无目的地行走，漫无目的地瞎想，漫无目的地吸取清新的空气，偶有芬芳，也只是刹那，始终无法抓住亦无处寻找，或许只因这神秘，才会让人如此痴迷。

　　兜兜转转走到楼下，轻轻抖落伞上的雨滴，熟练地开门，归家。身上微微地散发着温热，而发梢不知何时已被小雨打湿，也不去管它，掩不住的欢喜让我依旧哼唱着：诉说无尽的秘密，让我们共寻觅……

　　她说：请保持沉默。我说：我只要这柔媚，只要这柔媚的心情。扎起湿润的发，泡一壶红茶予自己，都说雨日易生闲情，那便自给自足一番，茶香袅袅，随手拿一本书出来，边喝边读，心无杂念，只享此时，只共此刻。

　　我说："一切的美，一切的爱，都装在温柔的记忆里。"不知是否有人认同？若无，亦是无妨，因为幸福与遗憾原本就是一体的两面。

　　阴云散开，太阳偷偷地，偷偷地露出脸来，带着某种不易察觉的怯懦感，然而，这羞涩的颜色却很是迷人。

　　推窗，不知可否借取一缕阳光，支取一段光阴，小鸟的鸣叫格外清脆，仿佛在诉说那甜蜜的故事。有人说：所有的故事都开在一条芳香的河边，而我的故事，却只在心中绽放。

　　窗前的我，忍不住仰面闭起眼眸，此时，花香淡淡，阳光淡淡，似乎连光阴都是淡淡地，若我的人生也能这样淡淡地走过，该是极好的。

　　容我就此停笔，结束这柔软的诉说，容我做会儿优雅的太太，抱着猫儿，晒太阳，而后，在园子里种下百合，在心里种下一首歌，一首深情的歌……

96 梦的河流

是谁?

将我从睡梦中喊醒。

是谁?

让我轻轻睁开眼眸。

是谁?

将柔软心事掀起。

是谁?

轻轻地,轻轻地呢喃那一句?

星几许,月未圆,辗转梦中醒,寒夜凉如水……

就这样,又一次由寅时醒来,仿若有那么一个人,轻轻将我喊醒,又仿佛有那么一双手轻轻拂过我的额头,眼眸,继而掀起柔软的心事……

轻轻睁开眼眸,夜浓如墨,难以化开,就这样如婴儿般,安静地躺着,一动不动,只是慢慢睁大眼睛,想要在这漆黑的夜色下,寻一点点,一点点温暖的火焰,然而,却始终无法寻到。

起身,拉开窗帘,双臂交叠而抱,想要与这一弯明月诉说心事,奈何,这夜,那样寒,那样冷,那样令人无法忍受,仅在窗前停留片刻,便转身回到床上,揪被紧紧裹着身子,掩面而躺,似乎只有这样,只有呼出的热气可以驱赶满身的寒意。

少许片刻,探出头来,这寂静的夜,让我听到了自己的心跳声,一声一声,如一首缓慢的歌,亦如那屋檐下的小水滴,嘀嗒,嘀嗒,清脆悦耳,听着听着,我便

和羞走，倚门回首

嘴角上扬，寒意全无，蜷缩的身子继而舒展，柔软地心事亦如那洁白的云，随着呼吸轻轻飘到心门之外，姿态优美，气息俏皮，我目送着它飘到千里之外，未曾回眸，未曾留恋。

禁不住，发出一声叹息，这叹息，是喜悦，是舒爽，是若无闲事挂心头，人生何处不清欢地慨叹。

抬手拢了拢柔软的发，戴上耳机，打开音乐，微闭眼眸，乘着音乐的小舟摇摆，一如那小小摇篮，轻轻地，轻轻地摆动，摆动在那澄澈皎洁地河流之上，这是一条明为"梦"的河流，水流清澈，莲荷几朵，淡淡芬芳，缕缕湿润，将我送入温暖地，美丽的梦中……

梦中，不知是谁在轻声呢喃：春花和秋月它最美丽，少年的情怀是最真心，人生如烟云它匆匆过，要好好地去珍惜……

97 梦是圆的

灯影下，写了几行字，看了几页书，转而起身，紧了紧披肩，这几十元的披肩却也厚重情深，一如玛格丽特的开司米披肩，随时取之用起。不奢侈却艳丽，于生活，多了一抹颜色。于内心，温暖亦婉约。

思绪飘逸，心却宁静，夜幕降临，灯火阑珊，想要披上大衣出门走走，却也不敢。

忽而觉得，冬天的夜晚，其实是最温暖的夜晚，不浮不躁，不熙不攘，安静中浸透出浓浓的烟火气。

冬意深深，忙碌不减，喜爱之事几度搁浅，也曾想过就此倦懒，就此随波逐流，直到白发苍颜，依然微笑地做个优雅的太太。

可内心又觉落寞，泛起些许无奈地委屈。我想，我还是不能，不能放弃那些所谓的梦想，所谓的喜爱。

此刻，孩儿如一条快活的小鱼儿，在浴缸里自由玩耍，我坐于一旁，拿起手机，想要写下几句简单的话语。似乎，只有这样，才能将那深埋心底的心事翻开晾晒。

不曾回顾，亦不愿回首，日子如串珠般，一日一颗的叠加，由最初洁净的白加上温柔的粉，后来，有那么一段岁月里加上了深沉的黑，这黑色占据了很长一段岁月，再次叠加变为金色的黄，活色生香的绿，温暖芬芳的粉，以及洁净素雅的白，平凡亦质朴，简单亦如诗。

想起那句："水晶帘动微风起，满架蔷薇一院香。"仿若自己便是那帘下的女子，

和羞走，倚门回首

起身，轻轻掀帘，想要嗅一嗅那蔷薇的芬芳。却也明白，这五味俱全的日子，又怎能时时散发着香气。

写及此处，仰头倚墙，一声轻叹，是无奈，也落寞，遥望万家灯火，亦是几家欢喜几家愁，更何况我这样一个普通的小妇人。

夜渐渐深了，这寒凉的感觉，一如冰凉的水，浸润着我的手指，不知何时，坐在了我的书桌旁，果然，有些糊涂了，然而，梦，依旧是圆的。

98 梦为远别啼难唤

暮色苍茫，心事散落，卸下疲惫，卸下烦忧，轻倚榻上，打开音乐治愈心灵，渲染世界。

许久未曾以这样慵懒的姿态捧着手机写过文章了，再捧起，依然熟悉。

每每这样一边躺着，一边听歌，一边捧着手机敲打文字，都有种闲适的安逸感，亦有种女儿家的俏皮感。

"梦为远别，啼难唤，音乐缓缓起伏，深情无限，青丝初结自信缘字，是你今我最爱好风姿……"

不知为何，从第一句歌词唱起时，我的心便泛起淡淡酸楚，些许潮湿，仿若看见了那个手捧爱情酒的女子，只见她仰起头，闭上双眸一饮而下，眼泪随之顺流而出，流过脸颊，唇边，而后坠落，直至打湿衣衫……

她的身影，那般瘦弱，那般憔悴，那般让人怜爱，想要化身为那个与她相恋的男子，轻轻而来，给她深情的臂弯，任她依靠，任她敲打心窝，任她的眼泪沾湿肩头，然而，不能，只能远远地，远远地看着她将相思抛洒。

"浮生梦短托词为记遇，带泪挥写心头事……"

沉醉的我，已不知这是第几句歌词，一声长叹，却不知该写什么，侧身而卧，放下手机，看着窗外阑珊灯火，心中悄悄问自己，你心中的那盏灯可还在？若在，可还亮？答案肯定，我知他在，亦知他微温依旧，于别人而言，或许不够热烈，而我，这样就够了，微微地，暖暖地，日日伴着，夜夜陪着，深情如初，已然知足。慢慢地闭起眼眸，右手放于心房，感受它跳动的节拍，柔柔的温度。

"明知一世累我是情字，复要自困梦里苦相思……"

听到此处，眼眸轻启，眼前那个深情的女子已然转身离去，背影纤瘦，姿态落寞，却又是那般坚定，一步步，向远处走去，我想她的思念该是还在，只是悄悄藏于心底，不再打开，不再想起，她不想再给自己建一座思念的牢笼。

"情思若你难再遇，痛难远递我心事……"

这世间就是如此，有些深情未必能够相守，有些清淡也未必会离弃，前世的回眸换来今生相识，彼此还取，同行一段旅程，该离去的时候便自然离去，你看那枝上的花，方才还是娇艳的那一朵，此刻已经片片掉落，不再完整……

月小如眉，歌声如酒，而我，便是哪赏月饮酒的女子，起身，长发散落，哼唱那一句："浮生未许永现情与意，我仍心记取此事……"

来到书房，写下那一句情意绵绵难相见的诗句："梦为远别啼难唤，书被催成墨未浓。"

落下笔触，推开窗，随着歌声，将相思抛洒，一如那满树枫叶，那样艳丽，那样深情，那样迷人……

99 莫等闲，静处即安

午后的阳光，是那样明媚，那样温婉，让人觉得一切都温柔不起波澜。此刻，喜爱文字的我，端坐于桌前，静静地，单手托腮，看春风拂过窗台，纱帘缓慢起舞，那舞姿，不失优雅之态，甚是迷人。

我总是这样，时常一个人观赏着某一件事物而遐想阵阵，前一阵儿有人说 B 型血的人思想大都飘逸。起初有些诧异，可过后想想可能却也如此吧！因为我是符合这一说法的。

想起郑愁予的那首诗："我打江南走过，那等在季节里的容颜如莲花的开落。"真的很美，春天万物皆是美的，清茶亦如诗，简约的日子也随着这芬芳的季节而泛起淡淡诗意，一如我喜欢的模样。

每日研磨写字，其实也并无特定的内容，只是随心而写，有时可能仅仅只是闻着墨香发发呆，过后又觉得，这墨，若不用来写字倒掉可惜，便会提笔写下心中所想，直到墨尽为止。

这几日，也偶尔花些时间练瑜伽，着一身白衣，长发挽起，一如天上的仙，自在无惧，每每此时，我总会忘记年龄，忘记过往，以及那些恼人的琐事。白落梅说："情绪是会传染的，你不传染别人，别人便会传染你。"而我，始终不愿把坏的情绪传染与人，所有的烦恼都在静处时，随着茶，随着音乐，随着文字消散。

我与文字，半途相逢，却再不舍分离，它伴我日月前行，我与它流转岁月，一同悲欢，共赏喜乐，一如那知心的朋友，将诸多难言之事诉与它听。它虽无声，却教会了我释怀，亦让我懂得了感恩，从而不困于情，不乱于心，只将万事淡然，亦无惧岁月。

  曾读《浮生六记》，喜欢芸娘，想要做如她般的女子，布衣菜饭，不必远游，可乐终身，自在逍遥。如今依然如故，喜欢现下简约的姿态，喜欢在一个人的时间里寻欢觅乐，喜欢在一个人的时间里沉静安然，亦喜欢在一个人的时间里随心而为，故而坚守，其实也不知这样的日子能否一直顺延，只是且行且享且惜之，待若干年后，先生归来，孩儿长大，定是以另一种模式前行。

  人生就是如此，阶段不同，陪伴的人不同，心境亦不相同，想要的亦会有别，然而，不变得始终是情怀，难舍的亦始终是心喜的哪一种，我想，于我，无论是何等年岁，始终想要的便是哪一抹静处的时光。

100 莫念曾经好，只惜当下日

碌碌忙忙，又是一日，一如当年的王太太（母亲），宜家宜室，温婉有情。

此刻坐下来，伴着茶香，幻想一场花瓣雨，妖娆芬芳，美到生情。而我，只需静静而坐便好，诸多的心事皆会悄悄躲藏，只留片刻的恬淡静好，给匆忙的月，亦给温柔的我。

无意一瞥，才发现，二月已进，心中生出一愿，愿岁月如茶，潋滟幽香，愿旧人如初，相看不厌。

转而想要提笔写字，奈何笔尖成弯，不落墨印，起身寻找亦是无果，家有调皮孩儿，总会把新购的纸笔一一更换，好的归他，破旧不堪的留于我用，也曾想要偷偷藏上几支，可侦探如他，总能寻到，实乃无法。

落笔无字，却有积攒了许久的心事想要一一诉说，唯有在键盘上敲打而落，这窗下，似乎许久不曾来过，一度想要让匆忙的日子忽略飘逸的思绪，掩埋易感的心，也想着就这样全身心投入生活，不再诗意，不再浪漫。奈何心难揪，思难控，无论白日里如何忙碌，夜深人静之时，回想起不落文字的每一日，总觉都是辜负，也生惋惜，更叹无奈。

庭院里梧桐已添绿意，春未到，味先至，此时窗下的我，只是隔窗而望便闻到了春的气息，清新淡雅，仿若雨后新竹，沁人心脾，悠悠留香。

年节，就此落下帷幕，平凡的你我，都该回归日常，将那些烦琐的事情一一拾掇而起，过简单的日子，而我的时光始终温婉，心中始终有一方净土，可植树，可插花，可焚香，可点茶。有小溪，有河流，有一座城，有一间屋，有院落，有庭花，

和羞走，倚门回首

有所念之人，亦有想写的故事。故事里有你也有我，因为你我所走过的今天，都将成为明天的故事。

年节里，我去了一座城，寻了一些记忆，一个人迎着独有的城市之气走过熟悉的巷陌，一景一物，都是旧时模样，改变的唯有我的容颜，以及这颗增了岁序的心，哪年哪月哪时的事，历历在目，件件犹新，仿若就在昨日，却又那般遥远，想要伸出手来捧于掌心，却也不能。

人生若梦，几多徘徊，几多无奈，几多落寞，几多心悦，莫念曾经好，只惜当下日。思绪辗转，写写停停，轻抿茶盏，光影里亦有了风雅，善感的心亦随着茶汤平平安放。

黄昏不期而遇，这又何尝不是一种缘分，一种姿态呢？我所有的文字，未曾刻意安排，却大多来自黄昏时分，也曾看着晚霞而久久停顿，想要扯一匹霞光做一件梦的衣裳，想要伴着落日，将心事落于尘埃。

窗外的高楼人家，灯光约约，似在述说白日里的温柔片段，我的心，亦是绵绵密密，一字一句诉尽心语。

多想时光就此停留，就这样于宁静中延续，让那未曾开始的新日暂且搁置，然，时光于你我，都不能左右，我们只能随着他前进，随着它忙碌，随着它追寻明日的踪迹。

光影如水，令人恍惚，此时情境，有着一种久违的熟悉感，心中映现出盘着发髻的优雅太太，夜灯下满颜温情，一针一线地缝制衣裳，生活的气息扑面而来，无论何季，都是那般温馨如春。

过往的记忆犹在，只是它们已将我抛弃，而今而时的我，在夜幕之下，伴着柔和的灯光，似在回忆，似在诉说，又似在倾听别人的故事。

落笔之前，写下一句："闲听鸟语成幽适，卧看云还自卷舒。"给明日的你，亦给此刻的我。

101 那一年的随笔

又是一个寻常的日子,有花,有茶,有音乐,还有一颗忧伤中夹杂着些许慌乱的心。

晨起,忙乱中失手打碎了玻璃杯,那破碎的声音刺耳亦惊心,多少年来,听不得这样的声音,每每听到便心慌难安。这毛病,怕是要相伴终身了!

都说时间是治疗一切的良药,然而,有些事却如烙印,深深印入心房,哪怕是时间,亦是无法治愈。

看我文字之人,都知我心有一缕忧伤,却不知,这忧伤,来自何处,来自性情,来自生活,还是来自其他?只有我知道,这是打小的性情,亦是多年来聚散植下的根底,这忧伤,如一缕茶烟,带着岁月的痕迹,时常于心中徘徊,淡雅亦宁静,洁净亦芬芳,很美,真的很美。

你看,那个带着忧伤的女子,时而写字,时而蹙眉,时而微笑,时而扶额冥想,仿若给时光罩上了薄薄的纱,若隐若现,妙不可言。

曾有人说我"是一块璞玉",需有心之人好好雕琢,其实,时间便是最好的雕琢师,几十载的光阴,它早已为我刻画出了该有的模样,清雅大气,与世无争。

多年来,我尊重生活,尊重自己,亦尊重他人,将诸多不甚如意之事泡与茶盏,独自饮下,不道与人。

其实,一直都是个多愁善感的女子,相聚落泪,离别伤怀,十几载的光阴历经离合,过尽悲欢,尝尽冷暖,心中虽已坦然,然那抹忧伤仍在,始终相随。我亦不

和羞走，倚门回首

舍与它离散，人生一世，有些性情既是原生亦是缘分，故而，值得我们携带于岁岁年年。

唉！一声长叹，放下笔触，仰起额，只觉心难安，文难写，亦不去管它，闭眼听曲，新泡的花茶如雨后初荷般散发着淡淡芬芳。

晚风吹动纱窗，清凉阵阵，似在诉说谁的心事，孤单却伤感，不知是谁多情地唱着："这故事曾全作笑谈说，楚馆灯影里有几过客，她抚下琴音洒落，落他舟上此为她停泊……"

102 千人之诺诺，不如一士之谔谔

浅浅地，我来了，带着我的思绪，携着喜爱的文字，一如唐宋的女子，衣袂飘飘，步履缓缓，巧笑倩兮，美目盼兮。这意境是否美好？是否娓娓？是否让匆忙的你停留下来，闭上眼眸微微一笑？若有，很是感恩，敬茶一盏，让它洗却尘虑，除驱烦忧。

其实，今日的我很是倦懒，病床缠绵多日，似乎所有的美好都被搁浅，所有的灵感都已远离，食不知味的日子里，连茶都不似往日那般有情有义，有韵有味。难过时，一度以为自己从此后再无力提笔，以为灵感就此远离，不再眷顾。

幸然，晨时的那一缕阳光透过窗，柔软地斜射到我的脸颊，眼眸，眉梢，继而直抵心扉，仿若观音菩萨带着甘露水，轻轻弹于我的眉间，让疾病化去，让灵感回归。

继而，欣欣然起了来，寻一抹颜色，守一寸光阴，提笔书写，想要写下一段情深，几行温婉，想要写下难以消却的忧影。一如那天空的云，稠密不散，只得强劲有力的风，或许才能消散不见。

此刻窗外艳阳高照，我独自依偎在躺椅上，心中不是那般喜悦，被一股无言的悲凉缓缓包围着，眼泪如花瓣，一片一片地落下，似在诉说千言的无奈，万语的委屈。

一直觉得，心如珍珠，需要适当的温度来存储，需要细腻的情感来喂养，奈何不是人人如我般需要这些无需银钱便可给予的养分，不是人人如我般重情重义。

无波无澜的岁月里仿若一切静好，稍有起伏便显示出了真正的脸眸，事情，真的是一面通透无比的明镜，也罢，随心就好。许多时候，许多事情，我们改变不了旁人，唯有妥帖地安放自己。

薄雾升起，如那洁白的纱遮掩着冬日，让它始终散发着浅淡的光芒，我就像一个疲累的孩子，坐于门槛上，微眯眼眸，不愿起身离去。眼泪打湿了头发，打湿了柔软的毛毯，亦除却了内心深处的酸楚感。

就这样静静地躺着，静静地睁着眼睛望向窗外，这寒冷的季节，虽难熬却也有着别样风致，让人生出敬畏。

手机响起，那忧郁空灵的一生何求，一句一句敲打着我的思绪，懒懒地伸手探过，却又不想接起，只觉无言无力，亦不想应付。

可终究还是起了来，温柔的猫儿跟随着我的脚步来到案前，看着我研墨书写，时不时地发出一声娇俏的呼喊，索性搁下笔端拥它入怀，许多时候，落寞的我，唯有它懂，孤独的我，唯有它伴，欢喜的我亦不能少却它的身影。情感于人有时不及这小动物，它虽不会说话，却是那般真挚的给予。

她说："陌上花开两三朵，春风识得旧时坡，日子浅浅过，闲花淡淡开。"是啊，日子，需要浅浅地过起，缓缓有序，淡淡绽放。心中这难消的忧，似乎亦该搁置一旁，好让自己在沉默的告白中寻一份温馨，给心些许暖意。

移步来到窗前，静静地依偎窗台屈膝而坐，那一抹忧虑似乎跟随着窗外的云慢慢游移而去。

远归的先生不知何时来到身旁，扶着我的肩，用眼神示意我该喝冰糖雪梨汁了，好吧，甜甜地喝起来。

你听，是谁在诵读那句："天地有万古，此身不再得，人生只百年，此日最易过。"飘飘然然，仿若云中洒落，却又那般真切响亮，平凡的你我，听过之后又怎能不去珍之惜之。

103 新日如曦锁重门

静静地，喝一盏茶，其实更想喝咖啡，奈何，夜无眠，只得戒了咖啡，攒着困意，留给深夜。

尽管，不愿亦不想让自己像一个孤独的行者，在寒意渐浓的夜里独自徘徊。然而，却时常上演，如同故事中的情节，披着毯子，带着无奈，已然一副落寞的倩影，来来回回，辗辗转转，心中似有万语千言，却只能化作一声叹息。

新日如曦，人心向暖，如果说昨日是一个故事，那么，在黑夜来临之前已然落幕，而那闪烁的星辰，皎洁的明月，总会带着我们掀开新的篇章，直到晨曦升起，故事徐徐展开……

都道冬天最美是早晨，无论是否落雪，无论是否有红泥小火炉，只需着厚厚的棉衣，戴暖暖的手套，走出家门，呼吸可见的缕缕白雾，便能让你寻到别样的感觉。那一瞬晨色朦胧人初醒的恬静，那一种独处虽慵懒，见面定欢喜的深情，只是想想，就很美好。

晨起除尘扫灰，扫的又何止是灰，除的又何止是尘，我们扫去的还有关于昨日的痕迹，除去的亦是那昨日的故事，有的深情，有的甜蜜，有的伤悲，有的落寞。唯一的共点便是无法挽留，亦无法储存。

许多事情，看似简单，亦想糊涂的忽略，可越长大越清醒，越长大越明了，是谁说过，好的都在后头，却未说明，后来的我们，都是前路沉淀而来，后来的美好，亦是一路走来点滴的坚持成全。

很小的时候，读到过这样一段话："每个人的心中，都有一个芬芳的角落，可以绣一朵永不凋谢的花朵。"年少懵懂，不能明了。后来，慢慢地，在岁月的雕刻下，发现果真如此，便绣了一朵洁白的莲荷，让它默默地在心中绽放，悄悄地散发幽香。

　　人的一生，何其短暂，又何其漫长，在这个短暂亦漫长的过程中，我们或许于行走中逐渐丢失了那份纯真的美好，然而，只要心中有爱，定能有所爱亦被爱，心中有花朵，灵魂亦能生香，心中有诗，岁月亦能清欢。

　　时间如溪，潺潺流淌，只觉光阴渐短，起身掀帘，才知已是正午时分，遥遥望去，浮云白日，山也温柔，风过处，落叶如雨，秋天的故事如那古代的青简，似乎所有结局都已写好，所有情感都已落幕，紧紧卷起，韦编环绕打上了稳妥的结，隐约间有这样一句话浮现眼前："在奔驰的岁月里，永远记得我们曾经相爱的过程……"

　　缓缓松开纱帘，移步落座，茶，已经凉了，然，香气依旧……

　　重门紧锁，独自一人，在寂寞的岁月里，伴着幽香的茶汤，呢喃细语："山依旧，树依旧，云淡，风轻，野百合盛开在黄昏的山巅……"

104 星河赴梦

午后时光，和暖温润，丝丝缕缕，如珠如帘，尽管短暂，却让人辗转徘徊。借着冬日里这一缕久违的和暖阳光，想要把自己抛掷于音乐的殿堂。闭上眼眸，让思绪乘着音乐的小舟遨游。

一曲星河赴梦，跌宕起伏，来来回回，占据心灵，闭眸乘舟，却也清醒。那一句落日归山海，星河赴梦来。闪闪烁烁，在脑海中徘徊，美好的意境总是令我无限向往。

风吹帘动，却无法吹醒我的梦，装睡的我，沉醉的我，只愿在音乐的世界里渲染。

时光缓慢，岁月清闲，音乐便成了我生活中不可或缺的佐料，伤感的、甜蜜的、粗犷的、温柔的、恬静的、俏皮的，五彩斑斓，治愈心灵，增添情趣，唤醒意境。

此刻，这时而婉转，时而起伏的音乐，一如寂夜里那温柔生动的小夜曲，让我对生活有了更多的期待。

这寒意渐增的风，一如布满老茧的手，粗糙而沉重，恼人而无奈，一下一下地抚摸我的脸庞，拍打我的肩膀。忍不住，只得起了来，然而却依旧不舍音乐，不舍星河赴梦。取下耳机，打开音响，让原本寂静的屋舍充满音乐的旋律。

静坐而冥，眼前仿若一串串如璀璨星光般的音乐符号，起起伏伏，缓缓慢慢旋转而过。

缘分是奇妙的，无论是人与人，还是人与物，抑或是与音乐，看似不谋而合的相遇，实则早已注定。

和羞走，倚门回首

不是谁都能接纳你所钟情之人，不是谁都能欣赏你所喜爱之物，也不是谁都能如我般通过音乐寻找情境，通过音乐唤醒心灵，通过音乐拾捡心情。

然而，总有那么一个人懂我。总有那么一个人惜我。也总有那么一个人，愿意伸出手来，让我牵起，与我一同，共赴音乐的河流，进我情境，抚我心灵，整理心情。

瘦弱的我，抵不住这寒意侵蚀，满心的思绪，只得搁置。起身，冲一杯热奶茶，盛一块小甜品，这清冷气息里，甜蜜的感觉蔓延开来。许多时候，可以随着内心需求更换一些小习惯，茶不能少，可甜品与奶茶亦可时而拥之。

人生一世，如梦若幻，许多事情可以尝试，许多心情可以更改。你看那窗外，阳光已无颜，淡薄而清冷，让人不由地一声轻叹。

光阴浩荡，不可挽留，许多人踩着光阴而来，踏着光阴而去。许多音乐，在恰当的时间里出现，一日一日地陪伴你我，等到这一页，这一段，这一心情翻过，或许只能让它随着往事一同尘封而落，不敢轻启，只怕，唤醒那落寞地回忆。

黄昏薄暮，苍苍茫茫，我的每一篇文，似乎都是由午后开始，我的思绪似乎亦只能在忙碌之余的午后展开。

说到底，在生活面前，我亦只是那般渺小，只能按部就班，默默接纳，用心待之。

感恩这个午后，感恩这份闲逸心情，感恩这一首星河赴梦，是它陪着我，在快乐的角落里，写下了这一篇，关于音乐的文章。

如若可以，我愿如那淡雅的茶花，随着星河去往梦的森林。

随着最后一个音符落下笔端，今日之情始于音乐，今日之境终于音乐。

愿你如我般，在音乐中寻一份宁静，在音乐中，让心变得柔软而深情。

105 且尽眼中欢，莫叹时光促

一个人的时光，宁静亦清冷，电暖器从早晨一直开到此时未曾停歇，亦不觉暖和，空落的屋子一如我空落的心，可听见细碎的声音，开了音乐，不知能否缓解这低落的情绪。

莫名地犯起懒来，泡了一壶红茶，倚窗慢品，起落间忽生一念："等黄昏"。是的，我便是那等黄昏的侠客，没有诗酒琴，只有茶相伴，那又如何？不过是一种偶然的情怀，无需计较那么许多，心中明媚，便可感知它的美好。

低落的情绪随着我侠义的情怀消散不见，转而有几分喜悦挂于眼角眉梢处，情绪于我，可婉转有情，亦可随时更迭。

一个人，一首歌儿，一盏茶，一种姿态，一份情怀，渲染出别样的风情给这寂寂午后。

时光如酒，染红了我的脸颊，醉了我的心扉，此时万物于我如梦如幻，亦真亦假，有一些美好，有一些模糊，亦有一些耐人寻味的迷人。

这世间有一种美好是自在，有一种美好是无碍，有一种美好是光辉，还有一种美好是内心深处的小优美。

我爱这五彩斑斓的人世间，我爱这平凡质朴的岁月里，亦爱这不惊不扰的平淡生活中。

我虽年岁不大，却明白平凡的美好，平淡的真挚，亦明白人生有限度，不可随意辜负它。

音乐婉转，思绪萦绕，如那柔软的彩色小丝带，带着我的故事随风徐缓有度地飘荡着，飘至何处亦是不知，或许终有归宿，抑或转而回归。

一如秋天的蒲公英，有的飘到不知名的地方扎根生芽待来年开出新的花朵，有的始终只在原点轮回不息。

秋风掠过，秋叶飘飘而下，姿态优美，却终是谢幕，这样的季节，总是令人感怀，感怀过去的春夏，以及风物人情。这样的季节亦是美好，所有的落叶都有故事，所有的落叶亦都有心情，我们可拾捡一袋珍藏而起，亦可如青春年少时寄于远方的朋友，让他感知你所在之城的秋色，以及你的心情，还可写上喜欢的文字夹于书中，做浪漫的书签。

人生若水，许多东西都可留下作为回念，睹物不仅可以思人，还可以思念美好年华。

黄昏临近，远处的云霞带着几分浪漫冉冉升起，不经意间等黄昏的侠客已经写下了无数的文字，抒发了诸多的心情与感怀，茶香犹在，人亦安然，而远处的山香云气正伴着夕阳诉说逝水年华。

你听，云说："几日光景，竟不知人世如此繁华。"夕阳回复："且尽眼中欢，莫叹时光促。"

天色渐晚，我想我亦是到了落笔的时刻，拉回思绪，回归生活，做一桌小菜，待外出的人儿归来，享佳人闲坐，灯火可亲之美好。

106 清宁如我，无争无抢

碌碌忙忙，又是一日，反反复复，每日所作之事似乎大相径庭，但心情的颜色却日有所更。

父亲病了，远方的我带着病亦是无法归去照顾他老人家，心中有些无力的难言，一种隐隐地疼痛始终伴随着我。

我与父亲虽是父女，却缘分极浅，我们之间，似乎总隔着一些距离无法彼此靠近。一直以来，我与父亲都是以一种极为客气地模式在相处，其实，也曾想过要去改变，但是却从未尝试，因为始终缺乏勇气，不敢挑战自己，一直以来我都不知自己在父亲心中占据着怎样的位置，又是否无价。然而，他病了，我却也是挂牵难安，若可以，我愿替他受尽人世病痛与风雨，我不知这算不算一种情深，是不是内心深处对父亲亦有着深切的爱，只知我愿意承担，愿意替代，我亦愿用我的好年华换取他的康健。

连日来我的心都是苦涩的，我知内心那个小小的灵魂如同出门走丢的孩子，因找不到归路而低头俯于膝上落泪如雨，也曾渴望有那么一个人，带着温和的笑容向她走来，对她说，别怕，我来指引你回家的路，可是没有。此刻，一抹无奈的笑容飘过，一如那随风而落的秋叶，无力无依。

一场父女情，怕是遗憾要永留了，那些于我而言珍贵的感觉，属于父爱这个词的感觉怕是永远无法实现，我们总归只能是彼此客气着，彼此难过着，又彼此祝福着。

家中姐妹众多，我的不得宠，来自骨子里的不自信，骨子里的清冷倔强感，自

和羞走，倚门回首

幼时起我的内心便有着一种无以言说的期许感，期许着有一天父亲面带微笑向我走来，牵起我的手一同走在归家的路上，期许着父亲将瘦弱的我举过头顶而后拥我入怀，可直到如今，这对于我来说都只是一种期许。

懂事以来我便深知父亲对于我的不甚喜爱，亦知自己体弱无能，只是个依附于旁人照顾的闲人，所有的农具皆无法拿起，堂前厨下亦是不会，故而只能乖巧顺从，顺从一切的安排，听取一切的责罚，却从不讨好，只觉唯一能够给予自己的也就是内心的这份清冷孤傲了。

一直觉得，世间不待我，那便自己待自己，所有的苦难我自己扛，所有的话语我深藏，只将美好留给他人，有些时候分明很痛，却依然要笑着示人，笑着说我还好，其实内心早已泛滥成灾。

就这样，一日日，一年年，随着年轮的转盘我走到了眉间生纹的年岁，其实一直以来，选择了一种遗忘的方式在生活，再不渴望父亲待我如其他姊妹般随意的好态度，不再渴望随意的温暖感，可直到最近我才发现，内心的我是那么的让人怜惜，对于那些从未拥有过的依然有着期许的火苗在燃烧，可终究只能自己低眉吹灭它，因为这世间，有些事儿做不到就是做不到，勉强不来，我无权去要求父亲如何待我，只能支配自己的态度自己的心。

也罢，许多情感，尽力省略也是好的，有些缺失或许亦是人生的一种成全，拥有多了亦是负累，无论如何，唯愿他老人家喜乐安康，岑静无妄。

夜深了，有些寒凉之感，想着该起身遥望明月才是，那一句月是故乡明悄然而至于脑海中，谁说我对遥远的家乡不曾留恋呢？谁又说我无情亦无心呢？这世间有些情绪有些想念不是渲染才是真心，不是解释才是情深，我跟谁都不去解释，跟谁都不去争抢，亦不服从他人安排，只跟随着我的心去行走，只带着我的清宁淡淡行走于复杂的红尘。

你看那闪烁的星辰，虽给不了你我温暖，却能让你我展颜微笑。

107 人间有情，无关风月

踩着午后的阳光，携着我的文字，如春风，和暖地飘到你的窗前，不言不语，只将春意捎带于你。

此时此刻，想起郑愁予的《错误》："我打江南走过，那等在季节里的容颜如莲花开落，东风不来，三月的柳絮不飞。你的心如小小寂寞的城，恰若青石的街道向晚跫音不响，三月的春帷不揭，你的心是小小的窗扉紧掩，我达达的马蹄是美丽的错误，我不是归人，是个过客。"

是的，我不是归人，是过客，途径你的窗前，却不惊不扰，不喜不闹，缓缓地来，慢慢地去。或许，低眉忙碌的你并未感知我的到来，然，抬眉间却被窗外的绿意锁了眼眸。

忙里偷闲，借取一个下午的时光给自己，紧掩门扉，不舍探足而出，仿若出去了，时间便不再是我的，所有的思绪都将被打乱，所有的感觉都将不再真切，以及空气中的芬芳都要与他人一同分享。如此的我，并非自我到想要独霸天下，而是繁忙的日子里需要留一些时间给自己，需要留一些空间给思绪，需要留一些独有的芬芳给心灵。

青春洋溢的年岁里，也曾有过独自背上行囊去往心仪的城市，看那山山水水，寻那角落里的故事的想法。奈何家教森严，只得将诸多的想法悄悄隐藏，循规蹈矩地听从父亲母亲的安排度人生。而今忆起，也觉安稳，不曾遗憾。许是年岁大了，更加喜爱这足不出户的静处时光，乃至不曾冒险的回忆里都觉安稳有情。

和羞走，倚门回首

都道春天是一个绚闹的季节，每一朵花都会绽放而言，每一颗种子都会发芽诉说心语。

闭目冥想，我仿佛看到了娇艳的花儿新绿的芽，欢唱的鸟儿南归的燕，好不欢闹。而我的心，却总是静静地，不生波澜，一如那高楼之上独自卧榻的女子，悄悄地看着窗外的春水清颜，将皱褶的心事一一熨烫，直到平展如初，无有折痕。因为喜欢这种静，喜欢静中祛忧，喜欢静中解乏，亦喜欢静中将寥落的心事赋予笔墨纸砚，故而能够享受孤独。

年华初好，第一眼看到这四个字脑海里便浮现出一个笑靥如花的女子，岁月的痕迹尚浅，也未携带优雅，却那般芬芳美好，一如初绽的莲，洁白无瑕，惹人爱怜，却又不舍触碰。

而今的我，年岁渐长，不去细细记起，亦能称之为年华尚好，怀抱一颗易足而平静的心，携着我美丽的忧伤走过季节的轮回。也捧书，也写字，也卧榻，也喝茶，也听音乐，也插花，也浪漫亦深情，也诗意亦忧伤。

红尘滚滚，世事沧桑，形形色色中，你我都微不足道，渺小如尘，能做的亦只有祛除杂念，携悠而行。岁月悠然，如梦如幻，能够忆起的越来越少，留下来的更加难能可贵。

春风如水，抬眸看窗外的绿意，内心深处仿若有一颗小种子偷偷探出头来呢喃那一句："闻着清风的气息，淡淡地回忆过往的痕迹。"不由得低眉写下前几日书中记下的一段话语：春风吹散了谁的长发，吹乱了谁的心，又吹醒了谁的记忆，那些被遗忘的往事，遗忘的人，在回忆的渡口再次相逢。红尘如梦，而我，在最深的红尘里久久徘徊，不愿离去，只为与你相遇。又在猝不及防的时光下，匆匆离别。我还是我，你亦还是你，光阴依旧迷人，而你我，只能在遥远的地方彼此凝望，深情亦伤感，你说："若重逢，勿别离。而我，只能用衣袖轻拭眼泪。"

落笔之后回看，心中泛起淡淡潮湿，却又觉得很美，很真。想起那句："人间有情，无关风月。"

108 柔软时光，细说心语

下了一夜的雨，千古长安亦变得温润有情，如梦如幻，仿若置身烟雨江南，这样的天气，总会想起那首《雨巷佳人》。柔和的声音深情地响起："你从江南雨巷走来，柔柔春风亲吻你裙摆……"只让人心思涤荡，觉美妙无言。

想要酝酿一种情绪，写一些温润如雨的文字，给这如画卷般美好的午后。不知为何，时常会有这样一种情绪，柔软深情，如窗外的雨，淅淅沥沥，灵动飘逸，让人忍不住倚着窗，低眉浅笑。

这样的时光如酒，迷人亦醉心，无论你的心有多坚硬，触及它都会变得温润柔软。不得不感叹，仿若眨眼间，那难熬的冬日已经结束，而春天，就在你我身旁，在那个寒冷的季节里我曾如白落梅般说过，让我们共盼花枝春满，同候新月变圆。

而今都一一实现，春来了，花开了，月儿圆了又缺，缺了又圆，所有的一切都随着时光轴旋转变换，唯一不变的，是心中的那份希冀，始终久久徘徊。

用玻璃壶沏了红茶，茶汤潋滟，香气四溢，时光里有了茶更添雅趣，人世这样纷扰，静下来才能得一些静意，都说张爱玲曾喝着红茶享受爱情，而我，只愿在有茶的时光里邂逅一份柔软的心情。

岁月里，若能多些时间读闲书，赏春雨，品茶香，又何须管它今夕是何年。屋静人安，心事无忧，仿若旧时光里的太太，穿着复古旗袍，带着花边眼镜，盘着发髻，听着春雨回忆柔软的往事，想要留住最后一抹芳华，亦是不能。然也能欣然接受这渐去的时光，浅笑间似乎一切都变得浅淡洒脱，心如明镜，人如秋水。

和羞走，倚门回首

雨日，总有一些微微寒意悄悄侵入，忍不住紧紧披肩，这披肩看似轻薄却能时时给予我适宜的温暖，一如那个知心的爱人，懂你艰难，知你心意。

一缕烟云打窗前经过，似在赴一场千年约定，那样柔软萦绕，又似带着几分娇俏，仅仅只是路过。

时光急急，不可挽留，仅一会儿的工夫，已然黄昏，烟雨之日，黄昏亦少了几分颜色，而我，依然喜欢观望它丝丝昏黄。

这一日又要结束，而下一日还未到来，徘徊在这个时间点的我一如似水年华里的英小姐，心中总会生出些许慌乱，些许落寞，些许无奈，些许期盼，时常觉得自己是个纠结的矛盾体，可更多的时候又觉通透清明。

暮霭沉沉，闲散如我，忙碌亦如我，又该轻放笔端，厨下择菜，堂前忙碌，所谓的真实生活，大抵如此，堂前煮茶，厨下烧饭，庭前除尘，窗下插花，心性孤傲的我亦是愿为了生活搁浅喜好。

茶凉了，我流淌的心事依旧绵绵不绝，深稳宁静的日子在当下亦在眼前，唯愿你我与光阴相看不厌，与日子相敬如宾。

109 深情记忆如佳酿

黄昏时分，忽然想吃饺子，便系上花头巾，来到厨房烧水烹煮，速冻饺子的好，就是便利亦省时。然而，就是这一锅翻滚的饺子，却打开了我回忆的门。

那一年，我与先生初婚不久，日子清贫简俭，先生工作非常忙碌，日日早出晚归。我白日里工作，夜晚伴着星辰等他归来。

有一阵儿，也是清秋，突然学会了煮饺子，时常于下班后从超市买回来煮着吃。那时没有冰箱，只能现买现吃，每每想吃都要走好远的路，却也从无怨言，亦不觉疲累。只因心中有爱，故而忽略了种种不便。

那时，美好年华的我，并不知希望在哪里，却始终相信有希望，相信居无定所的我们，终有一日，会有一个温暖的家，会有一张属于我们的床，会有共剪烛火，同话夜雨的时刻。

多年来陪伴先生辗转南北，受尽风雨沧桑，期间几多辛苦，几多艰难，几多无奈，几多叹息，皆化为一缕深情。艰难的日子里我们彼此用爱浇灌心灵，用温暖支撑疲惫，用深情熬制甜蜜地汤药，我们不言别离，相携而行。

而今，终有了一席容身之地，一个温暖的家，亦有了调皮可爱的孩儿。然而，我的等待未曾停歇，所不同的是，不再伴着星辰等待，而是伴着光阴，携着孩儿，一日一日复一日，从最初黄昏来临时的心慌难耐，到如今的坦然处之。从先生每次踏出家门就落泪如雨，到如今的展颜欢送。其实，并非不再难过，并非不再害怕，只是我明白，所有的事情如若无力改变，不如坦然接受。

最初，等待先生的每一日，我的心便空如洞穴，我曾一度在心中呐喊，这不是我想要的生活，我不愿用一个等待来耗费我的生命。可是，我知道，我爱他。无论何时，我做不到抛下他，所以，我便接受了婚姻中赋予我的这两个字："等待"。

后来，与文字相遇，在漫长的等待中，我便学会了用文字浇灌光阴，用诗意点缀平凡，用有趣的灵魂驱赶寂寞。偶有落寞时，我便煮茶听雨，或与音乐为伴，日子看似普通，实则丰盈。

不再空等的光阴，让我觉得那般美好，那般诗情画意，在一日一日的耕耘中，似乎掩埋了过往荒芜的记忆。

许多事情，看似忘记，其实永留心中，那些美好的，苦难的，我皆是记忆犹新。这个黄昏，一一回味时，才发现，这记忆如同一罐陈年佳酿，掀盖而起时，芬芳浓烈，令人心醉。

人的一生，长短不一，经历不同，感知便不相同，然而，相同的是，我们可以把所经之事，所历之难，一同封存在流年的渡口，待到日久年深，白发苍苍时，伴着一缕暖阳，打开它，闻着醇香，共话曾经。

110 深夜，文字聊心事

失眠的夜，漫长无边，本该寂静无声，却被楼上电视的声音时而激起涟漪。而我，亦不似往常那般起身钻入书房，或窝在椅子上写字，或闭目遐想。只是静静地躺着，伸手探过耳机，轻轻带上，听那入眠的小夜曲，期盼着下一首音乐响起时能够浅浅地入梦，深深地沉睡。

然而不能，一首一首听下来，每一首都清澈涤荡，每一首都不能抓住我清醒无比的心，每一首都不能遮掩我飘逸的思绪，不能牵起我的手，带我——进入梦的故乡。

忍不住，还是起了来，春夜的寒似乎更胜冬季，它不是刹那间的席卷而来，而是一点点地悄悄蔓延，似悄悄地无形胜有形地渗透你的全身，直抵你的心间，这寒，侵入骨髓，却又无法逃离，开了空调，想要借取一些温度，缓解一些情绪，继而给这失眠的夜增添一缕温馨的气息。

提笔写下："独立苍茫而不归，日暮天寒，归去来兮，探梅踏雪几何时，今我来思，杨柳依依"。

不谋而合地想起，不谋而合地落笔，许多时候，我都是这样随着思绪写下只言片语，然而又贴合当下心境。或许每个人都会如我这般，用自己喜爱的方式渲染情绪。

时间如陀螺，不觉间又长大了一岁，都说时光糊涂，其实我们都会随着时光由清醒变为糊涂。

和羞走，倚门回首

譬如，此时的我，已经不再记得自己几岁，或许只是不愿记起，不愿相信自己已然慢慢老去，亦不再记得今夕是何年，不再关注今夜的月是圆还是缺。

今人不见古时月，今月曾经照古人，古人今人若流水，共看明月皆如此。这遥远的诗句，我却记得，究竟是糊涂还是清醒，自己亦是不知。

夜更深了，庭院里零落的几盏小灯，虽不够明亮，却如夜空中的小星星，时而明亮，时而朦胧，时而释放短暂的光芒，使这暗暗夜色有了几分期盼，亦有了几分妖娆。

空调的温度蔓延满屋，这暖意融融的感觉很是惬意，若不是深夜，我想我会泡一盏茶，慢慢地享受这温馨时刻。

我说："失眠是一种美妙的感觉"，或许无人信之，也罢，若能夜夜入梦岂不美哉，少了这份美妙体验又有何妨。

眼睛酸涩，我想我是累了，可为何我的心如此明亮，如此活泼，想要借着几分疲累闭目入睡，奈何心灯璀璨，思绪萦绕，生出几分无奈，几分不舍，摇摇头，一抹微笑浅浅地映现，也不知该如何安置自己，一声叹息，索性今夜与月为伴，与嫦娥共话流年吧！只是不知她能否知我心语，又是否愿意将孤独的心事道与我听，就这样遥遥相望，不言不语，我却明白了她的孤独，她的无奈。

不写了吧！一个声音悄悄在耳畔响起，你们说：我是写还是不写？

抬手扶额，停顿片刻，想要寻找那丢失的睡意，还是无影无踪，轻落笔端，静静地闭目而坐，寒意消散，却也疲累，起身回屋吧！这一夜，是睡非睡却也得睡，只盼着黎明早一些到来，盼着精神饱满的自己与新日一同冉冉。

你听：夜的迷离。你听：春鸟呢喃。你听：那美妙的小夜曲，似在诉说一段岁月悠然，又似在唱响一段遥远的清梦。

而我，只是一个失眠的女子，伴着夜色，听嫦娥诉说一些寂寞，几许忧伤。写下一段文字，记录这个关于夜的故事……

他说："你是我手心里的宝，珍惜和你的分分秒秒，孤独的夜里，我不再寂寥……"

111 生活就是首歌

忙碌的日子，让我忘了音乐，今日得空，打开 QQ 音乐，原本满满的收藏夹，变为空空如也，却不知原因为何？于是，我便凭着记忆，一首一首地找寻。

起初，以为自己是在找寻歌曲，直到后来才发现，我是在找寻那些与每一首歌共度的时光，以及一同发生过的故事。

模糊的记忆中，有一首歌名，始终清晰，那便是——《生活就是首歌》。随着忧伤的音乐，他说："生活总是一支歌，在寂寞的夜里唱响遥远的清梦，梦袅袅出爱情的渴望，将烟点着……"

第一次听这首歌时，我的心情低落难耐，那是一个寒冷的冬日早晨，感冒发烧浑身酸痛的我，送完上学的孩子，拖着疲惫的身躯走进家门，浑身瘫软地俯到床榻上，流着泪，打开音乐，却无意与它邂逅。听着听着，被歌中的每一句歌词感动，心底的酸楚渐渐蔓延。

后来，我的泪，泛滥成灾，那一刻，我允许脆弱的自己随着它将珍贵的眼泪一颗颗洒落……

落泪如雨过后，反而轻松，我深知，生活，始终属于自己，是快乐还是悲伤也只有自己能够主宰。我便听着它起身，煮了一壶咖啡，闻着咖啡的醇香写了一篇随笔，深锁于心的角落。最后透过窗，迎着冬日暖阳，我笑了……

今日，再次无意邂逅，它如同一把温柔的手，轻轻地，轻轻地，携起回忆的纱，让我忆起那个清晨与它共度的忧伤小时光。当他唱道："将烟点着，一点红，一点红，一点红，一直红到天亮"时，发烧的我，一如卖火柴的小女孩，于瑟瑟发抖中看到了温暖的火焰，这隐形的温暖却也给了我无限力量，让满脸是泪，浑身瘫软的我，逞强着起身，经营自己的生活。

生活就是一首歌，如同音乐的旋律，时而缓慢，时而起伏，就是在这起伏于缓慢之间，让我们尝尽世间滋味，酸，甜，苦，辣，咸。其实每个人，都会有那么一刻是彷徨无助的，想要快乐，却不知该如何去拾捡。直到白发苍颜，迎着夕阳，嘴角上扬，露出或遗憾，或满意的微笑。终究明白，生活是一首歌，歌的旋律很透明，透明如玉……

又到落笔时，歌声依旧，而我，一如白发苍颜的妇人，微笑着，低着眉，一笔一画地写下这一篇散文，长发散落，发梢的小樱桃仿佛明白了我心中些许的落寞，提醒着我说："你依旧年轻，好好经营自己的生活，带着你的诗意，于细水长流的日子里感知点滴的美好……"

112 失眠随笔

失眠的夜，似乎格外漫长，陪着朗月读了许久的书，心中依然清明，眼睛乏了，索性戴上耳机听歌，想要让音乐催眠，可灵魂深处的那个自己却像只流浪的小猫，独自蜷缩在陌生的墙角，不敢闭眼，生怕闭起眼来便有伤害袭来，也不知为何会有如此想法，是内心深处莫名的恐惧，还是对夜依旧有惧，抑或是被书中的伤感纠缠，我在问自己，却了无答案。

窗外偶有车辆行过，这样深的夜，也不知是谁依然在路上，又是谁在等候归人？耳边回荡着那一首深情的歌："如果你闪烁的目光，能把你和她的关系伪装，何必要熬到天亮，一整夜未眠的彷徨……"

有时就是这样巧合，在不同的心境下遇到贴合心境的歌，让你忍不住一边听，一边感受歌词的深意，而后在它的牵绊下，或落泪，或喜悦，或钻入故事中难以自拔。

可未眠的我并无彷徨之感，亦不受情感所困，不过是早晨贪了一大壶咖啡罢了，然而却已然被歌词牵绊，我想，我终究是那深情之人吧！

夜更深了，蜷缩的猫儿倦了，亦困了，你看，她已然眯起眼来，微微地打着小呼噜，这音乐，终究还是驱赶了恐惧，带走了伤感，携着她一同进入梦的森林，采摘一朵洁白的栀子花放于一旁为伴……

和羞走，倚门回首

113 诗意盎然心如水

是从大雪纷飞中醒来的，这个梦，有一些微冷，亦有一些浪漫，我不想醒来，想要在梦中将人生进行，奈何生物钟规律，纵然我万般不舍，在该醒的时刻里还是醒了来。

推窗，小雨淅沥，空气新润，心中那原不舍的情绪更迭为静享当下的愉悦。我说过，我亦不是那专情之人，许多时候，我更懂得接纳与放下，遗忘与憧憬。

可能是这绵密的雨唤醒了诗意的心吧！突然来了兴致，想要就着雨声将心事渲染，心中映现出一幅随意泼洒的水墨画，墨痕有深有浅，有诗有画，有山有水，有亭台楼阁，有竹林河畔，亦有婉约佳人，蔼蔼停云，濛濛时雨，竹下的人儿，似在等待又似在徘徊。如此情景让我想起那句："落花人独立，微雨燕双飞。"

打小我就喜欢想象，亦时常处境生情，我喜爱文字，喜爱以文代语，奈何那时年少，志向不明，亦无人指点，终究是随着命运的河流顺行而下，带着期许走了自己不喜欢的路，不甚顺遂却亦有憾，后来，那些名为梦想的东西，与我渐行渐远，然而我当下的安稳亦是依附曾经的不喜欢而成全，因而更加珍惜当下这触手可及的幸福。

放眼望去，那遥远的梦想，似乎随着冉冉春山蔓延而生，我不知，而今的我是否可有余力探寻触摸，可有能力攀爬采摘，只知道，当下的一切不舍亦不能抛下。

日子被我填得满满，每一段时光里都有不同的事情在进行，在这座城里，我虽只是个陌生的存在者，却亦不觉孤独。

人生若梦，世间本就喧闹，又何必劳神经营那么多的关系，圈子小一些，关系淡一点儿，于我，日子如水般，缓缓流淌便很美好，便觉纯净有韵，潺潺湲湲。

窗外的雨，以缓慢的姿态滴落着，优雅亦妙曼，情深亦迷蒙，恍惚中仿若置身于江南深巷，那打伞而行的太太，一如那油纸伞下的妙女，娉婷婀娜，温婉窈窕，忍不住想要多看几眼，想要让这恍惚的思绪持续久一点，再久一点。

低眉时看到这样一段话语："年轻的时候，心中的阴影来自那对前路的茫然无知，一切都没有启示与征兆。"不知几时抄写而下的一行小字，只知，出自席慕蓉。是的，那时，一切都不是那么明了，一切都无法掌控，让人好奇亦让人迷茫，生怕一时疏忽，跌入深渊。

而在这样一个诗意的午后，才发现，生命是可以被湿润的，是可以顺行而下的，那些未知的未来亦是可以坦然应对的。而那遥远的梦想，不妨挥手告别，让它带着几分不舍，勇敢前行。

一溪绿水皆春雨，两岸青山伴夕阳。思绪辗转的我，遥望远山，轻喃出这句诗来，我看不见自己的模样，只觉几分诗情，几分画意，溢满心房。生命短暂，我不渴求太多，只要平静安然，只要顺遂无恙。是谁说过："浮生暂寄梦中梦，世事如闻风里风？"

小雨依旧迷人，而我涤荡的思绪已然回转，是该起身打理生活了吧？那瓶中的花儿正在妖娆召唤着，而那滚烫的水花正待我冲泡幽香的茶汤，远处烟雾缭绕，千里斜阳暮，山无数，乱红如雨……

和羞走，倚门回首

114 时光是一条河

  日日被琐事牵绊，终是累了，想要停下来，浇浇花，喂喂鱼，喝喝茶，写写字，而后养养心。

  然而，等到一切安排妥帖，已近下午四点，坐下来，泡一盏茶，抬眸看喝足了水的绿萝，一副眉目舒展的模样，再看看欢腾的鱼儿，像极了调皮的孩子，而真正的孩子却在一旁认真书写，这看似缓慢的生活，其实过得极快，这看似简单的生活，其实样样美好，样样温暖人心。

  此刻的我，整个身心如一只停止旋转的陀螺，只平稳地停在一旁，想要好好歇息。

  依稀记得曾在一本书上看到过这样一段话语："时光是一条河，你总是记得它，它却不记得你，时光也是一缕烟，你以为存在的时候，其实它已经消失。"

  提眉起笔，想要用文字给此时此刻的温馨小时光留下绵密的痕迹，待来年打开，仍有余温从指尖滑过。

  今日腊八，一早我以母亲的姿态在厨房用仅有的几样豆米给孩儿熬制腊八粥。每逢腊八，脑海里便会浮现出母亲的身影，记忆深处，一个扎着蓝色头巾的妇人，在热气腾腾的锅台旁忙碌，幼时的我们，姊妹众多，然而，母亲却也是很用心地养育我们，无论什么节日，总会有相应的仪式感，每年的腊八节母亲总会于前一晚将红豆浸泡，清晨再起个大早，用时间与爱为我们熬制一锅绵密的腊八粥，再放些糖更加甜蜜，于是乎，腊八的早晨我们姊妹几个都无比地欢颜。

  而今的我，一如母亲当年，将日子认真对待，而仪式感更胜一筹。有人说："女人是世间上最为美丽的风景。"是的,我亦是认同,一个温柔的女人,一个在厨房忙碌的女人,一个做着针线活儿的女人,抑或低眉写字的女人,都可以用无限美好来形容,是这些画面勾勒出了生活的模样,故而,且爱且珍惜。

人生是一个漫长的过程,我们总是不愿意从甜蜜的过程中走出来,害怕走出来便是苦涩,却又终究是要随着时光的河流向前流淌,当我们留恋的眼神回头观望时,其实甜蜜仍在,他就停留在我们走过的人生路上,如一朵芬芳的小花,独立枝头,露出迷人的微笑。

而一路向前的我们,又要经历什么,却也未知,我想,我们能做的就是带着美好的向往和一颗勇敢的心,走下去,走下去。

闭上眼,我似乎看到了五彩斑斓,五光十色,那迷一样的未来之门正在缓缓开启,而灵魂深处的我,早已抽离而去,迈着轻盈的步伐,向那展开的大门走去……

写及此处,已近黄昏,案上的蜡梅散发着幽幽芬芳,窗外,叫卖声声传来,传入我的耳中,亦传入你的耳中,虽觉吵闹,却也极好,只因它是生活的气息。

掩帘,开灯,闻着蜡梅的香气携着调皮的孩儿将平凡的日子过出一份诗意,给回不去的时光留下美好的回忆。

和羞走，倚门回首

115 时贵如金

又逢停课，晨起的忙，自是不必言说，然而，亦是有条不紊，干活较慢的我，习惯日日早起，慢慢打理。洒扫庭除，烧水煮饭，一件件，一样样，都用心待之。

此刻得闲，泡一盏清茶，倚窗而坐，将思绪抛于温柔时光里，提笔写文，记录岁月，有我，亦有你。

秋阳随窗而入，缓缓照到我的脸颊，发梢，些许温暖，些许诗意，如此温馨，如此美好，仿若闻到了幼时母亲晒被子的气息，让人心安沉静。轻轻端起茶盏，抿一小口，只是小小一口，便可慵懒地享这片刻的美好，世相纷繁，红尘婆娑，又怎会有太多闲逸，故而，不舍辜负光阴。

孩子一日日长大，已不再是曾经那个时刻黏着我的幼童，有时看着它出口成章的模样，竟有着一种儒雅之气，一副小小的眼镜，更添些许文气，每每看着他以极快的速度骑自行车的背影，都会想起"追风少年"四个字。他长大了，真的长大了，打架子鼓时已经有了酷酷的气息，他很调皮，却也极懂事，许多时候都会一再向我强调，自己已然成为小小男子汉了，可以保护我，亦可很好地照顾自己，并且一再承诺，等我年迈时，要亲自帮我染上黑发，要带着我去往韩国，那个遥远的国度，祛除岁月的痕迹，还我美丽容颜。他说："就算是老了，也要让妈妈做个优雅的老太太。"

下雨时，他会为我撑起雨伞，对我说："妈妈这样瘦弱，不能淋雨，我淋雨没事儿，我是男子汉。"直将我的心融化。

我深知，人生路上，我与他同行的旅程越来越少，一日日送他，送他去往属于他的世界，故而，格外珍惜相守的时光。

疫情又如何，停课又如何，能够这样相守几日，能够这样伴他读书，亦是珍贵。

晨起时他说："先征服早晨，再征服人生。"恍惚间，仿若看到了若干年后，那个温润如玉的男子，正在缓缓向我走来……

昨日，他做了枚戒指送我，很是珍贵，寻了一只小盒，想要久久珍藏。我想着，几十载后打开，该是弥足珍贵。生活，就是这样，所有的事情都不会重来，所有的片段都值得珍藏，值得纪念。

正午临近，窗外秋景很是美好，他说："妈妈，快看，叶子飘落的样子像不像羽毛？"我便起身，随他一起，候一窗风景，伴秋日暖阳，我是多么欢喜，同他一起，心无倦意，享此时温馨。

岁月如歌，缓缓流淌，时光尘封了太多或美好或忧伤的故事，我们能做的，唯有不负光阴，静享当下，携着美好前行。

人生微渺短暂，时间永不够用，有人说："美好的一切只存在于过往或幻想当中。"其实，所谓美好，只存在于我们看似平淡的时光里，只是，许多的时候，忙碌的我们视而不见，听而不闻，感而不知罢了。伸出手来，你看，阳光在手掌间妖娆，美到令人唏嘘。

行文于此，又该落笔了，很是不舍，因为行文如行路，这感觉，仿若行了一半的路程还未到达终点便要转身回归，虽不舍，却也不能继续，只因还需化身厨娘为孩儿烹调一餐可口的饭菜，时间于我，总是这样匆急珍贵，米饭的香气弥漫而来，下课的孩儿喊着："妈妈，别写了，快炒菜。"

好吧，我只得放下笔墨，系上花头巾，做个美丽的厨娘，只争朝夕，一茶一饭，一丝一缕，都是珍贵。

想起那句："少年易老难学成，一寸光阴不可轻。"

和羞走，倚门回首

116 时光自由无负

许多个日子以来，我都处于昏沉状态，只因头痛而不得清醒，就连最为迷人的思绪亦似戴了面纱，若隐若现，难以琢磨。

今日天晴气朗，风也温柔，我的心亦由蜷缩变为舒展，头痛消散，昏沉不见，思绪摘去面纱，清晰如初，似有一种重生之感。

那些昏沉沉的日子我称它为懵懂，因为昏然不得清醒，几次想要坐下书写，又几次因无法落笔而无奈起身，那些无声的叹息，只有我自己知道包含着多少无奈。

今日难得心中明朗，思绪自如，特意泡了杯碧螺春，茶香淡淡，似带着江南的气息缓缓而来，闻着茶香，笔下的字似乎亦柔软有韵，能够日日坐于窗下书写，于我，便是莫大的幸事。

时间悠然，恍惚间便到了春末夏初之际，春花开了又谢，谢了又开，仿若古旧人家戏台的那场戏曲，一幕一幕不曾结束，让人心中愉悦，眼中含笑。

美好的季节，我的白色纱帘亦不舍垂落，只为透过窗看那满架蔷薇的娇艳，每每回眸都会想起那句：水晶帘动微风起，满架蔷薇一院香。闭眼亦能闻到清新的香气，时光亦是温馨的，让人想要一直一直慢下来，一直一直慢下来。

多年前特意查过蔷薇花的花语与寓意："蔷薇花寓意爱情，喜庆，思念，恋爱中的男女可相互赠送表达爱意。"而我却喜爱摘上几朵插入瓶中，一度觉得这样便可将所有美好带于生活随行，也是纯真烂漫。

日子多好啊！对着一窗蔷薇花的我心中发出这样的赞叹，而后便自心中微微一笑，我想我是懂感恩，懂自足，亦是懂欣赏的女子吧！这自由无负的时光，是那样的美好而巧妙，那样的恰到好处，而小小的我就在其中，一如莲荷中的小小莲蓬，任层叠的花瓣自由舒展，它就在里面闻着香气独自清欢，幸福亦甜蜜。

想起席慕蓉书中的一段话："美，只在瞬间出现，有时根本不容人靠近，宛如在云雾掩拥里汪洋上的孤绝之岛，偶一现身之后，总让人怀疑刚才是不是见过她。"这美的时光也是，只是瞬间，然而，若能日日有此瞬间亦是好的，亦需有发现美的眼睛和感受美的心才可寻得到，才可触得到，才可感受得到。

嘀嗒，嘀嗒，思绪如钢琴曲，轻柔徐缓地落下最后一个琴键，曲目结束，我的文亦画下优雅的句号，而我的心，如绽放的花瓣，微微含笑，端起茶杯喝一口茶汤，碧螺春的香气淡如花，又甜如果，只是浅浅地一小口便让人心旷神怡，只觉纯净雅致。是谁说过："叶舒展，古朴茶香盈，茶叶柔和醇，回味无穷甘。愁闷可化散，滋养心灵宽。炊烟如画境，乡愁随茶翻。"归家在即，乡愁暂搁，且让我在这美好时光里沉醉——安然。

和羞走，倚门回首

117 时间酿酒，余味成花

嘀嗒，嘀嗒，嘀嗒……我的心仿若幼年的女子，提着裙摆，踩着音乐的旋律缓缓起舞。

我喜欢，喜欢这轻轻跳动的感觉。我喜欢，喜欢这旋律妙曼的深情。我喜欢，喜欢闭眼沉醉其中。我喜欢，喜欢与音乐合二为一的微醺。若可以，就让我醉了吧！醉在这潋滟时光里，醉在这舒缓的音乐里……

这个午后，很是闲静，如同酿酒的女子，系上花头巾，穿上花罩衣，想要酝酿一种明媚的情绪，写几行清丽的文字，让自己的心，涤荡在笔墨纸砚间，染一缕墨香，沾一份娴雅，积攒一些清新脱俗的气质，给有缘的你们几许如沐春风的感觉，才当不负这美好春日。

推窗，借一缕阳光，迎几分花香，提笔写下："心有半亩花田，藏于世俗人间。"不禁想到，被俗事牵绊的我们，都该在内心深处，寻一块宁静之地，种几粒花种，让它绽放出美好的愿望花，疲累时闭眼嗅着芬芳入眠，忙碌时亦不忘回头看一眼初时的愿望，迷茫时，亦可追随它寻到正确的方向。

琴音潺潺，如流水顺耳入心，而后贯穿全身，许多时候，我们需要这样的时刻，需要这样身心合一地享受当下，忘却嘈杂。

此时此刻，就连寒意胜浓的屋子里似乎亦变得暖如春漫，而我，如同吃了许多阳光的孩童，周身散发着暖意，若你此时打我身边经过，定能感知这种温润的暖意，感知这春漫人间的气息。

带着我的暖意，贞静地坐于窗下，缓慢地放飞思绪，让它如风筝，随着温软的风起飞，我的文字便是那根线，一头牵着我，一头牵着它，我每写下一个字，它便飞得高一些，离我远一些，再远一些，然而，却始终未曾逃离我的视线，亦始终不愿不舍剪断连接的线脉，只待我落下最后一个笔画，它便缓缓归来。

一种习惯，一种人生。一份期待，一种结果。好的习惯会成就好的心情，带来好的结果。

故而，我喜欢时常收拾心情，如同收拾屋子，除尘扫灰，焚香点茶，将那些想忘又忘不了的忧虑妥帖安放于角落。

燕子打窗前经过，匆匆忙忙留下一抹让我回味无穷的倩影，姿态灵活，叫声如歌，它用极短的时间留在了我的记忆中，落在了我的文字里，那样的出其不意，那样的美丽如境，这或许亦是我与它的缘分吧！

牵回思绪，却没有了最初的心境，起身吧，不想辜负这美妙春色，着洁白的衣衫走出家门，赏景寻花，好不惬意。

归来买了一筐草莓，一边走，一边感受春光，路过一棵花树，上面开满了颜色各异的花朵，树下有一女子，质朴的着装，简单的马尾，左手拿着手机，右手比着爱心，旁若无人地摆拍着，想天下女子，无不爱美，我亦不能例外，譬如今日，我亦是穿了最喜的衣裙，戴了最爱的首饰，你在看这花树以及树下的女子，远看如画，近看亦是悦心。

此刻，夕阳西下，我依旧在窗下，整理几本书，写下几行字，候着月色，酿一壶酒，酒的名字叫："人在谁边？愿如初"。

晚霞很美，晚风很轻，我的心，很静，很静，伸出手指在夕阳下一笔一画地书空着："今我不乐，岁月如驰。时间酿酒，余味成花。"

和羞走，倚门回首

118 水倒流

深情望着你眼眸

我想抓住你的手

沉默不想让你走

如何能把你挽留

黄昏时分，独自漫步，这样一首熟悉的歌曲，随着傍晚的风，如思念的小手帕，飘到我的身边，打湿了我的心房……

思绪缓缓，随着歌声起舞，我曾说过："每一首歌的背后，都有一个不为人知的故事，或忧伤，或美丽。"

无论你信与不信，它都曾发生在某一座城市，发生在某个或陌生或熟悉的人身上。

心事不语，尘埃无声，许多时候，音乐如石，音符如雨，滴答的旋律，总能让我们平静的心湖泛起涟漪，忧伤还是欢快，需要问自己。

红尘依旧，繁华如常，有人说：我是个忧伤的姑娘。其实，只是深情，易感。

歌声依旧，爱过了，付出所有，恨天长不能到地久。我的心，似乎被一把温柔的手紧紧抓住，不愿前行，只这样，傻傻地，傻傻地沉醉于歌声中。

一段往事，一抹回忆，一句歌词，一丝无奈。爱到尽头说分手，想起你给的温柔，逃不脱命运左右，我伤心的泪流……

尽管，许多时候，记忆里熟悉的面孔已模糊，然而，依然会触动心间。

弱水三千，只取一瓢。红尘岁月，有些人，来过就是来过，有些情，散了便是散了，如落花，随风飘散。

她说："一直相信，这人来人往的路上，总有两片叶子，沐浴相同的阳光。"总有那么一个人，月圆时，站在窗前，将遥远的思念交给晚风。

失去的爱依旧

还有什么忧伤的感受

让水倒流

救赎我爱的祈求

歌声太美，一如那深情的回眸，是无奈，是不舍，想挽留，却不能，淡若清风，深情款款。

后来，我终是打开了这份牵绊，踏歌而行，漫步而归，秋天的果实挂在树梢，好似等候远方的消息。

暮色沉沉，水倒流，水倒流，爱真的能让水倒流吗？

和羞走，倚门回首

119 睡莲

　　寂寞时光里，一首音乐，总是格外赏心，犹如一股清流贯穿整个身心。

　　这个夏天，每日收拾妥帖，便坐于桌前与茶为伴，恍惚间会觉得，前尘往事，一如这杯盏中寂寞的光阴，徘徊流转，不曾离去。

　　光阴悠悠，岁月缓缓，阳光洒落窗前，艳丽也温柔。此刻，不必去在意外界的激渑纷乱，亦不必挂怀其他，只让思绪盘旋在音乐的旋律里便可称心称意。

　　我喜茶，也爱音乐，简单岁月里，有茶，有音乐，于我而言便是人间最平顺的境界，那些无法释怀的终会随着淡淡茶香飘散而去，那些久久追忆的亦会随着音乐慢慢荡漾远离。

　　偶然间邂逅了这样一首歌，名为《睡莲》，却也如莲，歌者平缓吟唱，给人一种洁净的清爽，歌词亦是情深："你是朵盈洁的睡莲，漂浮在青春的水面，我是如此如此的羞见，羞见你醉人的笑靥如花。"如诗如画的意境，带着我如诗的心情，仿若一朵初绽的莲，亭亭而立，娉婷袅娜。

　　温柔的声调，如诗的歌，让寂寞时光变得温柔有情，日子简单平凡，心却始终要有趣有味儿，才能寻得到那一方诗意的沃土，缓解清冷。

　　我曾说过，我时常像个年迈的妇人，于黄昏时分，守着光阴，倚窗而坐，一边听歌，一边遐想，果不其然，抬眸之际，玻璃窗下那一抹温婉的倩影，模糊地轮廓，瘦小的模样，像极了我幻想的样子，银发如丝，落落寡欢，却也动人，一边起身似乎一边再说：世间多少倾城色，不过繁华一瞬间。

一室静默，一曲悠然，轻轻缓缓的韵律，如翩翩而下的秋叶，落入我的心房，无声却有意，一片一片复一片，让我的心柔软且生动。

　　前些时日看到过这样一段话语："后来明白了，人世间许多相遇都太多余。"多余吗？我在问你亦问己？

120 瞬间的风

日日如此，用上午的忙碌来成全下午的安闲。今日琐事悠长，直忙到此时才得以安坐，有些疲累，有些伤神，有些微微地头痛。

窗下煮茶，一壶紫金白兰加陈皮，烹煮之后汤色灿灿，香气悠然，忍不住一展笑颜，这随意的美好让疲累的心缓缓绽放，如那庭院新开的花儿，嫣然有韵。

打开音乐，磨好墨，闻着茶香随意写下："花开花谢春不管，拂意事休对人言。"我喜欢随意的感觉，随意即随缘，一切都是心之所向恰当稳妥。

转而被这首《瞬间的风》打动，歌者陈瑞，我喜欢她的歌，声音虽不够细腻婉柔，却亦是一字一句柔软入心。且柔软中夹杂着淡淡忧伤，继而生发出真挚的情感，忍不住，将手中的笔放下来，仰起容颜，任心事流淌。

"已经挥手告别昨天，却被一首歌曲翻出从前，你的眼神，你的笑脸，那是一副最美的画面。"短短四句，却柔情婉转中带着我遐想久久。

世间的你我，都曾挥手告别昨日，都曾遮掩过往，遮掩一段情感，遮掩一段足迹，遮掩一个故事，遮掩一段洋溢的甜蜜，遮掩一个温暖的人。总以为岁月的尘埃可掩埋一切的过往，然而，有时只需一首歌，便可掀起你以为的忘记，而今无意曾经在意的昨日。

你看，窗下那个温婉的妇人，起身将音乐调为循环模式，蹙眉轻坐，提笔书写，我知道，她的思绪萦绕在音乐的旋律中，继而如丝如带，随风柔柔缓缓地荡起。

已经说好不再伤感，却被一片落叶带到秋天，飘飘摇摇阵阵生寒，只剩万千相思的纠缠。

都说："温柔的人喜欢听忧伤的歌。"却也如此吧，这一段于千回百转中紧紧捕捉人心，心中似有一个原本娴静的女子，卧榻而眠，迷离中被歌声扰醒，起初只是睁开眼眸静静地任音乐随耳而入，看似缓慢的情绪其实内心深处已然泛滥成灾，伸手轻拂长发，想要在过往的岁月中拾捡散落难圆的记忆，在洋溢甜蜜的故事底色上寻觅淡然的忧伤。

这歌声，如秋叶，将身处春天的女子带往秋天，过往的故事，过往的人，仿若走在深秋的寂寥中，一抹孤独的倩影轻轻踩在满地秋叶上，也抬起手来接取缓慢而落的新叶，一言不发地端看，而后夹入书中，想要悄悄封存，永不打开。也曾以为走过秋天便可迎来春天，也曾以为封存的情感不再开启便不会溢出怀念。

然而，却被这瞬间的风拨动了心弦，被这熟悉的歌曲带回到曾经的岁月，邂逅曾经的故事和以为遗忘的人。

静止过后便是奔腾，那安静的女子，以寂静无声的姿态流着如帘如瀑的眼泪，原来释然不是一种姿态，原来回忆亦会心痛，原来，过往依旧清晰。

岁月无声，云烟舒卷，多情的人带着易感的心，怀旧的人关不上记忆的门。

芳菲明媚又如何，姹紫嫣红又那般，催不醒的依然是那嫣然留笑的梦，打不开的依旧是那深锁的门。

随着最后一个音符，歌声缓慢停止，我亦一生长叹，仿若梦中苏醒，亦好似经历了一段刻骨的情感，心的角落留下伤痕，泛起阵阵疼痛，却无需疗治，轻抿茶汤，这温热的茶汤便是妥帖的良药，将伤口冲洗掩盖。

提笔写下：从此风月无关。春秋两不沾。

落笔吧！随意写一段文字，不知能否慰藉寂寞的人，若可以，望留下足迹，让我知道你曾途经我的时光。

起身推窗，任温柔的春风吹乱我的发……

和羞走,倚门回首

121 四季攸往来,日日是新日

累了,依偎在椅子上,伸手掀起洁白的纱帘,本想着闲看云过,静听花落,奈何天不作美,窗外黄尘弥漫,光影朦胧,觅不见云,亦瞥不着地,唯有绿意如翠的树叶于朦胧中左右摇摆着,隐约中仿若有一小小女孩儿,荡着秋千迎风露笑,这沙尘亦是阻挡不了她的调皮。

窗内俯视观望的我,忽而想起苏轼的诗:"墙里秋千墙外道。墙外行人,墙里佳人笑,笑声不闻声渐悄,多情却被无情恼。"

这些年,时常觉得自己变了,不如从前那般活跃,其实曾经的我亦不是活跃的性子,只是比现在的我要讨喜一些,言多一些罢了。

似乎许多年前我便知道,这人世间总有一件事,是等着我去做的,亦明白,每个人来到这世间都有属于自己的使命要去完成。

然而,当我回顾之时,依然会惋惜那些为了完成一件事情而错过的美好光阴。今日看到这样一段文字:"四季攸往来,寒暑变为贼,偷人面上花,夺人头上黑。"觉真实而霸道。

岁月无声,四季无言,却悄悄偷取我们笑靥如花的容颜,将我们如墨的黑发更换为洁白如霜。

而我们,能做的,亦如书中所言:"唯有且把今夕当末夕,该爱的,要用心地爱,该惜的,亦要认真地惜。"

所谓日日是新日,亦是要每日有新的心情,过崭新的生活。

此刻,我戴着耳机,随意书写着,也不管写出来的文字是否有人喜欢,只是一味地随着思绪辗转而落。若你恰巧路过我的窗前，且愿驻足停留，抬眸而望案前低眉的我，该是会用娴雅凝定来形容吧？我想会的。

抬眸瞥一眼垂顺的纱帘，内心似乎有着舒适的松弛感，这或许亦是一种自我成全，我时常会被家中的某一个物件而更换心情，或生出感动。

其实，每日耗费时间用心打理都是值得的。有时，什么也不做，只是静静地观望纤尘不染的桌面便会生出喜悦之情。

人的一生，无法丈量，谁都不晓得那一日会画下句号，你凑合了今日便会凑合明日，凑合着凑合着便凑合了一生的光阴，辜负了自己，辜负了岁月，亦辜负了身旁的人。

写着写着，我尽展然一笑，神驰意远间，写下一段段文字，细读亦有深意，不知，有缘的你们，是否愿意耐下心来一句一行细细读取？

黄昏迟来缓缓，而我，依旧不愿起身，情绪里弥漫着不舍得气息，如同一条起伏不定的七彩丝带将我紧紧缠绕，只愿常坐于此，将心事交给晚霞，将琐碎的细腻交给风。

夕阳从云层中转出，艰难地散出淡淡光芒，今日的故事它将带往别处，而你我的故事，只能自己寻处安放。

就这样吧，就这样轻落笔端，一曲《青瓦白墙恋徽州》，清脆悦耳，荡气回肠，随着它起身，仰面，任悠悠光阴缓缓掠过。

122 随感随心亦随写

嘀嗒，嘀嗒嘀嗒，嘀嗒嘀嗒……琴声悠扬，思绪婉转，心中出现了水光潋滟晴方好，山色空蒙雨亦奇的优美画面，忍不住闭起眼眸，手指在桌面上随着琴声循环敲打，好不惬意。

这是一个柔美的午后，亦是一个缓慢的午后，我喜欢，喜欢缓慢的感觉，我喜欢，喜欢柔美的氛围，我喜欢，喜欢这缓缓慢慢，柔柔美美的气息，任你的心有多焦虑，此时，都能如婴儿般妥帖安放，而露微笑，只觉心思洁净，万虑齐除。

今日规划里，原本未有这一时刻的存在，奈何这琴声诱耳又入心，忍不住从忙碌的缝隙里寻出一些闲暇时光，泡一盏茶，用质朴的情怀写下一些简洁的文字，慰藉这颗诗意的心。

行年渐长，情怀依旧，喜爱的从未变过，厌烦的亦从未接近，有些决绝，亦有些孤傲。然而，向往的始终是最为简单的幸福，所做的亦都是一些不打紧的小事，唯一不同的是，件件认真，事事仔细，从不曾凑合。

有人说："如果一个人爱上时间，他便是恋爱了，因为只有恋人会永不厌烦地渴望共花之晨共月之夕，共其年年岁岁，岁岁年年。"一直以来，我都爱着时间，惜着时间，然而却并非那恋爱中的女子，只是一个爱生活，爱自己，亦爱家人的小妇人，然而我深知，人生，禁不起蹉跎亦禁不起迟疑的对待，每一个日子，每一个时刻都该用心待之，你看，普通的桌面，插一束小花，便能散发芬芳，增添温馨。圆圆的苹果，切成小块，摆于碟中，便能增添一份细腻的香甜。

寻常日子里花一些小心思便能生出柔情雅然，简单的餐饭用爱去烹饪便能生出温馨的火焰。这世间，无论何时，不能缺失的始终是用心的爱。

日光静静，心亦安然，茶香依旧，思绪缓缓，笔端亦未停止，心底泛起缕缕沉醉之意，究竟是琴声醉人，还是茶香醉了心，又或者是笔墨将我带入一种微醺的境界，却也不知，只知萦绕心间那淡淡的感觉很是迷人。

其实，每个人心中，都有幸福的种子，亦有柔软的土壤，只是匆忙的我们从未留意，从未感知。

其实，一日光阴，便是一段完美具足的生命旅程。一如书上所言："每一个刹那都自有其美，自有其意，亦自有其味。"然而，早早叩启的灯光夺走了美丽的暮色，车水马龙的喧闹夺走了安静的时分，灯红酒绿的时光夺走了你我最初的单纯。只因我们被生活追赶，却不是我们追随生活，只因我们迷恋璀璨，遗忘了暮色。

你看，那不远的地方，晚霞漫天，好不迷人，只让人想要裁剪为衣，添香出绣。你看，那暮色弯腰，正在拾捡你我的背影。

琴声结束，亦不去理会，起身推窗，借一匹晚霞，用意念的剪刀，裁一件梦的衣裳，随风伴月，寻欢觅乐，待明晨醒来，日子依旧，心思依旧，就连微风依旧是那淡淡的气息。

落笔之前，闭眼许下一个小小心愿："如果时光糊涂，那么就让我做那糊涂里不败的小妇人。如果时光温婉，那么就让我做那最为雅致的太太。如果时光匆忙，那么就让我做个迟钝的过客，不急不缓地经营生活。"

一如酝酿，布衣菜饭，可乐终身，不做远游计也。

笔触轻放，收拾一番，化身厨娘做人间有爱的细碎事情，燃人间最温馨的美好画面。

烛光微微，家人闲坐，简洁质朴，暖到无言。

和羞走，倚门回首

123 岁月，好美

连续几日，我都在期待，期待着能够有一些时间属于自己，期待着静静地写字，期待着静静地思考，期待着静静地听取光阴游走的声音。

然而，日子纷繁，碌碌无边，始终寻不出那一丝丝小小地缝隙，如果说生活是陀螺，那么，我便是那最为重要的小陀心，亦是那手拿抽绳的小少年。

晨起的忙碌亦是愉悦，为了化个淡妆，为了将屋舍收拾妥帖，四季里我都是早早地起来，为了不生烦意，为了不慌不忙，每一个忙碌的时刻里我都选择播放一些舒缓的音乐。故而，纷繁的日子亦不觉疲累，忙碌的时光亦能徐徐冉冉。

我虽不时尚，却喜化淡妆，只因淡淡地妆容可提气色，生愉悦，自古女子多爱美，我亦不能例外。这不，无意抬眸，看着镜子里的容颜便展开了满意的笑脸，人生匆匆，人生亦短短，纷繁的日子里，若能用一些小小的事情换取一天的好心情，我想，我们都会心甘情愿，无论是你还是我。

入伏之后，暑气蒸腾，似乎除了炎热遗忘了一切的感知，然而，依旧来回奔波，不见停息，亦不烦不躁，心中似有清泉缓缓流过，可解暑可消渴。

难得清静，我便来到书房，空调给了一室清凉，顿觉时光皎洁如月，而心窗亦是明净。

就这样，就这样一个人悄悄地书写，就这样，就这样一个人悄悄地沉醉，就这样，就这样一个人悄悄地乘舟涤荡在无声光阴里。

只一刻，人世风浪与我无关，只一刻，无忧亦无思，只一刻，心安如初绽的莲，只一刻，宁静的心嗅到了潇洒的气息。

母亲端来一盏茶，亦不打搅我的自在，只说："你忙你的。"看着她转身轻轻掩门离去的背影，心中生出缕缕温情，是谁说过："有母亲的地方才能称作为家。"深以为然，我虽已为人母，亦能给孩儿家的气息，家的感觉。而我心中的家，始终是要有母亲的气息才行，才会踏实，才会有眷恋，有不舍，有温暖，亦有不易察觉的小柔情。写了几行小字，听了一段音乐，心中亦是知足，其实，我要的不多，就这样便很好。

都道知足便能长乐，心安即是归处。然而，能做到者却寥寥无几，只愿你我都是难得的一二便好。

有些凉了，关了空调，披了披肩，恍惚间觉得似乎换了季节，换了朝代，心中远望此刻的自己，竟有着民国女子的模样。

我是个爱遐想的女子，亦是个梦无边缘的女子，故而，无论年龄几何，始终心怀浪漫，无论岁月如何，始终不觉苦累，只因，有梦不觉人生寒。

我醉着，我写着，我念着，我感着，如若可以，请别以你炙热的手，探我诗意的帘，就这样，就这样让我悄悄地做自己，就这样，就这样让我深情地度余生。

一番书写，并不流畅，内心却依旧深稳，只因心中有情，始终相信，不曾谋面的你们定能感知我文字中的情意。

此时，窗外光影明净，偶有小鸟掠过我的窗前，心中有柔情涌动，这样一个夏日午后，尽生出无限美好，让我感念，让我愉悦，亦让我知足，你看那天上的云，像一条小小的鱼儿浮在柔软的海面上，那般自在，又那般活泼，让人忘了忧思，生了喜悦。

是否记得我们相爱的日子，是否忘记我们相约的誓言……歌声响起，这深情的歌，每每听起，柔软的心便会生出些许潮湿。

我想我该落笔了，黄昏即将来临，猫儿自窗台跃下，悠闲如它，让我很是羡慕，对它我始终不曾厌烦，在它身上亦是让我明白许多人生的意义。

我的文字，简单却也不失温情，有些言语不及的地方，需慢品慢悟，愿有缘的你们都能品味一二，拾捡美好，除却烦忧。

依窗而望，夕阳在坠落之前，总是格外温柔，似要在落幕之际演绎最为优美的姿态，诉说最为深情的故事。

和羞走，倚门回首

就这样吧！就这样轻轻地落下我的笔触，轻抿一口微温的茶汤，而后悄悄地，悄悄地对你说：岁月，好美……

124 岁月闲逸

仿若那天上的仙，沉睡了千年，待我睁开眼眸，又是一年的清秋，我于秋睡去，又于秋归来。不得不感慨："日影如飞啊！"有人说秋是第二个春天，此时每一片叶子都是一朵鲜花，那落叶便是散落的花瓣。其实一直以来我都觉得每一片落叶都是一种生命，故而，总是忍不住想要拾捡一些珍藏，珍藏生命，珍藏故事，珍藏人世冷暖。

秋天的午后，散发着岁月静好的气息，窗外绿意依旧，而阳光少了夏日的热烈，多了温婉的柔情。

午后小憩，醒来后有瞬间的恍惚，偌大的屋子独留我一人，有一时的不适感，待清醒过来却格外的欣喜，这难得的清静我期盼了许久，仿若在闹市行走多时，好不容易寻得一处幽僻处，哪管它茅檐草屋，还是陋室简巷，此刻的清静值千金，此刻的清静最贵重。

满目含笑泡了一壶茶予自己，茶汤灿灿若那秋日的阳，悦目而舒心，茶香袅袅又清新，一如那幽室的兰，不去品它亦能寻得素雅之感，就连这午后时光似乎都慢了下来，令人眷眷不舍，想要为之停留。

而我，亦是享受这一刻的安闲与宁静，很长一段时间里我不再动笔，不是我不想，只是完完全全地将自己抛掷于生活的大染缸，就如我常常说的："想要了解生活，必须走近生活，接受它的洗礼，接受它的粗糙，发掘它的美，珍惜它的万众风情，才能在微小的事物中感受幸福的美好。"

我喜欢午后的寂静，亦喜欢午后的阳光，不灿不暗，仿若人到中年，不急不缓，

和羞走，倚门回首

万事清明，态度谦和，温文尔雅，笑对一切，亦能接受一切，不念过去，亦不畏惧将来。

窗外蝉鸣阵阵，此起彼伏，让人难以忽略，一如楼上的琴声，日日如约，不曾停歇。岁月里总会有些不睦而合的融入，从最初的厌烦到慢慢地接受，或许艰难，然而，当我们真正接受之后便会发现它的美，亦让岁月变得更加饱满而生动，你听这蝉声，时高时低，时快时慢，循环往复，一如那禅心清明的："水墨兰亭"，给人以宁静，给人以神怡，给人以辽阔无垠的感觉。

闭上眼眸，似有一种空灵的音，悦耳的情，流浪的心，安适的意轻绕左右，如烟如雾徐徐缓缓地将我环绕，将我包围，我喜欢这感觉，亦喜欢这意境，仿若置身仙境，然只是借取了生活的缝隙安闲一阵子罢了，却亦是无比的满足，无比的美好。

抬眉想要寻一朵云，跟随它变换姿态，更替心情，奈何天空湛蓝如镜，想来它的闲愁亦是无影无踪，故而不愿有云漫过。

轻抿茶汤，茶汤依旧潋滟，轻落笔端，笔墨依旧幽香，而岁月，是否闲逸，我想问问你？

也罢，知你难言，就让我一个人悄悄地顺流而行，一如那落叶，随着小溪缓缓流淌，看似孤独无依，实则自在不拘。

秋风拂过，亦是温暖，随风起舞的长发，妖娆多姿，让我忽略了年岁，遗忘了年轮，只想对着清浅的影子诉说似水年华……

125 岁月一去不复返

时光如水，澄澈清明，午后，漫步而行，捡回些许秋叶，这一抹金黄像极了思念的颜色，让人怜爱不舍，一片片清洗干净，放在宣纸上，如同一朵朵思念之花缓缓而绽，散发着生生不息的气息。

想起席慕蓉的诗：

当迎风的笑靥已不再芬芳，

温柔的话语都已沉寂，

当星星的瞳子渐冷渐暗，

而千山万径都绝灭了踪迹，

我只是一棵孤独的树，

在抗拒着秋的来临。

一直喜爱这首别有深意的诗，仿若在诉说一种倔强的心情，然而又是那样无奈。想来，人生亦是如此，每一段人生都有所谓的秋天，任你何能尔，都无法抗拒它的到来。

此时，窗外夜色如墨，偶有车辆行经，发出急速的声音，那样匆急，不留痕迹，想那等待的妇人，该是幸福的吧！

喜欢这寂寂夜色，喜欢这如墨如梦的感觉，喜欢此时，喜欢此刻，喜欢于这寂夜里点一盏茶，一同穿行在字里行间，只因那里有情，那里有感，那里有清，那里有欢，那里有忧，那里有伤，那里有人情冷暖，那里有别样情深，那里有烟火人间，那里有我写不完的故事和思念的人。

和羞走，倚门回首

晚风敲窗，<u>丝丝缕缕</u>，窗帘纷飞，婀娜多姿，我就这样抬眸停顿观之，若是孩儿，该又喊着说：害怕了。而我，却是如此淡定，曾几何时，我亦是那个胆怯的女子，怕极了黑夜，怕极了寂夜里的风，怕极了夜晚的狗叫声。

直到如今，一切都能坦然待之，有时也会问自己，怎么就不怕了呢？是的，真的不怕了，因为长大，因为生而为母，因为无人庇佑，我学会了面对，学会了坚强。这一切，亦是岁月的馈赠，我想这人世间有许多的母亲亦如我这般，看似柔弱，实则坚强。

岁月匆匆，也曾嫣然留笑，也曾落寞忧伤，也曾娇柔，也曾烂漫，然而，终随着流水的岁月，渐行渐远渐无声了，人生就是这样，匆急无声，只有在回首的刹那，定格了时光，温暖了人心，明白了痛苦，拥抱了忧伤，展开了笑容。

窗外，夜雾漫漫，邻家的小狗偶尔发出嘹亮的叫声，这感觉有了乡村烟火人家的气息，如若不是早早离开那座小小村落，此时的我，也该是那个温婉的妇人，有时觉得，那样亦是好的，日子简单，人心温暖，夜有星辰，日有白云，无需提笔，便可将诸多心事寄给它们。

一切都过去了，仿若一个悠长的清梦，梦里有个小小女孩，夜色下依偎在母亲怀中，看天河悠悠，数漫天星辰，她的眼睛，那样明亮，那样清澈，仿若一汪清泉，蓄满恬淡的心事。一眨眼，梦醒了，手中的笔依然在写着文字，只见她写着：尘埃与流浪，山风与海涛，都已止息，而你，也终于老去，所有的悲欢都如彩蝶般飞散，岁月一去不复返……

126 岁月装在日记里

恍惚间，便走入了三月，谁说时间缓慢呢？我想要问问你，为何时间于我，如此匆匆，又如此忙忙？似乎未做任何准备，只是低眉浅笑，而后扬额带着几分小傲娇伸手轻推，那门楣，便缓缓为我打开，春天的气息扑面而来，让人想要久久地，久久地走下去，无需旁人陪伴，只一个人，带着希望的小小种子，一路而行，看新枝发芽，小草微露，小花绽放，一如我的心情，巧笑倩兮，美目盼兮，仿若一切都是刚刚好，一切又都可期又可盼。

这些时日，被琐事填得满满，因而给了自己不动思绪的理由，每晚只提笔在日记本上写下几行凌乱的心事，抑或几句简短的话语，来留下每一日的印记。

林清玄说过："一个能坚持写日记的人是值得佩服的，因为很少有人能够坚持下去。"而我，便是其中之一，我写日记，不为其他，只是一种喜好，一种习惯。故而形成一种坚持，一如我练字，日复一日地提笔书写着，偶尔回顾翻看时，只觉美好，一笔一画，一页一页，一件一件，一段一段，仿若回到旧时光，仿若与旧时光的那个小小的我再度重逢，让我眷眷不舍，拥怀而眠，似乎可以用岁月装在日记里来形容。

我喜欢于夜灯下，静静地写下各种心情，夏日的心情是芬芳的，一如玫瑰，优雅而细腻。秋日的心情是雅致的，一如那一树桂子，悠然飘荡，淡雅纯净。冬天的心情是孤傲的，一如那迎雪而开的梅，冷艳迷人，清幽高雅。而我此刻的心情是淡雅的，因为正值春天，我的心情亦如那初绽的杜鹃花，淡雅宜人，神怡心旷。

此刻窗外有雨,微雨如酥,让人心安,亦让人欣然,这样的时刻,似乎可将所有烦忧抛掷,可将所有心事搁浅,只与光阴静静地相敬如宾而行。

来到旧窗下,打开笔记本,扉页上写着这样一段话语:做人,无论贫富,只要注意生活的每一个细节,小小的欢乐,已经可以享受不尽。这段话,是曾在一本书上邂逅,觉所言极是,故而提笔抄下,随意读起,随时领悟,亦随时更正,随时珍惜,随时欣赏。譬如此时此刻,我正在静静地欣赏微微小雨,聆听它打落窗前,清脆声声,如歌如诉。

黄昏近近,独坐窗下,静静地,像孩子一样,纯净。若可以,我愿岁月如此,悠然。亦愿心情如此,流淌。

心静下来,时间似乎亦变得缓慢,似在等待谁,又似在迁就谁,其实有些时候,时间亦是有爱的,亦会为所爱之人放慢脚步,只是它细碎的声音我们难以察觉罢了。

握笔的手,有一丝停顿,灵魂深处的那个我想要乘着时间的小船,缓慢地渡到永恒。

天色渐渐地暗下来了,春天的夜晚散发着宁静的馨香,莫名地让人生出幸福的感觉,养的那盆兰花翠色如洗,清新淡雅,遗俗出尘,灯光下更显雅致,只让人欣喜。

如果日子是浅淡的,那么,我愿,我的心是纯净的。如果日子是深情的,那么,我愿,我的心是芬芳的。如果日子是质朴的,那么,我愿,我的心是雅致的。

人世碌碌,渺小的你我又能有多少分量,唯愿日日安然,夜夜好梦。

127 唯美若风

采菊东篱下，悠然见南山。

提笔之际这十个字犹如夜空中的星子在心中闪烁而过，于是，我便不假思索地轻轻写于文的首行，心中也生出淡淡悠然之感。

有时候，就是如此奇怪，许多的字句会与你的心境不期而遇，带给你别样的风味，别样的感觉。很美，真的很美，只是不知，不知有缘的你们是否可以感知？

忙碌了许多个日子，忽略了许多的感觉，搁浅了许多的喜好，一直想要寻找一些空间留给自己，与音乐，与文字，静静地彼此依偎，静静地彼此给予，静静地共享时光，继而彼此温暖，彼此成全。

这不，忙碌中支取一些光阴，却已是暮霭时分，然而，依旧珍惜，不生嫌意。

打开久违的音乐，寻找熟悉的感觉，写下一些温婉的话语，给身边的我，亦给远方的你，愿这美好的感觉，如蒲公英的种子随风洒落。

不知几时，百合花悄悄地绽放了，粉嫩的花朵儿娇艳欲滴，香气宜人，让我这个忧伤的姑娘忘却了忧伤，尽想着，就这样任韶光闲适匆匆，不想再去计较那么许多，白日里被窗外属于冬天的秋色感动着，而此时，有百合的萦绕，浪漫的感觉溢满心房，那些所谓的忧愁似乎都已消散不见，唯当下的美好最为真实，最为可贵。

病好了，先生又赶往遥远的地方去工作，两地分居的日子，无论于谁，其实都不是完美的，更何况我这样一个诗意柔弱的小女子，可是，许多年以来，这不完美竟也形成了一种习惯的小模式，我不再是从前那个孤孤的等待者，而是按自己的喜好一边过日子，一边寻找着不易察觉的小美好。

和羞走，倚门回首

人生若梦，我不想让自己活得那样没有方向，没有依附，我说的依附不是身体的依附，而是心，是思绪。一直觉得，无论何时，人的心与思绪，都不该是孤单的，不该是空白的，该是饱满的，有依附，有色彩，有理想，有期待，才能有行动，继而拥有希冀的光。

想起顾城的诗："我的心，是一座城，一座小小的城，只有一片落叶，只有一簇花丛，还偷偷掩藏着儿时的深情……"

这首诗，初读便很震撼，总觉他写的是你也是我，故而，时常想起。是啊！我的心是一座城，一座小小的城，没有杂乱的市场，没有众多的居民，冷冷清清，寂寂静静。

然而，这座看似冷清的城里，却掩藏着儿时的深情，一如我的城，无论身处何方，无论年龄几何，深情不变，喜好不变。一片落叶便是色彩，一簇花丛便是浪漫，匆急的光阴亦是闲静，烦乱的思绪亦可清宁，而那孤独的感觉亦可诗意。你听，是谁在吟诵那句：独唱谁余和，白云相对间。又是谁在浅浅地呢喃："人散后，一钩淡月天如水。"而我想读的却是："独坐幽篁里，弹琴复长啸。"

时光温婉，却亦无言，我能做的似乎只有以字为记，与文相伴。

然而，这一刻的感觉却足够我来长醉不复醒。

窗外夜色如墨，寒气袭袭，而室内却散发着温暖的气息，我爱这夜色，亦爱着冬夜的暖。若可以，我愿就这样融化于这深深夜色下，亦愿化为这世间的一缕风，柔和地去往想要到达的地方，叫醒沉睡的他，唤醒迟疑的你。

笔触轻落之际，心中想起那句："繁华落尽，我心中仍留有花落的声音，一朵，一朵，一朵朵……"

128 文由心生

  提笔忘字，些许恼人，些许无奈，转而一叹，又觉无妨。就这样静静地坐于案前，喝一盏茶，翻一页书，而后轻轻掀起纱帘，看一眼窗外的雪，亦是雅趣冉冉。

  情到深处怕离别，天寒地冻怕出门。果真如此，这初冬的雪，我期盼了许久，想要穿着艳丽的大衣，戴上冯程程同款帽子，在雪中漫步，寻境。

  可当漫漫风雪扑面而来之时，我却如同一个俏皮的姑娘，藏于帘后，时不时地掀帘而望，似在害怕什么，又似在故意寻找一种丢失的情境，却又那般模糊不清。

  不知为何，一直觉得落雪的日子，除了浪漫还有别样的温情，屋外寒气越浓，屋内越是温馨情绵。茶香浓了，花儿艳了，就连调皮的猫儿亦变得温顺无比。仿若所有的事物都被这纷飞的雪花润湿，所有的尘埃都被这洁白的雪花带去。

  这雪，一如幼时用的羽毛笔，轻轻挥洒，便熨帖了我的心境，提笔忘字的懊恼与无奈，一一扫去，拉开窗帘，单手托腮，静静地将思绪融入无暇之中，仿若夜半时分的萤火虫，划着弧度穿梭而落，变成一行行文字，映入眼帘。

  我说：飞雪敲窗心安然。

  我说：林间有新绿，似我青春模样。

  我说：青春透明如醇酒，可饮，可尽，可别离。

  我说：愿所有相遇都是人世恩情。

  我说：愿所有相遇都不曾有伤害。

  我说：愿所有相遇都不曾有别离。

  我说：飞絮纷飞山温柔。

和羞走，倚门回首

我说：路途遥遥，共赴冬日。

黄昏临近，落雪依旧，不愿亦不舍起身，想要将这温柔时光拉的长一些，再长一些，只有这样，文字才能慢慢而落，缓缓深情。

人生若只如初见，这句话，每每想起，都是那般惊心，因为难得，故而惊心，因为美好，故而难忘。一如这初冬的雪，无需语言，款款而来，便惊醒了所有的梦，触动了所有的情。夜色阑珊之时，定有那么些人会众里寻她千百度。亦会有甜蜜的情侣牵手而出，踏雪共话。

寒意蔓延，手指微凉，放下笔端，双手交叠触碰，而后哈一口气，暖意瞬间包裹起微凉的手。这一习惯，从幼年开始直伴我行，从未遗忘，从未丢弃。

人的一生，总有一些习惯会深印于心，总有一些习惯会温情脉脉，总有一些习惯会随身携带。

是谁说：女人如书。人生又何尝不是，匆匆几十载，被时光一页一页地翻过，仿若方才还是那个小小女孩，眯了一小会儿，睁开眼眸，便翻到了妇人这一页，只是一个简短的梦，却又那样漫长，长的看不到尽头，长的连回忆都是模糊地。

停顿之余，拿起手机，点开微信，远方的爱人发来一张照片，厚重的积雪上写着："小妞，我爱你。"字迹不胜美观，却深情无比。一如这风雪之日的一盏茶，只是轻抿一小口，便有幽香地微温散发。这世间，所有的爱都需要及时表达，没有一种爱可以从容。

从未这样潇洒地落过笔端，微笑映然，轻轻仰起头，些许傲娇，些许满足，这个落雪的午后黄昏，于我是深情。于你们是什么？

忘记是谁说过："与君初相识，犹如故人归。"我与你们，未曾谋面，亦不曾重逢，却依旧心怀感恩。光阴无穷期，岁月无尽期，愿你们行至水穷，也能坐看云起。

起身，着艳丽的衣裙，戴喜爱的帽子，迎着冬日的气息走出家门，踏雪寻境。

129 文由心生，恰好如此

碌碌忙忙，又到正午时，本该下厨做饭才是，奈何心中挂牵文字，故而，不管时间几何，拉上白色纱帘，戴上耳机，想要酝酿一种温馨的情境，好境由心生，写下一些绵密的文字。

霜降一过，寒气越发浓重，瘦弱的我，仿若与秋天有个约会，年年此时感冒来访，不曾失约，连日来头晕乏力，食不知味，不知今夕是何夕地度着日子，时常觉得辜负了美好光阴，想做的事情，件件明了，却无力亦无神，稍有好转，便想着要下厨给上网课的孩子做一顿可口的饭菜，也就一顿饭的时间，体力再次耗尽，继而躺下，一动不动。

每每倚到床上，只觉自己如白云一朵，那般轻柔，那般绵软，没有丝毫的气力，只紧紧依偎在蓝天的怀抱里，任由其左右着，若有一缕微风，我想我定会随了它去，浪迹天涯。

庆幸的是，昨日开始逐渐好转，今日尽也能如往常般生活，头晕去了，体乏无了，味觉亦恢复如常，又可以在烟火人间正常生活，这感觉如大雨之后的那一道七色彩虹，明媚亦迷人。

说到底，我还是个俗人，贪恋这尘世的美好，无论何时，舍不下的终究还是难舍。此刻，一缕秋阳随窗而入，抬起头来迎光而望，也仅仅只是这样片刻的停顿，让它温柔的手轻抚我的脸庞，不舍在去懒散地坐于窗下享受它的温暖，时光于我如此金贵，如此美好，不忍亦不舍在来辜负。于我而言，这感冒，像一劫，年年来访，从不缺席，亦来时无影，去时无踪。然而，每次都会提醒我，珍惜时间，珍爱自己。

和羞走，倚门回首

人生在世，如同行路，路途长短不曾相同，沿途风景亦不相同，无论我们怎样经营，怎样前行，都会有所遗漏，有所遗憾.二十岁的我们天真烂漫，三十岁的我们明白事理，四十岁的我们学会偶尔停顿下来回首，回首什么？回首这一路走来途中的种种，那些甜蜜，那些悲伤，那些欣慰，那些无以言说的困苦，一一回味，一一体会，继而学会抽离，学会爱惜自己，爱惜那些值得爱的人和事，找到方向，继而前行。

日影倾斜，倦意来之，是否该落下笔端，泡一壶清茶，将自己抛于温柔时光里，享受这片刻的安逸，一如那个落于日月山川的女子，恬静安怡，清雅脱俗。亦如那个爱星星，爱大海，爱一切美好事物的孩童，满脸堆笑，尽是喜悦。

130 我知道

有些时候，我知道，我的生活不够饱满。有些时候，我知道，我的内心时有无奈出没。有些时候，我知道，有些选择从一开始就是错误。可是，依旧未曾停歇，依旧心怀感恩，依旧，尊重最初的选择。

过去的数月，直到此时此刻我都处于一种忙而不歇的状态，许多时候，我分明感觉心如秒针，滴答滴答地以极快的速度跳动旋转，那种匆匆忙的感觉，让我很是难耐，这种感觉每每来袭，我便会用意念的小手轻轻按下暂停键，让一切回归最初的模样，安静恬淡，悠缓有度。譬如此时，我能静静地坐下来，正是受意念之手的成全而来。

窗外的风，带着焰火的气息，让人不敢轻启窗扉，怕那缕缕蒸腾的火焰随窗而入，而室内的清凉又是这般爽然，让人生出眷恋，不舍离去。

说好的落字为记，我尽默默地坐着一动不动，却又不是傻傻地呆坐，透过桌面我看到自己左手扶鬓，戴着眼镜，面色温柔，似回忆又似在思慕，后来，抬眉才发现，原来仅仅只是回顾罢了。

不必问我回顾什么，回顾的不过是晨起时因着满身的疲累感而给自己放的一个小小的课间假，那一刻，将生活琐事置于心门之外，只一杯一杯地喝咖啡，一页一页地翻着书，直到正午临近方合书起身投入生活，顿觉力量自心底而起，细碎的事情少了嫌弃多了认真，烦琐的生活亦回归了最初的模样。

一直以来，受性格使然，我都习惯接受，习惯顺从，从不抗拒，不会说不愿意，后来渐渐长大，渐渐明白，正是因性格的温顺而独自吞咽了太多的委屈，然而也未

和羞走，倚门回首

有悔意，甚至直到如今，我依然是那个不争不抢，接受顺从的女子，只是许多时候，不再消耗内心，虽不争，却远离，远离纷繁，远离争扰，远离一切不愿接受的人与事儿，只愿静静地过好我的日子，看似质朴素淡，实则诗意有情，有时面对旁人的责怪，亦会心中难过，然过上一会儿亦能遗忘，亦能坚守自己的原则，不再随意顺从，不再勉强妥协，不再委曲求全。

然而，我亦明白，我的心，因着年少无争，因着无人护佑，已然伤痕累累，可却始终温润有情。正如张晓风所言："人生一世，一颗心从擦伤、烧伤、冻伤、撞伤、压伤、扭伤，乃至内伤，哪能一点儿伤害都不受呢？"说到底，生命中所有的伤都是该受的伤，所有的事都是必经的事，所有相遇的人都是有缘的人，只是缘念不同罢了。闭上眼，我仿佛看到心上的伤痕如一朵朵小雏菊，有着一种艳艳悠悠，欲说还休之态，美丽亦迷人，芬芳亦馥郁。

说到底，生活的磨砺不分你我，人生的坎坷各不相同，相同的是，无论我们朝哪儿走，都是朝前走。生活会牵绊，岁月不停歇，而我，依旧时而糊涂，时而清醒，时而迷醉，时而欣然地前行。

这几日心中不甚宁静，时有波澜缓缓涤荡，我知缘由，却又只是感念而无法抵达。每到夏季，便会想起那满池莲荷，亦会想起那句："你若是江南那采莲的女子，我必是你皓腕下错过的那一朵……"

那一年，十八岁的我，初次离家，去往一座向往的城，心中期盼满满，以为那是一座可容我的城，以为哪里有一棵枝待我来依，后来，终究是缘分浅薄，只做片刻的停留，便带上行囊携上迷茫的心辗转游走，唯不舍的始终是那满池的莲荷，初见如重逢，别去寂寂焉。

时间辗转，四季更迭，随着年轮的旋转叠加，我的记忆一如那久贮的香膏，不舍轻易启盖，生怕这久远的芬芳弥散难收，更愿它能化为文字，耐得住静品，经得起时间的洗涤。

而今，我虽不能亲抵与莲相见，那缝隙里的美丽却从不曾遗忘，我想这就够了，因为始终明白，这一世无论与物或与人都受缘分牵绊，缘分深浅决定着相伴的时间，以及相见次数，我与那座城，那一池的莲，只一面，却深念，我感念它，感念它在我人生的起点时，轻轻地往我心中种下关于莲的心事，我感念它，感念它让我明白，我的心如莲花般尘埃不染。我感念它，感念它让我的回忆里有莲的气息。

此时此刻我的内心是饱满的，生活或许偶有空缺，然而依旧欣然接受它。

和羞走，倚门回首

131 无言等待

我喜欢，喜欢于黄昏时分静静地依偎在躺椅上，或闭目沉思，或捧书读诗。

偶尔，也会，什么都不做，亦不想，只是放空思绪，静静地依偎。

此时，我读到了这样一句诗："疏影横斜水清浅，暗香浮动月黄昏。"被它的美好意境打动，仿若看到了横斜在水中那稀疏的影儿，闻到了那一抹淡淡的芬芳。

都道时间无情，却不知自己付出了多少情感给时间。展眼，又是一个冬天，却不敢回首这一年的点滴画面，怕看到那些辜负的光阴，无为的日子。

曾以为日子缓慢，却不知，缓慢中叠加亦是极快，你看那年轮的转盘，已然深深围绕，数不清日日夜夜，道不尽沧桑岁月。

只是写了几句话的功夫，夜色便如那黑色锦缎铺展开来，而月亮亦是缓慢而行，只把轻柔的话语缠绵诉说。

这美丽时刻，让我忍不住，忍不住想要拥抱整片星空，都说文人思想飘逸，我虽不是文人，却也拥有文人的情怀，时常忧伤，偶尔飘逸，触景生情，对月伤怀。

深深夜色，我只沉浸在自己的思绪中，不曾起身，亦不掌灯，仅安逸地享这宁静的片刻。

歌声悠扬，心亦温婉，就这样多好，无忧无虑，沉醉其中，如梦如幻，美到无言。

这份宁静，这份美好，那深情的话语又何须言说。多想，多想做个聪慧的女子，然而，于生活，我却不够灵巧，许多事情不能尽善尽美，只能在笨拙中缓慢进行。

也曾如那油纸伞下地女子，温婉可人，不与人言，只将温柔心事赋予纸砚。可如今，终是年岁大了，有了岁月的痕迹，心性依旧，柔情依旧，却也增添了落寞。

倦意阵阵，还是起了来，这宁静的时光享一会儿已是不易，许多家事等待着笨拙的我去完成，无奈亦欢喜。

时常会有莫名地酸楚升起，于生活，于人生，一路走来，都是不易，那些披荆斩棘的日子，始终深刻于心，难以忘怀。故而，才会格外珍惜当下这份稳妥，虽有等待的苦恼，却也有微温的甜蜜。

夜深了，我的灯亮了，这绵长温柔的人世，总是把我深深感动，窗外那夜归的人儿，让我感到了急切的心情。

闭起眼眸，双手合十，仰起头，悄悄许下美好心愿：若有来生，我定做那采茶的女子，而你只做那种茶的男子便好，生活于你我，再无等待。有的，只是那朴素的情意。

和羞走，倚门回首

132 午后漫记

　　折了枝蜡梅，插于瓶中，顿觉室内芬芳而雅致，午后，什么都不想再做，只听着舒缓的音乐泡一壶普洱，低头闻茶香，抬头赏蜡梅，就这样便很美，真的很美。

　　有人说生活是复杂的，也有人说生活是烦闷的，那么，生活究竟是什么样子的呢？我再问自己，她说："生活是简单而有趣的。"

　　时光从不言语，但是流动地速度却是相同的，从不为谁而做任何停留，我们只能随着时光的河流慢慢流淌，昨日的风景他日之后只能朦胧地留在心头。

　　所以，复杂也好，烦闷也罢，都是生活中该有的片段，没有它们便彰显不出快乐的珍贵，美好的难得。

　　潺潺流水，总会给人一种清澈之感，听着它，仿佛流过心头，将心灵洗刷的剔透如玉，我总是喜欢静静地，一个人，享受纯洁的思慕和憧憬。

　　许久未曾拉开窗帘，总觉得这样便可生活在一个纯洁而美好的世间里，我喜欢这洁白的世间，喜欢给心中植一株安静的小树苗，让它，慢慢生根发芽。

　　闲时，我总是喜欢随意翻开书来看看，即便是不看，只闻闻那淡淡墨香，也是对心灵的一种抚慰。

　　今日，我邂逅了这样一段话："水晶的佛珠，滕花。雪落在梅花上。可爱的幼儿吃草莓。"一切都是那么自然，眼到之处，心中便展现出不同的几幅画面，纤纤玉手提着一串晶莹剔透的佛珠，一颗一颗地盘过。寒梅开放，雪花一片一片落在花瓣上，给它湿润的柔情，驱赶它的孤寂。

可爱的幼儿，手拿鲜红的草莓，细细吸吮，草莓汁顺流而下，染红了柔嫩的皮肤。

我只这样来回反复地读着这段话，心中的画面如幻灯片，循环播放。

依稀记得在一本书上看到过这样一段话："夜里四点醒来，海棠花未眠，总觉得，你就在我身边。"就是这样一段话曾让我流下湿润的眼泪。

生活中自然流露的美好是无限的，但我们感觉到的美却是有限的，不知你，是否如我般，总会被点滴的美好而打湿心房？

和羞走，倚门回首

133 夕颜之下共赴流年如许

  天清气朗，秋阳西沉，薄暮闪烁着金黄色的光辉，似给大地披上了彩色的纱，那样柔美地随风舞动着。虽置身窗内，但它的美依旧将我深深吸引。

  如若可以，我愿做个温婉的绣娘，闲窗下，灯影前，静静地，于一针一线中，细细密密地把这美景绣成一幅绝美的画，挂于壁上，添一份雅致的情趣。

  抬眉看景，低眉书写，在温暖的时光里，守着一窗美景，在一盏茶的满与空之间，写下细细微微的文字，如这秋日的风，轻柔而缓慢，闭眼去闻，散发着清凉的气息，洁净，澄澈。

  时光缓缓，心事沉海，无有波澜，容颜渐淡的我，只想带着淡淡诗意，游走红尘。转而忆起，晨起时，未曾忙完，好友来邀，一同去往古城南湖，我便搁下手中之事，随她而去，她说：我不该这样掩门度日，接下来她要带我走遍古城，看遍风景。我笑而不言，心下却泛起难以言说的温暖，想这座古老的城市，我来了许多年，却依旧陌生，一年中诸多的美景与我擦肩，并非我无视，亦并非不曾珍惜，而是无缘赏之，在等待的岁月里，在孤独的时光里，在无人问津的日子里，我学会了遗忘，学会了遐想，学会了通过书本去看世界。时常对异地的先生说：等你放假，等你下次归来，多一些时间给我，给我们，你带着我，去看向往的景，爬高高的山，闻袅袅炊烟，听狗吠声声……

  牵绊之中，难以实现，而今，有这样一个人，相识不久，却愿意带着我，穿行于这座她生长的古都，实乃不易，我从未想过，我的生命里会有一段这样的缘。

挽起她的手臂，对她说："何其有幸，有幸相识，有幸投缘，实乃不易。"她说："荣幸之至，我们为什么认识的这样迟？"是啊，我们为什么认识的这样迟？

人生中，过客匆匆，有些人只是路过，有些人来了便是来了，没有早一步，亦没有晚一步，在某一个瞬间，恰好相逢，彼此投缘，彼此珍惜，便是最好的缘分。何必惋惜来得晚？

写及此处，心中泛起温润的柔情，一如耳畔这首舒缓的歌，让人生出一种微妙的感动，拿起一旁的银杏叶，心中飘过"生生不息"四个字，是巧合，也无意，提笔写到这片极美的落叶上，愿它载字而行，浩瀚飞翔。

暮色渐近，风声细碎，似在与秋道别，又似在唤醒我温暖的记忆，一段关于友情的记忆，它踏春而来，由浅入深，宛如流水，清澈明净，循环往复，若有一日，它要流向远方，我亦欢颜相送，唯愿它带着芬芳，带着满足，流向更美丽的地方，邂逅更美的风景。

而我，依旧柔情如许，波澜不惊，与白云为伴，与明月呢喃，带着坚定的心与岁月同行。

和羞走，倚门回首

134 献给我的玫瑰婚

十几年前的今日，有个天真的女孩，因为爱情，相信爱情，便毫无顾忌地以裸婚的形式将自己嫁到了大山里。

那时的她，心中被爱填满，愿同他，一起将艰难填平。

每一个爱情中的女孩，智商都是堪忧的，每一个初婚的女子，对幸福都是向往且肯定的。我亦不能例外。

然而等到生活的面纱掀起时，当真实的日子摆在眼前时，有多少女子却是被后悔填满心房，被无奈占据岁月。

天真的女孩也这样吗？当然也有过，但是她有一种能力，可以劝说自己接受一切不愿意接受却又必须去接受的事情，所以这"后悔"二字，在她这里如同花瓣儿，轻轻地，轻轻地随风而去……

始终记得那句深情的诺言："执子之手，与子偕老。"也是因这八个字，一路跟随他，陪伴他，等待他。有人说诺言是风，而她却坚信这诺言真实的分量，真实的存在，真实的会兑现。

多年来，"等待"二字一度成为生命的主题，让她牵怀缠绕，愁绪难消，她渴望同剪西窗，共话夜雨的质朴，然而却日日独过，夜夜空守。唯一颗坚定的心始终相信，始终坚持。

生活促使我们成长，在漫长的等待中，在生活的磨砺中，她学会了一个人面对所有苦难，每每目睹手上的老茧，都会发出由衷的微笑，因为，这是勤劳的印记，亦是生活的见证。

闲暇时光里,她捡起了从前的梦想,一边读书,一边写作,一边喝茶,一边练习书法。

从前,她是那个读到雨打梨花深闭门就落泪的女子,如今再读,却能舒眉展目。从前,每到黄昏她便彷徨无助,如今却能用心欣赏晚霞的美丽。

这世间,任谁都不愿意从甜蜜中走出,她亦如此,然而,生活是真实的,是以一种五味杂陈的真实存在的,但是,为了一个人,为了一句诺言,去等他的同时提升自己,亦是一种成全,一种旁人无法理解的幸福。

写到这儿,窗外已暮霭沉沉,轻轻起身,来到镜子前,默默凝视,容颜依旧,然而已不再是那个天真的女孩。

抬起手来才发现,已经有了岁月的痕迹,而指环却依旧散发着柔和的光芒,她呢喃着:感谢这艰难的岁月,感谢这浪漫的婚姻,感谢这质朴的生活让我变得如此坚强。

婚姻是珍贵的,亦是脆弱的,愿我们,都能在岁月的长河里彼此珍惜,彼此扶持,彼此成就。

我想读文的你们定能猜出那个天真的女孩是谁,那么就把此文献给因为爱情而步入婚姻殿堂的女孩(孤独梦),献给她的玫瑰婚,亦献给所有婚姻中的女子。

背靠着背坐到地毯上,
听听音乐聊聊愿望,
你希望我越来越温柔,
我希望你放我在心上,
你说想送我个浪漫的梦想,
谢谢我带你找到天堂,
哪怕用一辈子才能完成……

赵咏华的《最浪漫的事》,缓缓而来,如潮水浮上心头,一种湿润的柔情涌动而起。

我依然在等待着他,真情依旧,不言别离,只愿君心似我心,定不负相思意。

和羞走，倚门回首

135 小窗下，笔墨间

清冷的早晨，浮云散开，秋阳微露，捧一本闲书，坐于窗下，未必会看，只是习惯了这样的感觉，简单，诗意。

倚窗而坐，抬眉看白云悠悠，辗转间瞥一眼在黑暗的河流上。哪里有："我踏月而来，只因你在山中。"哪里有："涉江而过，芙蓉千朵。"哪里有："岁月漂洗过的颜色……"

片刻后，思绪收回，泡一盏柔情款款的茶，丝缕间都是香气。此刻，屋内芬芳明亮亦温暖，仿若置身于安静的角落，将万事遗忘，就这样静静地，静静地感受这片刻的温馨。人生匆匆，总有些温柔的片段会感动，总有些事情很美好。

起身，切个橙子，想起那句："并刀如水，吴盐胜雪，纤手破新橙。"喜欢这首曲折深微的词，每每切橙，必能想起它来。橙汁满溢，很是香甜，吃过后，忍不住摆拍几张照片，留给秋天。

执笔，其实也不知要写些什么。有时，只是一种深情的愿望，无关生活，亦无关心情。

暖阳之下，瘦弱的我，凝神静写，我说："有一种情绪叫温柔，如烟如雾，徘徊于心，伸出手来，想要捧它于掌心，却又寻它不到，仿若只是生命里一个沉静的片刻，里面装满柔情，丝丝缠绵，缕缕萦绕，不华丽，也迷人。淡淡阳光，淡淡茶香，一如淡淡的心情，亦如白云那般舒卷自如，沉静安然。"

雁鸟急飞，季节更迭，而人心，依旧向暖，想要沿着河流慢慢寻去，寻那过往的岁月，寻那故事的开头，仿若这样，人生便可重新开始。然而，我也明白，好光阴，并非用来回首，而是需要认真度过。

抬眉望去，庭院里的落叶已然叠叠又重重，想来，该是深秋了，不知那条无人问津的小路是否留有我纤瘦的倩影。曹雪芹写过："几曾随逝水，岂必委芳尘，万缕千丝终不改，任他随聚随分。"随分从时，朴素自持，聚散随缘。

这些年，一如红尘隐者，伴着孩儿，不与人有过多的往来，只在简约的日子里寻找平凡的诗意。也曾午夜梦回，心生不甘，可更多的时候却是遵于选择，接纳平凡。

始终觉得，作为母亲，该有一种深稳的华丽，温柔的恬静。一朝一夕，一丝一缕，皆是日子，亦明白，这世间，为有温柔的母亲可让日子成为日子，可让孩儿的心中始终有暖，有爱，不生凄凉，对人生有期盼，有向往。

说到底，我不过是个笨拙的小妇人，然而，依旧深爱着自己，深爱着生活，思绪间纵容自己，衣着上溺宠着自己。想起那日与好友闲聊，我说我从不曾放弃自己，无论置身何处，我都是那个对自己有所约束，有所要求之人，因为只有美好的自己才能操持出美好的生活。

光影斜斜，案几洁净，一片落叶缓缓而至，上面写着"可爱"二字。上网课的小小孩儿看着我说道："该休息了，妈妈。"他的话语，愈觉温馨美好，人世的美好，皆是朝夕间点滴小事的成全。

窗檐下淡淡光晕，闪而又闪，暖而又暖，细细密密，如梦如幻。

轻轻放下手中的笔，拿一个果子，一边削去果皮，一边与孩儿闲聊，心中却出现了一幅美丽的图画，闲窗下，幼小的孩童守着年迈的妇人，等待着清甜的果子，亦等待着旧时光里的故事……而我，便是那故事里的主角……

和羞走，倚门回首

136 心若流水，情如远山

静坐，喝茶，只觉心若流水，情如远山，人生中有些时候，或许该是煮一壶好茶，静坐窗前，放空思绪，聆听内心的声音。

不知何时开始，时常喜欢关掉手机，拒绝一切往来，只一个人，静静地在光阴中辗转徘徊。

今日读到这样一段话："不要让生活蹂躏了你眉间的温柔，偶尔虚度光阴，方觉人间值得。"也觉不无道理，可内心又是那般在意自己的光阴，好似稍不留神就会从指间溜走。若可以，我多想用一个万能魔盒将余下的光阴一一锁起，每日一点点，一点点地支取，珍之惜之，不蹉不跎。

今日之光阴，于我如浩瀚之星空，无任何琐事打搅，在足够宽裕的时间里，随着音乐做一些妇人该做的事情，生活中那些看似烦琐的小事，一旦放慢来做都变得美好稳妥，内心亦觉喜悦。

岁月淡淡，人生熙熙，辗转的时光亦如流水，看似清澈缓慢，实则行走有速，只觉抬眉还是晨曦之时，低眉却已是将暮不暮的时刻。

一如我的人生，仿佛眨眼的工夫，便是几十载的光阴，似乎曾经的我从未想过今时今日的我，而今时今日的我却总会一边行走，一边回顾曾经的那个自己，许多时候，会在回忆中落下心疼的眼泪，有时甚至想要化身回归，抱抱曾经那苦难岁月中瘦弱的自己，给她多些温柔的力量，助她走过坎坷时光。

行文此处，心中不免冷落升腾，然而，更多的却是对当下的珍惜知足的慨叹。

于别人眼中我的日子只是平常人家，简单亦朴素。于我，这五味俱全的日子，便是人间最真实沉稳的幸福，只因来之不易。

有人说不经苦者不知蜜甜，深以为然，若不是曾经走过那段苦难的岁月，恐我亦不觉此时的生活是幸福。故而，许多时候我都格外感恩那一段回首便痛的岁月。

时光浅浅，薄雾漫漫，如纱如幔笼罩心房，似幻境亦美好，一壶好茶，由浓到淡，伴我午后时光，一缕思绪，深深浅浅，缓缓慢慢，随心游走，一如那天上的云，随着风悠然踱步，人生中所有的苦难行进都如阴云，会转而游走，所有的美好，亦会在下一个渡口等候你我。

譬如当下的我，虽每日只在无人相识的角落里打理自己的生活，却也自在安闲，亦能于闲散光阴里喝茶写字，安稳情深，简约如诗。

和羞走，倚门回首

137 兴起的浪漫

午后，听了几首古筝，写了几行小字，就连这闲散时光里似乎都散发着墨的香气，我喜欢这样的独处时光，自在，无忧。

低眉的时候，总是遗忘时间，待到书写结束，才觉脖子酸困，头亦昏沉，起身做几个伸展运动，桌案上那圆润的橙子很是妩媚，于是便挑选一个不胜怜爱的，因为怜爱的要多留些时日共度岁月，剥皮取瓤，一瓣瓣取出，吃一口便被它的味道醉了心，虽有淡淡酸意，却依旧那般甜蜜。后来，一时兴起，又把橙皮掰成小片放入茶炉，在小火苗的熏烤下，没一会儿工夫便散发出悠悠香气，让人想要久醉不醒，平淡的生活，有时需要这样小小的兴起更改，一如那平静的水面，扔一颗石子便可荡起涟漪。

抬眉望去，窗外依旧朦胧，如梦如幻，仿若仙境，今日的雾气，从晨时一直弥漫，一直弥漫，然而，心是温柔的，因为有爱。

晨起时，伴着雾色，我读席慕蓉的诗；"在年轻的时候，如果你爱上了一个人，请你，请你一定要温柔地对待他。不管你们相爱的时间有多长或多短，若你们能始终温柔地相待，那么，所有的时刻，都将是一种无瑕的美丽。若不得不分离，也要好好地说声再见，也要在心里存着感谢，感谢他给了你一份记忆。长大了以后，你才会知道，在蓦然回首的刹那，没有怨恨的青春才会了无遗憾，如山岗上那轮静静的满月。"读完之后轻轻合起书的那一刻，我仿佛闻到了春天的气息，那般芬芳，那般洁净，那般美好。又仿佛看到了青春年华的少男少女，朝气中散发着浪漫的气息，很美，真的很美。

一直以来，我都喜欢席慕蓉的诗，喜欢诗中温柔的浪漫，喜欢诗中恬淡的悠然，俗世中的你我，都该有那么一刻是能够静下来的，静下来读诗，静下来写字，抑或什么都不做，只是一个人静静地与时光为伴。

曾读过顾城的一段文字，一直记忆犹新，他说："草在结它的种子，树在摇它的叶子，而我们，站着不说话便是美好。"是的，静下来便可感知美好，静下来便可除去烦忧。只是不知，你是否有静下来的能力？

思绪辗转中，天色已晚，起身将白色纱帘紧紧合起，点一盏温婉的小灯，橙皮的香气淡淡散发，柔软的心里增添了一丝别样的情绪，它的名字叫："浪漫"。

拿起手机匆匆瞥一眼时间，我知道，该落笔了，然而这雾润烟浓的傍晚，只让我生出眷眷不舍的情绪，想要就这样一直一直一直写下去，一如看不到尽头的人生，想要一直一直一直走下去。

和羞走，倚门回首

138 幸福在身边

久违的闲暇，很是惬意，每逢独处的时光，总离不开文字，离不开这颗安逸的心。你听，它说：轻轻地，我来了，如一缕和暖的风吹过你的脸庞，如一轮闪烁的月跟随你前行的脚步，如一朵洁白的云飘过你的窗前，亦如一首舒缓的音乐沉醉你的心灵，让你忘却忧思，抵却寒意。

此时此刻，无需刻意，便可写出温暖人心的语言，因为我安逸的心在微笑。幸福其实就在身边，就在我们平凡的日子里，只是许多时候我们被忙碌与忧愁遮住了眼眸，误以为所有的快乐和幸福都在遥远的地方，在我们自以为设定的那一个年轮里，而忽略了当下真切的美好。

动笔之前，随意地泡了一杯茶，点了一盘香，顿时香气四溢，想起那句："香气氤氲遍九阶，茶香无意点尘埃。"质朴的岁月，平凡的日子，简单的我，随着这萦绕香气将心事赋予笔墨纸砚间，给远方的你，亦给当下的光阴。

窗外艳阳高照，不去细想以为春天就在身旁，庭院里的蜡梅不知何时已经偷偷绽放容颜，释放香气，给这个不胜得心的冬天增添了一份小小地欢悦。都说梅花报春，那么，这个春天定是祥和安稳，无病无殃。

茶烟慢慢，不急不缓，一如我此刻的心情，舒缓自如，吐露着顾盼悠悠的文字，亦如窗外的风，淡淡地来，淡淡地去，不念过去，不惧将来，只把故事留在每一个当下，把身影留在无人察觉的角角落落，唯有那小小花瓣，细细尘埃可证明它曾来过。

光阴寂寂，心事端然，唯文字有声亦有情，无论是喜还是忧，皆交给它来替我诉说，有时想来也是好的，有时亦会觉无趣，然而，始终难以割舍，始终有情相依。我明白，人的一生能有一种爱好时时跟随亦是幸福。

轻抿茶盏，仿若神仙，幸而有茶，不然这岁月该是无了味道，少了雅致。平凡的我们，是该学着给生活寻一种别样的芬芳才是，我喜欢日日有茶，亦喜欢跟随季节折花插瓶，今日的蜡梅灿灿柔柔，悠悠香气不绝，真个是岁月有了香气。

一直向往挂画插花，焚香点茶，四般闲事，不宜累家的生活，奈何生错了朝代投错了胎，一不小心做了这世间最为寻常的妇人，每日跟随时光，不敢怠慢，生怕一不留神给生活留下后悔的声音，生怕一个闪失给岁月留下深重的痕迹，不敢回忆。

我不知这是不是一种积极，一种用心？一种愿光影潋滟的情怀？只知无论身处何方，无论何种身份，无论年龄几何，都该给日子寻一抹芬芳，点一盏明灯，生一缕茶香，如此才是有情。

搁笔歇息，不在多言，亦不回看今日写下的温言软语，只愿他日回顾之时能够看到窗下那个温柔的我，因而展颜微笑。

和羞走，倚门回首

139 叙事

傍晚的风，徐徐缓缓随窗而入，我熟睡的心萦绕间转醒，翻开电脑，才发现距离上次书写已经相隔多日，有一些无奈亦觉无妨。

不写任何文字，全身心投入生活亦是一种美好的成全，人生匆匆，留一些岁月来蹉跎亦算是奖励自己。

此时，窗外暮色深深，我坐于窗下，静静地将思绪展开，恍惚间仿若打开了一幅美丽的水墨画，那里有山有水，那里有树有花，那里有虫鸣有鸟叫，亦有溪水潺潺。

读过我文字的你们，我想，定能明白我此时的心情，因为始信，你们都知我是个赋有美好想象的女子，也曾下定决心要用文字记录一切有关于美好的事情，过程中也有过忽略惆怅的时候，可更多的时候却是接受，因为逐渐成长，逐渐明白，美好的事情亦是需要那些小小的残缺来映衬才能得以体现。

荒废了许多时日，白日里碌碌忙忙，琐碎的事情与时间紧紧相依，并无空余可供我遐想，唯有夜深人静的时候会有一些生活之外的心事附于脑海，疲累的身心却终难提笔记录，昨日曾做自嘲状地写下这样一行小字："坚持于我，何时变得如此困难。"

可又是心甘情愿地做着每一件细碎的事情，在父亲母亲面前，那些小爱好似乎都变得微不足道，只因我明白，与父亲母亲相守的时光是有限的，而那些所谓的爱好，余下的岁月可一边行走一边完成。

当下于我，除了用心陪伴父亲母亲，便是花费一些心事将一日三餐做到可口入心，让相聚的时光始终温馨，让陪伴的时光永留心间，让彼此的爱与关怀都能够表达。

夏风温柔，夏夜浪漫，此时的你们可曾如我般推窗迎风闭眸，可曾如我般静静地倚窗而站，可曾如我，被纷飞的萤火虫吸引眼球？

生活简单，生活亦平凡，然而，简单之中始终散发着雅致的气息，你听，楼上的琴声徐徐响起，这琴声带着一种坚持的力量日日而来，从不缺席，我从最初的烦闷，到后来的习惯，在到而今的等待，虽不知弹奏者的模样，但我猜想她一定是个如我般倔强的女子，可以为一件事而从最初的陌生坚持到熟悉，可以因喜欢而忽略途中的痛楚，有时甚至觉得，她便是另一个我的化身，她在另一个角落里，为另一种理想而坚持着，总有一日会在属于她的舞台上展现风采，而我，始终在属于自己的时间里默默地前进着。

生活平凡，平凡之中却也有一些耐人寻味的小婏妠，夏晨漫步，喜走同一条小路，观同一种色彩的变化，日日不同，日日更新，那艳俗的花儿，日日变换姿态，一如女子的容颜，从娇艳欲滴到鹤发苍颜，竟也出奇的动人，后来发现，花儿的一生与我们的一生，似乎除了长短之外，再无不同。

桌上放了一本《席慕蓉诗集》，我无意打开，被入眼的一句感动："如果能在开满栀子花的山坡上，与你相遇。如果能，深深地爱过一次再别离……"这深情的美好，似乎胜过我的万语千言，我喜她的诗，也曾被诗的美丽折服，故而，从未遗弃，闲来无事便随意读上几首，始终觉得浪漫与年龄无关。

一直都不是所谓的文艺青年，亦对文艺青年不甚了解，只是我行我素地背帆布包，喝茶，品咖啡，吃甜品，喝奶茶，练字，写文，穿长裙，听歌，偶尔忧伤，偶尔落寞，偶尔也孤傲。

有人说这便是浪漫，那么，就让我一直一直浪漫下去吧……

独自一人，清静书写，亦是心意绵绵，光阴洁净，真实温软，父亲泡了夜茶，我想，我的笔端亦是到了落下的时候。

抬眉望去，不见月影，却也并无憾意，只觉，这无月的夜色似乎更加迷人，如若可以，我想就这样一个人悄悄地，任由光阴无声地流淌，任光阴带去我的美丽容颜。

和羞走，倚门回首

　　陪父亲喝茶，亦是美事一桩，简短的过程，可抵却尘梦若年，不必言谈，我斟他饮，偶尔偷偷抬眸观他品茶之态，便能知他是否心悦，这一刻于我贵如珍宝，亦有一种不动声色的力量。

140 寻一些宁静伴无忧

落雨的日子，清凉中夹杂着一种柔软的潮湿，心中生出几份愉悦，几多欣然。

连日来，被一种徐徐然的忙碌袭扰着，有些疲累，有些困倦，得空便想倚枕而眠，这昏昏然的感觉时常让我质疑自己是否已经年迈，没了精神，没了追求，没了现下这个年岁该有的活力。

然而，却始终找不到答案，白日里忙碌倒也无妨，可夜深人静的时候，情绪中便会生出迷茫与困顿之感，后来，我明白，当下的我，不过是按下了属于自己前行的那一粒小按钮，因为暮年的父亲母亲行动渐缓，我需要慢下来等待着，陪伴着，亦要将珍贵的光阴给予他们，将诸多的心事花在他们身上，他们乐了我便欣喜，他们忧了，我便惆怅，或许，这便是爱吧！

晨起伴雨而行，很是欢欣，风中有着清新的气息，丢失的感觉继而回归，我的心是柔软的心，我的心亦是敏感的心，总能在简单的生活中捕捉到极致的趣味与欢愉。

也是因着它的柔软与敏感，让我始终觉得人生有盼头，人生有期待，人生亦很美好。

静坐窗下，无边风雅，是我笔记本上随意写下的几个小字，亦是我此时此刻真实的感觉，倘若此时的你经过我的窗前，定能看到那个小小的我，静静地坐于窗下，静静地伏于桌案前，静静地书写，静静地听雨落下的声音。

"煮字疗伤，烹茶养心"，已经忆不起在那本书上邂逅了这八个字，只记得初读便为之动容，继而深深地映入脑海之中，每每喝茶或每每写字，"煮字疗伤，烹茶养心"便会在心中徘徊不散，亦让我得了不少妙意。

此刻，略泡一盏清茶，亦有悠悠茶香飘然而过，想起午时携雨归家的孩子说："这寒气悠悠的日子适宜喝茶，让我暖暖地喝上一口，是多么幸福美好啊！"是的，喝茶是一种优柔的美好，亦是一种极致的美学，还是一种简单的幸福。

人生匆匆，人生亦缓缓，我们都该明白，寻一些宁静伴无忧，寻一些深稳予柔情。

细雨绵绵，绿叶翠翠，有些迷人，有些微醺的迷醉，亦有些难舍的纠缠，我的双眸，望着窗外尽无法回转，就连柔软的思绪似乎亦随窗而去，忘了归来。

心中回旋着那句："窗外廉纤轻摇，小色阿娜，屋里清然写意，花丛折枝。"人生的美好，来自你易足的感知，柔软的接受，这世间，总会有一些遗憾藏于心间，隐于眼底，而后消散不念。

静静地，如早晨的清白，如莲荷的清雅，如冬日暖阳的温柔，每一个匆忙的时刻里都曾想过，要慢下来，做一个优雅的太太，于夏夜里坐于庭院，摇着蒲扇，听狗吠阵阵，蛙声一片，看夜萤飞翔萦绕，将人生的悠然自得深深体味，再无所求，亦无所念。

光阴愈久，愈是怀想，怀想童年，怀想青春，怀想曾经未曾在意的点滴岁月，那些开心的，那些烦忧的，那些无以言说的，而今怀想起来，都是那般温馨，那般美好地存在。

人的一生，有舍有得，许多的事情，未有值与不值，只有愿与不愿，年少时，也曾努力寻找人生的方向，也曾迷茫苦恼过，而今却发现，顺心而往，找到适合自己的，便是最好的。

黄昏迟来，细雨依旧，而我仍旧心中有山，眉间有水，偶尔忧伤，却亦不惊不惧，柔婉有情，守一方质朴，喝一壶清茶，写几行小字，疗伤愈虑。

起身推窗，雨说："我来了，来的地方很遥远。"我便伸出手来，轻轻接住这亲切的夏雨，心中生出一丝喜悦，只将世间所有纷扰关于心门之外……

141 严寒拥红炉，简单即清欢

降温了，心中有些怀念遥远的家乡，我的家乡虽不是雪国却也是落雪寻常，不像这古城，一场雪预演了许多天仍不见飘落一片，让人有些失望，有些遗憾，冬天不落雪似乎总觉缺少了些什么，如同看一场戏剧，从开始便没有跌宕起伏的场景，只是平平落幕，少了圆满的滋味。

想起林清玄的那句："日日是好日，处处莲花开。"有一种恰如其分的美感，我这样一个素雅的女子，不知何时开始，已将万事看淡，唯愿日子行云流水，不慌不忙，无忧无惧，似乎已经悄悄蓄满了足够的勇气来应对这人世的风雨。

更多的时候我亦接受平凡，午后独自徘徊的时光，亦不觉孤单，更多的是珍惜与享受，将手机调到无声状态，浅浅地睡了一小会儿，起来便煮茶，研墨，点香，写字，日子似诗亦如画，是谁曾说过："煮水度日一壶茶，闲来无事只观花。"出自谁口我记不得了，只记得这十四个字的悠闲，我是煮茶一壶品光阴，写字几行疗心饥。

人生短暂，没有那许多的趣味儿可寻，更多的时候不过是一种态度，一种充实的饱满罢了，无论何时，心中总该有一些期待，有一些力量，才能支撑起这看似无味的日子。

光阴于我，时而匆忙，时而又闲散，已经没有心力在意许多，更多的时候我喜欢欣赏，喜欢品味，我可以在一首歌里飘荡，可以在一杯咖啡中徘徊，可以在一盏茶中回味，亦可以在一缕香中放空。

于我，每一个日子都是独特的，每一个时刻都是有味的，有味，有味即清欢，故而，我觉得所谓的清欢大抵便是如此吧，放空思绪，用心感知，树叶落下的时候其实并不凄凉，它于飘然间带给我们别样的风情，你看那铺满大地的落叶，金金灿灿，浪漫的气氛驱赶了寒气，让人忍不住想要漫步而行，忍不住想要拾捡几片，与光阴一同封存。

说到底，这个世界是个有情的世界，前提是你得是一个深情的人，譬如此时的我，虽坐在晚来天欲雪的暮色中，却拥着红泥小火炉的温情，而那坠落的夕阳正如晨曦般轻吻我的脸颊，让我想要不顾严寒地推窗迎一缕微光进来。

在遥望那高楼之上，一盏盏温暖的小灯，如天上的繁星给人以梦幻的欣喜，想要许一个小小心愿，不管它是否可以实现，那灯火阑珊之下，又是多少人蓦然回首的期待？

思绪如琴键般戛然而止，这样一个温馨的夜晚，我亦是要温一锅白粥，弄几碟小菜，与孩儿一同品味简单的清欢。

142 眼波才动被人猜

好忙呀！几日来事情颇多，以一种叠加的姿态占据着每时每刻，就在方才，落座之时，心中忽而冒出一句疑问，一句形容："怎么可以如此忙碌，你看，你轻盈的身影多像小蜜蜂呀！"

后来，我还是决定，将一切搁浅下来，因为我的内心深处渴望文字的慰藉，渴望着笔墨的深情。

煮了壶白茶，汤色灿灿，如金如阳，喝起来绵密悠然，香气氤氲。不由得发了朋友圈："眼波才动被人猜，一面风情深有韵。"静静地喝会儿茶，写个小短文吧！或许可寻一份诗意的宁静，治愈疲累，慰藉心情。

于是，便有了这一篇随心而写的文。

都说忙碌可让人遗忘一切，却也如此吧！我亦是赞同的。这些时日里，在诸多事情的围绕下，我亦是遗忘着平日里的喜好，遗忘着心底时而泛起的忧伤。唯有夜色深深之时心会自问，怀疑。自问自己，就这样了吗？什么都不坚持，混混沌沌随着时光游走。怀疑自己，并非那个有梦的女子，亦非雅趣悠然，不过是偶尔用浅薄的文字记录一些心情。

其实，无论是自问还是怀疑，我都时常进行着，然而，答案始终模糊，该坚持的却也始终坚持，因为我明白，生活本就乏味，若没了梦想，没了喜好，或许亦失去了它的意义。

我不懂茶道，却爱喝茶，爱一个人小口小口地喝起，喝的是一份心境，寻得是

和羞走，倚门回首

一份雅然之趣。唯有此时，时光属于我，心亦属于我，或许只是极短的时刻，却也足够我卸下疲累，喂养心灵。

想起一首歌的歌词："行走红尘的人间，尘埃沾了足尖，回顾多变的容颜，应该忘了永远。别人总是问起它，淡淡一笑在唇边。我不恨，我也不想，看它如云烟。"

只觉写的真实而贴切，故而记忆深深，却忘了歌名，人生本就这样，许多的邂逅，留下痕迹便可，无需清晰地记住。

红尘行走的我们，有谁能不沾尘埃，清静如初呢？你不能，我亦不能。其实，无需计较，无需感怀，只要每一步都是出于本心的真挚便足矣。

人生一世，心安为首，心静为常，你的乱，你的愧，其实都来自你最初的认知和不怡的事宜，许多的事情，等我们明白之时，或许已经过了弥补的时刻，许多的行为，等我们知错之时已植根于他人心中，你想拔除，亦绝非易事。

"山中何所有，岭上多白云，只可自怡悦，不堪持赠君。"不知为何，我竟想起了陶弘景的这首诗，于是便写下来，我想着，供读文的你们品味一二亦是好的。

其实，说到底，我的自悦自得或许在你们眼中分文不值，亦乏味无趣。看云的简单静趣，不是谁都明白，写字的忘我自得亦不是谁都认同。同样，奢侈的乐趣亦有许多人一生都体味不到一次，譬如我。

罢了罢了，抿一口深情的茶，看一眼游走的云，简单如我，朴素亦如我，生命中没有的，我从不奢望，生命中该受的，我都欣然接受，因为我明白，所有的路都是该走的路，所有的事儿都是该历的事儿，所有的相遇，亦都是命中注定。

我多想，多想就这样静静地过好这个午后，奈何电话不断，真是恼人，你不接它，它便一次一次地响起，那样的不屈不挠，那样的持续不断。

渐渐地，倔强的我，生出一种执意，一种执意坚持不接的神气，任它肆意地响个不停，我就这样做了一会儿霸主，满足着自己极少凶霸的心。

微风徐来，惊醒了低眉的我，忽略的电话似乎到了该接起的时刻，而琐碎的事情亦到了该起身打理的时候，生活慵碌，而我，依旧认真对待着。

143 夜晚的愁

记不得，从何时开始，喜欢于夜色阑珊之时静静独立窗前，遥望万家灯火，心中似有千言万语，却又难以言说，神情有时温婉，有时落寞，有时微笑，有时轻叹，已然一副满腹心事的模样。

此刻，夜色撩人，我独自倚栏而站，心中却泛起淡淡愁绪，这愁绪如一缕茶烟，薄薄地袅袅上升，而后打着圈围着我的心，我的思绪环绕不散，仔细去闻似有淡淡香气弥漫而来，果然，我的愁，亦是有别于人。

月儿深深与我对望，似乎明白我此刻难言的忧愁，明白我心中小小地呐喊，可又是那般无奈，那般无措，只能用它清澈的眼眸疼惜我，告诉我，这茶烟终会消散。

沉静的夜色，闪烁的灯光，于我眼中却是那般温馨，每一盏灯都在等一个归人，每一次闪烁都如同心的跳动，那样富有节奏，那样动人心魄。

这闪烁的盏盏灯光，驱散了我心中那一抹忧愁的茶烟，折身而归，忽而来了兴致，打开已经落满尘埃的电脑，想要将心事寄托给文字，让它载着去往远方。

夜将深不深，寒意阵阵而来，难以驱赶，而我，带着温柔的力量独自坐在空落的屋子里，不知为何，心中生出些许慌乱的恐惧，转而明白，对于常年独守家庭的我来说，夜始终是夜，始终会胆怯，始终有害怕的影子在跟随，即使已为人母，即使时常对孩儿说，不怕，有妈妈在。

起身，点一支香，这香气总能让我生出安宁之感，其实时常也会问自己，这样日复以夜的等待，何时是头，虽无答案，却依然信心满怀，或许这就是所谓的执着吧！

和羞走，倚门回首

　　时光越走越远，人心依旧深情，在这将暮不暮的岁月里，依然能够彼此牵挂，彼此惦念，如那淡淡的霞光，美妙无需言说，想起那一句："两情若是久长时，又岂在朝朝暮暮。"

　　思绪飘逸之际，那一抹淡淡的心酸逐渐远去，些许宁静，些许安稳，一如那静静的小河流，无有起伏，只是那样缓缓地流动，极浅极淡地流动着一种无处可放的心情。

144 夜晚一壶酒

夜雨敲窗，泠泠难熬，忽而来了兴致，想要在这个举国同庆的夜晚，喝一壶醇香老酒，驱赶这深深寒意，浅浅孤寂，淡淡忧伤。

一壶老酒，一盘小菜，一盏清茶，伴着温馨灯光，一杯一杯复一杯，把酒言欢，诉不尽的话语，道不尽的难言，终究还是那句话，彼此深爱，默默陪伴，我等着你，你念着我。

一路走来，几多不易，几多艰辛，你我一起熬过，如今，又怎能允许他人来分取羹汤。

曾经一个你，曾经一个我，变为后来的我们，直到如今的我们仨，任你的心有多坚硬，都无法放弃这难得的深情与温馨。

你知我的心有多么柔软，你知受伤后的我有多么决绝，故而，不再过多要求，我亦格外感恩，感恩你的不离不弃，感恩你的疼爱有加。然而，我又何尝不是这样待你，待我们的感情，其实，所有的感情都是双向奔赴。

都说婚姻是一座城，而我们便是那城中之人，这座城的样貌靠我们两个人来装饰，如果可以，我希望我们的城，如宋时模样，深深庭院，树木苍翠，黛瓦白墙，我就是这庭院的主人，每日焚香点茶，挂画插花，四般闲事，不宜累家。而你，就是那宠我之人，白日看我巧笑倩兮，夜晚我为你红袖添香，不求大富大贵，只求心中有人。

而现下的我们，虽平凡普通，却拥有一颗彼此疼爱的心，于我而言，这就够了，真的够了！

和羞走，倚门回首

纵然我用珍贵的光阴等候你，纵然我如望夫崖的女子一样每日深情眺望，然而，只要你足够爱我，我亦是无怨无悔，此生，未曾贪图其他，只图你的爱与深情，你知我是个缺爱的女子，你知我是个专一的女子，你知我的柔软，你知我的深情，故而不舍伤害，这就够了，真的够了。

借着这壶老酒，我将心中之言道于你听，若你能懂，我便加倍珍惜，不辜不负。你若不懂，我亦不多责怪。你我之间，还有未走的路要彼此相携，相信在未知的路上，你能渐渐懂得。

无论路有多长，夜有多深，我永远是那个为你留一盏灯的女子……

你曾说过，在你心中我永远是一个孩子，那么希望在未来漫长的光阴中，你能宠我如初，爱我如初，让我做你的唯一。如若不能，希望你不要又欺又瞒，伤掉我最初的模样。亦希望你明白，有时放手也是一种完美地成全。

当过去的岁月变成一张张回忆的照片，希望我们都能懂得珍惜。

还记得那首《最浪漫的事》吗？你听，"背靠着背坐在地毯上，听听音乐聊聊愿望，你希望我越来越温柔，我希望你放我在心上……"

是的，我希望你放我在心上，我希望有一天，当我们都老去，于黄昏时分共摘漫天的霞，为我做一件梦的衣衫……彼此对视，满眸深情，满心疼爱……

145 一个人的独白

　　天晴了，潮湿的心亦跟着明媚优柔了起来，真个是看花花娇，看云云白，一切都是那般顺心顺意，悠悠然然。平日里的那些烦忧都烟消云散，不见了踪影。

　　或许是久未谋面，我的心一如湿润的大地，轻轻伸开双臂迎接这晴光如洗的日子，接受他炙热的情致，只觉一刻千金。

　　时光总是不经意地从指尖划过，而我，长久以来都以一种心安理得的姿态消遣光阴，那些原本重要的事情似乎亦变得云淡风轻，人的一生，时间金贵，但是偶尔虚度，偶尔不为所闻，亦是一种美好的成全。

　　看似消遣光阴，实则被诸多的琐碎填满，何曾消遣，又何曾安闲，不过是自我安慰，自我开解罢了，说到底，我们都该有一种能力，那便是用美好的想象填充自己弱小的世间，用愉悦的心情应对那些不很欢愉的琐事，因为我们都是平凡的普通人，逃不开那些细密的家事，亦躲不掉那些应有的责任。

　　我对自己，一向自律自严，对生活，一向积极勤奋，不曾懈怠。唯有在所爱之人面前，我愿放下一切，只将时间与他们融合，愿在彼此的时间里，寻一些真实的情感，做一些彼此共进的琐事，亦是心生温情，余温难消。

　　这些时日，这些有父亲母亲的温馨时光，我将每一日安排妥帖，将每一日记录下来，以供他日悄悄藏于角落，将回忆的画面一一展开。

　　晴光探窗，夏风悠然，寻觅一种安闲自在，将零落的心事化为文字流淌而下，似诉说，又似独白，而立之年，本就不喜与他人多言的我，不知不觉，在季节的更迭里习惯了与文相伴，与文为友，有些孤独，亦有些雅致。

和羞走，倚门回首

我的心，是柔软的心，许多微小的事物便能触动，而后落泪如雨，午时无意打开百度，看到有一女子写道："妈妈，您去了天堂，女儿就像断了线的风筝，再找不到回家的方向。"心底泛起酸楚的涟漪，眼泪不费力气地掉落下来，父亲母亲年岁大了之后，再不敢看这种伤悲的事情，因为心会痛，亦会怕。痛别人之痛，怕有一日也要面对这种永别的分离。

当人生的阅历越来越多之后，才发现，这世间唯有父爱母爱最为真挚，最为无私，亦懂得了珍惜，懂得了回馈，懂得了用心去爱。

斜阳晚照，一种柔和，一种寂静，一种无以言说的情感敲打着我柔软的心房，行文缓缓，往事顺着文字徐徐展开，一如梦里的模样，我还小，而父亲母亲尚且年轻，生活简洁，让人心安。

光影炫目，一种飘忽不定的感觉直抵心间，谁说人生，不是梦呢？

146 一缕香的时光

归来数日，日日忙碌，光阴似乎知道我每每离家的忧伤，故而寻了许多事情来将我的心房填满，都道：忙碌可治愈一切，确乎如此啊！我竟在这忙碌之中忽略了离别的忧伤，擦干了离家的眼泪，心中虽时常想念母亲，可更多的时候是被现下的事情牵绊，几日下来，身心回归最初的模样，我与日子依旧相敬如宾地行进着，没有厌烦，亦无嫌弃。想起电视剧回响里的沈小迎说："所谓婚姻不过是两个并不适应的人彼此适应着。"其实生活亦是如此，我们每一个人都是在不同的年龄段适应着不同的生活，转换着不同的角色，过程中有许多时候或许你的心中盛满委屈与不甘，然而，尘世间的我们，若想不负此生，唯有将许多的不情愿转换为心甘情愿，才会赶走委屈，驱除不甘，才能真正地体会生活的滋味。

窗外微雨迷离，心中很是安稳，难得的空闲我亦是不舍浪费，点一支线香，享一刻宁静，什么也不去想它，就这样让视线以及心灵随着这一缕香烟袅袅上升，时而缓慢，时而急促，时而袅娜，时而娉婷，一如那窗外的雨，有韵味亦有诗意。出神的我想起白朴的那句："云收雨过波添，楼高水冷瓜甜，绿树阴垂画檐。"都说爱香之人必定宁静，曾几何时我亦是那浮躁的女子，然而却是打小爱闻燃香的气息，或许禅心便是那是种下，只是年岁尚小所求皆是浅薄的小事，故而不曾觉醒，唯有每每路过寺庙驻足停留闭眼闻香，却也只是觉得它好闻罢了，并不明白那是缘起的瞬间。而今年岁渐长，所求的不过是安稳平顺，喜爱的亦是简单事物，每日茶盏不离，线香一支，虽不及宋人那般，焚香点茶，挂画插画，四般闲事，不宜累家。然而亦是满足，亦愿就这样做个宜家宜室的小妇人。

一支香的时光，可以很漫长，也可以很短暂，可以很优雅，亦可很宁静，尘世间的你我，若能每日静下心来，享一缕香的宁静定能除虑生欢，亦能明心见性。

你看这缕缕香烟缓慢中已将我所有烦忧带走，你看这袅娜姿态似在呢喃那句："菩提本无树，明镜亦非台，佛性常清静，何处有尘埃。"

一支香的时光，让我在宁静中书写，在宁静中寻找，在宁静中感知光阴的美好，很好，真的很好，若可以，我愿日日有这样的时光——随着一缕香的袅娜姿态缓缓地书写未了的人生。

147 一抹茶香慰寂寥,一支素笔写心事

一盏浓茶,厚重有情,可寄日月,可寄山川,亦可寄予深情地你我。轻端茶盏,不喝,只享受这闭眼闻茶的瞬间,疲累时,仅这一刻便能寻得一方清宁闲逸。

侧目而望,光阴优雅地打窗前经过,似乎无改,却又以悄无声息间给这碌碌尘世更换了颜色,谁说它无力呢?它的力量可抵天,可胜地,可更改一切看似不变的情感,以及稚气美丽的容颜,四季虽轮回,然而,却年年不相似。

禁不住这茶香诱惑,仰头一饮而下,湿润幽香直抵心房,我终是露了笑颜。转而,低眉书写。

不曾书写的每一日,都会于夜半时分生出空落之感,亦会哀叹,然而却也明白,孩子的事情大于一切,生活的质感大于一切,忽略一些自认重要的事情也是无妨,必得接受。唯一能做的,也只能是借着忙碌的缝隙来耕耘,织梦。

我说,我的梦是圆的,里面载着我不变的深情和质朴的情怀,以及年年复年年,日日不相同的岁月,无需质疑亦无需探究,人世不相同,各如其面貌,许多时候,我们只需做好自己的主人,掩门度日,不论是非,唯愿,安稳平顺。

一缕烟云悠然而过,一如我的柔情绰态,倏忽间披上了岁月的嫁衣,不惊艳却有韵,你看,那烟云飘过的地方依然有着淡淡痕迹,如一匹白色锦缎带着遥远的故事徐徐展开。

人生慢慢积累,亦是一种美好,一如我的文字,一日日,一段段,一页页,载着喜怒哀乐,载着柔情似水,载着春夏秋冬,走过深浓的岁月,直到白发苍颜,直

到人生落下最后一个音符。那时，便如同一本书，轻轻合上，不再打开，亦不会再有声音。

"昔我往矣，杨柳依依，今我来思，雨雪霏霏。"春不再，冬已来，抬眸望去，阴云翻滚，似要落雪，却又了无踪影，只把寒气悠悠洒落，忍不住紧了紧披肩，放下笔端，起身烧一壶热水注满茶壶，看着袅袅茶烟，方生出些许暖意，只觉静好如初，又哪管它光阴几何。

想起那句："心闲静，懂知足，方能喜乐。"虽不知出自谁之笔端，却是那般认同，那般喜欢，闲来无事便会在心中咀嚼，不曾厌倦，不曾抛弃。一直觉得，好的文字可清洗岁月，可更替郁结的心情。

暮云低垂，行将而落，守着这寂静屋舍等待晚归的孩儿亦等待远方的爱人，光阴于我珍贵无言，却又不能时时属于自己，总有一些留给等待，总有一些在等待里要做的事儿，总有一些要与孩儿一同度过，与爱人一起分享。

时常会生出心疼之感，心疼自己多年的孤独，心疼自己独自徘徊的身影，心疼在岁月的穿行之下深印的痕迹。可心疼之余更多的却是淡泊随心的接受，只因无法更改，继而欣然接受。

茶微凉，似乎该落笔了，那么，就将心事锁起，将笔端搁下，在将落未落的日子里化身厨娘，煮粥，炒菜，勾起浓浓地烟火气，让寒冷的夜晚升腾起最温暖的气息。

148 隐红尘，话光阴

  是带着一份清冷提笔的，午后小眯了一会儿，被寒气萦绕而醒，睁开眼眸，被一种无力感紧紧包围，头微微地疼痛着，起来穿了棉衣，开了空调，喝了几盏暖茶，不适的感觉仍未消散，指尖的冰凉依稀还在，头疼亦是未曾停歇。我知道，我无法爱上这样的感觉，却又不得不接受，情绪中有一抹淡淡忧伤掠过，不知这算不算起床气，亦不知该如何驱赶这难耐的感觉。索性提笔书写，都说提笔忘忧，亦不知今日的我是否可以做得到。

  前几日网购了一本张小娴的书，书名为《永不永不说再见》。因忙碌而一直未曾开启，打开之后才发现是一本旧书籍，精美的包装下发黄的封面有岁月的痕迹，里面有初读者勾画的段落，所画横线高低起伏，有些落笔的飞扬，想她定是个急躁的阅读者，不像我，所有勾画都平顺而过，我知道，所有的细节都是性格使然。

  未联系商家更换，亦不嫌弃，只觉这或许也是一种缘分，一种陌生的缘分，她不知我会捧她读过的书页，我亦不知她读书时的心情，然而我们都知道书的扉页写着："忘掉岁月，忘掉痛苦，忘掉你的坏，我们永不永不说再见。"

  她说："人生总有无法说再见的时候，我们的人生，不正是不停说再见吗？"是的，深以为然，一句再见，还能再见，是多么幸运？多么珍贵，多么让人感动，只是这感动不是谁都能够明白。

  窗外依旧飘着雪花，簌簌的声音似微吟似浅唱，我有片刻的停顿，想要就这样临窗赏雪，一直一直不离开。

  思绪回转，已是暮霭时分，一日光景过的极快，许多事还未来得及去完成，许

和羞走，倚门回首

  多念想才刚刚燃起，夜幕便已微微垂落，想起那句："只是回首的瞬间，已走过一段往事经年。"不过还好，只要我们愿意，一切都还来得及。

  掌起的夜灯将不适的感觉一点点消融，力量感升起，暖意自心中而来，不再忧伤，不再烦闷，想要起身为家人开始忙碌，我总是不得闲，不虚度，将每一个时刻都利用起来，因为心中有爱。

  若能洗净尘埃，我愿意以水的形式，流淌，流过你的岁月，浇灌你的心灵，让你的人生不染尘埃，让你的心灵清澈可见。

  明月亭亭，来到窗前，将心事长长，长长地铺展，告知你细腻的消息，花将色不染，水与心俱闲。

149 悠悠我心

　　午后的心情该是典雅的，阳光透过纱帘洒落进来，慵懒的我不愿起身，戴上耳机打开音乐，熟悉的旋律响起时，心中似涤荡着秀色濯清露，鲜辉摇惠风的意境，亦似漫步于熟悉的小路上，抬眉而望，天空湛蓝如洗，心亦随之明净。我喜欢想象一切美好的意境，亦喜欢亲近自然，接纳平凡。

　　一时来了兴致，便拿起笔来，想要写下一些深情的话语给你们，只是不知，是否能够散发出典雅的气息，是否可以给人以宁静，给人以悠然，给人以婉柔。

　　低眉间想起《诗经》中的一句："昔我往矣，杨柳依依。今我来思，雨雪霏霏。"不知为何，这千古名句在我初读时便深深地感动着，每每读起，忧伤与感思的气息扑面而来，或许我们每一个人都有不同的体悟，而我格外深情。

　　不知为何，我总是如此忙碌，却又能在忙碌之中寻出一丝缝隙给自己，今日好友询问，可曾疲累？我答："未曾有过。"只因心中有爱，爱可以给人以力量，给人以热情，给人以积极向上的感觉。曾在书中看到过这样一段话语："心甘情愿做的事，怎么做都是深情，怎么做都是愉悦。"

　　夏虫鸣叫，婉转动听，翠叶婆娑，如舞如旋，夏日的美好尽显无遗，有时，我喜欢停下来，发掘美好的事物，亦喜欢静下来，听取大自然赋予的声音。

　　人生若梦，为欢几何，都道匆匆一生就如一处折子戏，看多了别人的故事，有时会不由自主丢掉自己的舞台。然而，碌碌庸庸的我们，终究难逃谢幕，无论你是主角或者是配角，当下的一切都该珍惜，未曾拥有的亦不必奢望，该来的总会来，该去的亦总会远去。你看那缠绵的翠叶，婉柔中亦有要逃离的一两片，人生亦当如此，许多事情看淡极好，许多时候放手未尝不是成全，无论何时，珍惜当下胜于一切的过往纠缠。

写及此处，一种匆急的情绪漫上心头，却也不愿匆匆收笔，始终觉得，文字是需要慢慢地写才能有亭亭玉立之感，故而从不敷衍。

不知几时，我已移步来到书房，这小小的书房格外称我心意，砚台，毛笔，茶器，书本，一应俱全，落落而放，我喜欢它们，它们亦喜欢着我，日日短相守，日日有情意。

这一世，我喜爱的，也不过这些，此时，同处一室，茶器洁净，墨香悠然，内心是温柔的，亦是满足的，似乎再无所求。我想着，就这样多好，无所求无所欲，平平淡淡地悠然而过。

窗外光影浮动，如梦如幻，却亦真切无比，小径上不断有人往来，步履匆急，想要逃离这炎炎烈日，我亦是如此，不愿随意出门，想要就这样守着一室清凉，宁静悠然。

伞落了，像别离一样，我们都失去依靠……

桌上的书无意翻到这一页，我久久地凝视，久久地回味，却怎么都无法用语言来描述这奇妙的感觉。

我知道，笔者能够如此写，必然有他自认的意义所在，而我觉得，我们始终不该想着去依靠谁，这一生，唯有自己才是真正的依靠。

其实，说到底，人生有许多的事情，是需要独自去承受的，许多的美好亦是自我成就而来。

你看那天边，云霞冉冉升起，似要用它的美来遮掩这一日的故事，你听，是谁在说："霞兮霞兮，如梦如幻，霞兮霞兮，飘逸恍惚，霞兮霞兮，如云如烟，霞兮霞兮，烟波浩渺，霞兮霞兮，万物安宁，霞兮霞兮，人心舒畅兮，霞兮霞兮，心醉神往兮。"

150 雨日漫漫

雨日，始终有着一种细密的诗意，让人忍不住于烦琐中寻出一丝缝隙，静静地随着绵绵细雨将心事更迭。

我说：我喜欢，喜欢在落雨的日子里煮茶写字。

我说：我喜欢，喜欢在落雨的日子里静静地独处。

我说：我喜欢，喜欢在落雨的日子里听清澈的轻音乐。

每每此时，厚重的心事变为轻薄，迟钝的思绪变为婉转，匆匆时光亦变得缓慢，仿若身处日月山川，如梦似幻，妙意冉冉。

郑愁予有诗："我打江南走过，那等在季节里的容颜如莲花般开落……"

这首名为《错误》的诗，似乎每一个夏天都会在心中徘徊，继而演绎一段忧伤的故事。

有人说我的文字总给人一种忧伤的感觉，又散发着难以琢磨的诗意。或也如此，我本是忧伤性子，写不出太过欢快的文字，亦道不出洒脱的话语。

日子于我，始终用心经营，文字于我，如灵魂般难舍，亦是认真感知，用心书写。

她说："四月走了，五月来了。"我说："春天走了，夏天似乎来了。"确切地说是已经来了，只是温度尚且如春，让人误以为依旧身处春天里。

其实，你若细细去感知，定能寻到夏天的身影，因为，风中已有温柔的气息，这气息不仅仅是温柔，还有淡淡芬芳，让人忍不住想要寻一条长长的路，不必匆匆，不必邀伴，亦不管它终点在何处，有何景，只一个人，缓缓地走下去。

和羞走，倚门回首

或许有些冒险，或许只是空谈，然而，仅是想想便觉浪漫自由，或许这只是我长久以来的一种向往，一个人被生活束缚久了，便会渴望自由，渴望走一条没有尽头的路，渴望着一段新的旅程，一边行走，一边遗忘，一边行走，一边拾捡，拾捡什么？拾捡新的故事与记忆。

听了一首熟悉的歌，想起一些埋葬许久的事，不得不感慨，有些事情你以为遗忘了，其实它一直藏于心的角落，只是不曾展露，得熟悉的旋律响起，便忍不住轻轻地走出来，拥抱你的思绪，牵起你的小手，一同重温逝去的时光。

窗外的雨，依旧带着滴答的声音落下，思绪回转，一种清丽脱俗的感觉萦绕心间，抬眸看去，庭院里树木苍翠，花儿鲜艳，这雨，带来的除了诗意，还有清新的洁净。

一时来了兴致，想要穿粉红的雨衣去缓步慢行，于是落下笔来，随心所欲地走出家门，耳边响起王菲的《微风细雨》："微风吹着浮云，细雨慢慢落于大地，淋着你淋着我，淋得世间充满诗意……"

就这样走了许久，小雨打湿了发梢，也不去理会，采了几朵小花乘兴归来，小路上除了我再不见人影，想起那句："幽闭处可有行人，点苍苔白露冷冷。"

就这样吧！就这样在烟雨霏霏的日子里带着简静的心情写下一些带有诗意的话语。

就这样吧！就这样将平凡的生活用柔软的话语对你诉说。

就这样吧！就这样将漫漫心事交付于文字。

你看那烟雨迷蒙处，孤影慢行，却极其快乐，因为前路悠长，有希望，亦有美好的念想……

151 雨日追忆

又是一个雨日，这缠绵的雨，日复一日地飘落着，仿若诉说一个漫长的故事，过程曲折，结尾难收。

纵然我喜欢落雨，然而，日日如此，心中难免潮湿，莫名地期盼着，期盼着雨过天晴，心情更迭。

连日来，每每夜半，醒来再难入眠，却也不敢如从前那般任性地起身去往书房，或写字，或发呆，或遐想，或倚窗遥望夜空直到困意来袭，只是仰面静静地聆听月色游走的声音，有时听着听着便缓缓地进入梦的森林，虽很轻却也安。有时，听了许久却依然难眠，亦会辗转反侧，轻轻发出无奈的叹息。

我的睡眠一直不佳，年岁不大，却如装满故事的老者，似不舍睡去，想要多一点儿时间留给回忆。

"人寿几何，逝如朝霜，时无重至，华不再阳。苹以春晖，兰以秋芳，来日苦短，去日苦长。"这是魏晋时期陆机的诗。我喜爱这首诗，有时读来，觉得它不是诗，而是人生。

窗外小雨依旧，而我在写字解忧，好友问我为何而忧？我对她说："不提也罢。"有些事情终究是需自我消化，我很清醒，许多事情选择知而不言，许多时候选择成全别人，不愿去争，亦不愿去抢，只想默默地做自己。

碌碌人生，我不想走得太快，想要尽量慢一些去体会，一如早晨漫步街头，大雨来时，许多人由慢改为快，由走变为跑，而我，依旧不急不缓，用心感知雨滴急促的声音，感知雨滴打湿衣衫，落于脸颊，眼角，眉梢处的湿润。

和羞走，倚门回首

忆起许多年前，也是这样的一个季节，我独身在南方，那时亦是日日落雨，不肯停歇，屋子里潮湿难耐，为数不多的衣裳洗过之后亦不见干，就连心底亦是潮气连连不见晴光，白日里时常站于窗前叹息，夜晚带着厚重的心事听雨而眠，有时醒来眼角亦有泪痕未干，只觉日子没有盼头，却又没法子解决，无枝可依，无岸可靠，恍恍惚惚，不知今夕是何夕，亦不知晨曦何时露。

而今，一个转身，都已过去，再忆起，恍若隔世的记忆，我依旧是那个柔弱的女子，依旧不争不抢，安于当下，接受简约，静享平淡，江南柔软的情怀亦是久久跟随，唯容颜已逝，好年华远去，心有无奈亦只能接受。

那时，境遇艰难，时光随意蹉跎而过，从未有过珍惜之念，只望能快些游走，快些翻页，哪管它留下怎样的痕迹，甚至不曾仔细对镜自怜，那般匆匆然，那般想要逃离，如同背着行囊急急赶路的侠客，似乎只有往前走才能寻到真正的明天，才能抵达心中的叠峰之上，才能寻到温暖的庇护所。

而今，简单的日子亦愿用心待之，忧伤的心事亦愿珍惜珍爱，光阴于我，看似平凡无味，实则温润有情，趣味深沉，亦有别人察觉不到的幸福感，只因于别人触手可及的幸福，于我得来却也不易。

谁说雨日易生闲呢，你看，追忆过往亦是适合雨日进行，那些画面历历在目，那些心情起起伏伏，松松紧紧，柔柔密密地再次回归，脸颊似有泪珠滑落，忧伤依然还在呢，原来，有些事儿始终能激起涟漪，有些事儿从未曾忘记过。

窗外阴阴郁郁不见晴光，小雨滴滴答答不曾停歇，而我的追忆已经锁起门来。将回忆上锁，是我们每个人都需做的事情，否则日子如何如新？心情如何更迭？

推窗，听雨的声音，远处云山雾罩，如梦如幻。身畔雨水绵绵，如烟如幔，有一些柔情，有一些清凉，亦有一些小小的期待。

独立窗前，冲一杯咖啡，伴着落雨的声音，感知那湿润的诗情画意。

只是不知，那个曾用思念涂红的女子，是否实现了胭脂的梦……

152 缘尽

缠绵雨日，似在诉说那难以言说的话语，让人忍不住，倚着窗，侧着耳。想要倾听它的心事，未承想，听着听着写下了一个亦真亦假的故事，这或许也是一种缘分吧！

那日，她说："我累了，想要好好休息一下，先不联系，你也好好休息，等过几日，都休息好了，再联系。"

他说："你生气了吗？还是真的累了？我舍不得你，不管如何，我会一直想着你，等你归来。"

她看着这样的回复，嘴角弯弯，笑了。而后回复："我没有生气，是真的累，想要好好休息调整，过几日与你联系。"

他说："好的，我等你。"

然而，接下来的每一个清晨，她都会收到他的短信，只简短的三个字——"早上好"。她虽不回复，却总会嘴角上扬，有时会想，他到底是为了什么，是为了遵守诺言，还是怕彼此习惯了生活中没有对方？

她与他相识于偶然，或许是命中注定，在那个寒冷交加的季节里，她遇到了温暖的他，被他言语中似曾相识的感觉吸引，以至于长久以来，接受他语言的问候与关心，在她内心深处，他如同大哥哥般存在，却亦有别，他们都觉得，此生能够相逢实乃不易，不求其他，只求余生默默陪伴，不伤不厌。

这样的关系，时时会让她觉得恍惚，总觉是梦，迷离无痕，可睁开眼时，又觉他是真实地存在，却又不敢靠得太近，因为她深知，一段关系，走得太近，一定会有伤害，故而，只在若即若离间缓缓而行，他们的关系，只存在于语言，却始终如潺潺流水般清澈温暖，彼此尊重，彼此关心，亦从不期待相见。

那一日，他说想见她，她拒绝，他问为什么？她说："怕见面即别离。"他说："好的，我听你的。"

他比她大十二岁，这样的年龄差是她儿时择偶的标准，后来终究是未能实现，而今，算是以另一种方式得偿所愿，她时常会想，红尘陌上，能有这样一个人，于无声中共度流年，亦是极好。只是不知，时间的河流是否会洗刷掉彼此的深情与耐心。

或许，终有一日，缘尽了，叹息分散不再聚，或许，多年后的他们只能成为彼此隔岸的烟火。

然而，缘分不就是这样吗？如一盏茶，瞬间就由暖转凉，由浓到淡，亦可一饮而尽，回味时，唯有余香在口中萦绕，似在低诉又似在挽留，然而只能随缘。

窗外的雨越下越大，窗内那个写故事的女子，瞥一眼肆意的雨，继而起身打开音乐《缘尽》，这首百听不厌的歌曲，近些时日，日日为伴，一字一句唱尽无奈，缘尽了叹息分散不在聚，愁未了，凝眸望你心有泪……

歌声未了，唯愿故事中的他们缘分不散，深情不减，于细水长流的日子里彼此陪伴，共度流年……

153 月如灯，人如月

微风轻轻，将梦吹醒，提笔忘情，情难续。不知为何，铺开笔墨，心中徘徊的是这样一段柔软的话语，不管它是否符合今日文章的主题，就这样，静静地一字一句书写而下，倒也流畅。愿有一人，能懂我心中所想，愿有一人能知我字中之意，愿有一人路过我的世界，愿有一人，真心与我共度流年，愿有一人，知我，疼我，亦爱我，愿有一人，喜爱我的文字亦如我的人。

夏天来了，石榴花绽放了，整个院落如诗如画。闲庭信步便可邂逅一份浪漫的好心情，韩愈说："五月榴花照眼明，枝间时见子初成。"王安石说："今朝五月正清和，榴花诗句入禅那。"这样的诗句仅是默默呢喃便令人生出沉醉之感，我于院中独步而行，一边观赏，一边拍照，归来时手中捧着一枝有缘之花，都说赏花不采摘，而我，是个爱花如水的女子，瓶花要日日不绝才行，故而，隔上几日便要出门寻花带回，有时只采一朵，有时会特意配上几枝绿色枝叶来做点缀。于我，有花的日子才有诗意，有花的日子才不生烦，有花的日子才有美好心情，有花的日子才有灵感。

不知，读文的你们，是否与我一样，有时觉得空洞的日子，需要一些小物件来装饰点缀，比如花儿，比如布娃娃，比如杯盏。物件虽小，却都有灵性，都有故事。

近来，许多个日子我选择了虚度，说是虚度，其实亦不是，因为日日追红楼，夜夜有梦至，有欢乐的，有悲伤的，有简单的，亦有复杂的。我是个感性之人，故而常常被梦左右心情，或许有些愚笨了，然而，亦有他人不解的童真之美。

譬如今日，梦中徘徊辗转，醒来只觉舒畅，因在梦中买了极喜爱的白裙子，故而带来了好心情，起来将自己收拾打扮一番，喝上一碗盏龙井茶，只觉神清气爽，

和羞走，倚门回首

来到镜子前，镜中的模样似回到了妙曼年华，脸上有了羞涩的气息，窗外阳光嫣嫣，很是迷人，想要随处走走，随意看看，什么都不去想，该是极好的，出门之时想起那句："和羞走，倚门回首。"我便回头看了看，家中虽无人，却很是温馨，让我生出某种留恋的心情。

对家，我日日用心收拾打理，每一个角落里都散发着温柔的气息，一直觉得，女子的住所就该有芬芳的气息才好，故而日日用心，一如装扮心情。

闲庭信步，也不管它热与不热，也不怕皮肤是否会晒黑，望望天上的云，闻闻初夏的树，拍拍阿娜的石榴花，看看匆匆飞过的鸟儿，院子里有一座小石桥，下面浅水潺潺，声音清澈如小溪流，从桥上走过，似经过童年，美好，童真，洁净，无忧。心中不禁感慨，真个儿是小桥流水，绿草如茵，令人心旷呢！

天渐渐地热了，夏风有了炙热的气息，虽穿了薄纱裙，然依旧有微微汗气渗出，只得转身归家，人的一生，无论在外游走多久，当我们累了，倦了，伤了，痛了，回头时能有一个家在哪里等候，是多么幸福的一件事儿啊！

碌碌半生，能有一个温馨的家，能有一个停靠的港湾，我想，无论于我还是你，都是幸福的，亦是美好的。

不要问我人生是否美好，经历不同感知亦不相同，我觉得好的你未必可以感知，我经的苦难你亦无法身受。人生是一条路，然每个人的路都不相同，不同的路，不同的人，不同的心境，不同的感知，不同的结局，亦有不同的感悟。

我是个经历过磨难的女子，在人生的黑洞中爬行过许久许久。我亦是个坚韧的女子，不到最后绝不屈服，倔强的我亦有一些小任性，我不屈服于命运，我要我的人生圆满，或许是我的信念与坚持感动了上天，它便提笔改写了我的命运，在万难之中让我爬出黑洞，与光重逢，继而得以圆满。

故而有了今时今日的我，有了简单中的小美好，有了平凡中的小幸福，有了能随时邂逅美好的心，亦有了日日装饰生活的念。

写着写着窗外已暮霭沉沉，此时的我，一如讲故事的老太太，戴着花镜，盘着发髻，温柔慈目，让人心安。

故事讲到尾声，抬眉看桌上的石榴花依旧绚丽多姿，碗盏中的茶汤已然凉了，起身打开夜灯,屋里有橙黄的光影,温馨亦迷人,窗外夜色蓝如织锦,雅致清洁,月儿如灯悄悄升起,而人,亦如月般婉约柔情。

夜色下,灯影旁,低眉书写的倩影,如梦如画——只听她呢喃着:"来时无迹去无踪,去与来时事一同,何须更问浮生事,只此浮生在梦中。"

和羞走，倚门回首

154 周末逢雨

周末的早晨，窗外有雨，起来掀帘看着满窗的雨珠，像晶莹的宝石一颗颗滑落，回眸看着熟睡的孩子，只觉心中踏实安稳。

似乎一切都变得慢下来了，我亦不再似往日那般匆匆而作，只带着缓慢的姿态煮一壶咖啡，切几块自老家带回的饼，这饼是七十多岁的老父亲排队购回，而后打包让我辗转带来古城家中，只因孩子爱吃，于父亲这是浓浓的爱意，于我却是这人世最深稳的关怀，厚重情深，每一口都有情意。

洗了水果，又加了些火腿肠，与孩子的早餐就这样简单完成，喊他起来，等他来到餐桌前，看着餐桌上的简餐，听着班得瑞，喜悦地说："这感觉真好呀！"

看着他拿起小勺搅动咖啡的模样，我莫名生出一种心酸，一种期待，便对他说："妈妈希望将来等你有家了。"仅仅说了这一句，脑海中便出现了年迈的我孤独倚窗瞭望的模样，继而，我的声音哽咽，眼泪如花瓣不受花心控制地簌簌落下来，他拉着我的胳膊说："为何如此伤感，又想到了生死吗？"起身去寻了纸巾，控制住情绪，对他说："妈妈希望将来等你有了家，也能偶尔于周末的早晨抽空回来陪妈妈喝杯咖啡，忆忆往事。"他毫不犹豫地答应着说道："没问题。"

可我却知道，对于将来，这或许是一种奢侈的享受。年少时也曾在母亲面前说过此等豪言壮语，可如今却都成了笑谈，那些承诺的，兑现了的亦不过寥寥几件。心中有愧却亦无奈，人生就是如此，在光阴中不断成长，不断变迁，不断更改，其实不是不爱了，只是在逐渐长大的过程中，生命里被填充的责任与爱越来越多，心受牵绊,而无法顾及。爱始终在,却再不能日日为伴,诺言亦只能搁于心房,不忘却难现。

  友谊亦是如此,想起昨晚和孩子聊天,他说,为什么许多好朋友走着走着就散了?我告诉他,人生就是如此,生命的阶段不同,相逢的人不同,陪伴的人亦是不同。然而,无论什么样的关系皆来自缘分,若无缘擦肩而过亦不相识,只要在一起的时候彼此珍惜,互不伤害便是好的。有些关系很浅很淡,离别时或许连一句再见都未曾留下,可回忆起来依然美好,有些关系很浓很厚,离别时有不舍亦有再见,回忆起来却都是悲伤,所以浓有浓的不易,淡有淡的美好。洒脱一点儿,珍惜当下,所有的关系,该散的时候亦要接受,在人生前行的过程中,总有人会离去,亦有人会来到你的身边。

  重情重义的他只是似懂非懂地点头,我知他在为即将毕业的小学生涯而伤怀,亦知他害怕与要好的同学分开走散,然而这亦是我们每一个人成长过程中必须面对的事情,唯有经历才可成长。

  已近午时,窗外的雨停了又下,下了又停,持续不断,我与孩子,一同学习,一同玩耍,有时也会拌几句嘴,说几句狠话来刺激彼此,然而过后依然回到最初的模样,相伴不离。我带着他,他跟着我,做饭,刷锅,写字,读书,日子就这样浅淡地过着,时间亦在浅淡中溜走,而心始终不曾更改。

  此时,煮了壶红茶,汤色灿灿,晶莹剔透,有种画眉闲了画芙蓉的情致,只让人想要静下来慢饮慢品。日子很忙,日子亦很闲,忙起来让人匆匆难安,却亦让人忘却烦忧。而闲,却亦是难得的情致,让人生出静谧安详之感,养心亦有境。

  人生匆匆数十载,每一个当下都值得我们用心对待,一如这个落雨的周末,有人或许抱怨,难得的周末居然下雨增烦,出门不便,而忽略了与所爱之人在家的幸福感。你看哪不远处,有调皮的孩子穿着雨鞋踩水坑,溅起的水花令他们发出愉悦的笑声,他们的快乐就是这般简单,而我们,虽不能效仿,却能欣赏。

和羞走，倚门回首

155 暂戒茶常相依

一早出门，匆匆忙便是一整个上午，只觉时间好不经用，沿途的风景亦不曾过分贪恋，唯有看到落花时停顿几秒，拍下几张照片，心中感叹：花开花落终有时。而后归来，推开门扉亦是不得闲地将凌乱的屋子收拾妥帖，才能安心落座，收拾屋子于我，一直以来都如同收拾心情般重要，屋子洁净有条，心窗才能明静如水，若屋子凌乱，我不但无法安坐还会心生烦闷。

直到此刻坐下来，才发现，已经是午后两点半，六点半起床的我，竟然毫无知觉地忙碌到此时，中午的那一餐饭似乎亦是糊涂地糊弄，匆忙地应付罢了。

我想，忙碌的你们定和我一样，有过相同情境，忙而不厌，忙而不记，忙而生欢，忙而有味，而那些遗忘于时光之外的人和事儿，已然不那么重要。

近来，因喝汤药而开始戒茶，茶器依旧摆放于桌上不曾收起，只待汤药道别后再与茶相约。

然而，日日到了茶点，心中都有些倔强的难耐，看着茶器忍不住想要泡上一壶，心想着，小小地，喝上一两盏亦是好的，该是不会有所影响，如此这般折腾好几日，似乎药效果真不那么奏效了，今日再去找中医，把完脉大夫又嘱咐喝汤药时不能喝茶。于是，归来将茶器收起，心想着，戒上一阵子吧！人生于世，许多的喜好其实是可以放在心里，放在小小角落里的，一如我喜爱的诸多茶器，此刻它们已各自归位，静静地待在属于自己的角落里，等着来日我一一开启。我与它们，从不曾交谈，却亦是知心知性，我知它们的来处，知它们的材质，以及适宜泡什么样的茶。它们知我季节更迭的喜好，知我不同时间的心境，亦知我不卑不亢的性情。

此时此刻，伴我桌案上的便是一杯无色无味的白开水，一如那不施粉黛的女子，不能让你我眼前一亮，却能让你我看了又看，看了又看……

想起曾在书上看到过的一段话语："爱喝白开水的女孩，是容易满足的女孩，爱喝白开水的女孩，是朴实的女孩，爱喝白开水的女孩，是善良的女孩，爱喝白开水的女孩，是平和的女孩，爱喝白开水的女孩，是纯净的女孩。"好吧！优点这样多，何不爱上它，然而我亦明白，爱喝什么不过是一种喜好，一种习惯，一种情趣，何来这么多的定义。不同的时间点，不同的地方，与不同的人在一起，所喝饮品亦是不同，一个人时喝白开水是一种简单的纯净。一个人时的一盏茶，是一种意趣，一种妙境。你可以不与时光语，却也不觉孤单，不觉疲累，有诗意亦有茶情。两个人时的温奶茶，是友情的链接亦是爱情的浪漫。三个人时的咖啡屋，是时光的度过，亦是交心的唠叨。

而我，从来了这座城开始，便学会了一个人喝所有饮品，也曾时常一个人去星巴克度过人生，亦时常去奈雪小坐，然而，更多的时间里还是喜欢一个人喝茶，一个人在茶盏中寻觅一些幸福的味道，在茶盏中找回失去的回忆，在茶盏中解开想不明的心结，在茶盏中遗忘那些不该记住的事物。

人生匆匆，牵绊那样多，若不带着喜好前行，该是乏味的，我的茶，别不久，定重聚。

写及此处，春风带着夏日的气息吹开窗扉，窗框撞击的声音惊醒了全心投入的我，起来望向窗外，那白云悠悠，落花满地的模样，有时有落花至，远随流水香的诗意，亦有白云一片去悠悠，青枫浦上不胜愁的忧愁。

然而，很美，真的很美，我要结束这篇文章，提着裙摆下楼去拾捡花瓣来装点生活……

和羞走，倚门回首

156 芝兰生幽谷，芳馥不知年

午后，温柔细碎的时光，熬一锅汤药，沏一壶茶。拿出需自己分配的些许参片，开始按量抓取。我喜欢，喜欢独自静静地做一些看似无趣，实则深情的事情。

分好之后，拍拍手，忽然想起那句："松下问童子，言师采药去。"便拿起手机发了条朋友圈。我说："松下问童子，言师采药去。"仅少许的时间，就有朋友问道："去哪儿采？"想了想答道："只在此山中，云深不知处。"心下却在想，是否曾有一日，我真的背着竹筐，走入山林，去采过那治病的药材。若可以，此生我亦愿做那采药的女子。与草木为伴，度清雅人生。

秋光朦胧，叠叠又重重，做些家事，亦觉有情，中药的味道悠悠而来，这味道，一如秋日的私语，似在诉说世间美好，风散雨收，雾清云薄。

眉间轻蹙，瞿而舒展，温柔的时光，伴着药香，仿若回到最喜的朝代，芝兰雅室，焚香点茶，熬药读诗。

有时想来，人生的美好不过是一份心境，所谓清欢，不过是忙碌中留一些时间给自己，在简单中寻一份雅趣罢了。

说好的，只喝茶，不说话，说好的，只喝茶不写字，说好的，只喝茶，不遐想。

可终究抵不过倔强的心，风清日丽，心若冰洁，闻茶，提笔，遐想，写字。看似孤独，实则丰盈。

黄昏临近，心事徜徉，那些遥远的往事，近了又远，远了又近。一如这秋日的风，来了又去，去了又来，你看那红叶，飘飘落落，轻舞飞扬，你闻那桂子，盈香袅袅，令人沉醉。

好了，写不完的心事，诉不完的语，落下最后一笔，默默喝下汤药，与黄昏相约，摘漫天的霞去……

和羞走，倚门回首

恰归来，南山翠色依旧

在匆忙的日子里给自己一些温柔的力量，不慌不忙地应对一切。

也会生病，也会流泪，也会烦忧，也会无奈，也会疲惫，也会厌倦，然而，还是一一接纳，因为，生命的饱满缺一不可。

157 月上柳梢头，是否可以人约黄昏后

一直觉得，应该在一个秋日午后，伴随着舒缓的音乐，写下一段心事，才不辜负这个美丽的季节。

可当我真正开始书写的时候，却又略感无奈。不知是音乐太美，令我在陶醉中难以自拔，还是内心深处并无言语，总之，久久无法起笔。

于是，我只是左手托腮，随着音乐，轻蹙眉黛，望着窗外静静地发着呆。好似将所有的心事都抛掷于外，眼睁睁地看着那些纯净感动的话语，如一片片落叶，深深浅浅地铺展在清凉的大地上，静美无言。

就这样，我坐了很久，很久，仿若做了一个悠长的清梦，梦中穿过千年，在那熟悉的古朴村落，伴着月光，慢慢前行，不知在找寻什么。或许仅仅只是想要追寻一段模糊的往事，追寻一段无忧的岁月，而我，只需在哪里带着童真缓慢前行，懵懂地度日就好。后来，不知是谁，呢喃细语，将我唤醒，思绪如云，轻盈地，乘风而归。我说："我的梦，如心莲，雅致脱俗。"

一切都很无意，回头看时，我尽随意写下这般话语，其实这并不是我孤独的语言，只是随景随心而写。我相信，所有细腻喜文之人，都会如我般，将平凡的思绪刻画出别样的画面，如秋日午后的一缕微风，轻轻摇摆。

已经不想忆起这是人生中的第几个秋天，清简的日子，一如那淡淡兰草，散发着迷人的芬芳，想要寻它，却迷迷如雾。

而我，依旧如初，带着我的喜好，与这清简相看不厌。

一个人，在时光中寻一份韵味，一个人，在茶盏中寻一份安然，一个人，在音

和羞走，倚门回首

乐中寻一个故事，一个人，在笔墨纸砚中寻一份清欢。是不是也是对光阴的尊重，对岁月的馈赠？我想，是的。

推开窗，我闻到了风的味道，还有那萦绕在风中的花香，如一个深情的女子，呢喃着关于秋的故事。她说："月上柳梢头，是否可以人约黄昏后？"

158 纵无奈，亦愿时光慢些走

每一个清晨都是在天还未亮时起来，其实并不是每一天都心甘情愿，每一天都精神饱满，只是没得选择，也有身体不适的时候，也有想要多睡一会儿的心情，然而却不能，因为没有人会替我给孩子烧一顿可口的早餐，哪怕是简单的烤面包。人生，到底是无奈的，然而却又必须去接受，因为这所有的一切都是路途必经的风景和必尝的滋味。

近来，越发喜欢读简单的文字，想起林语堂的一段话："读书和婚姻一样，是命运注定的或者阴阳注定的。"我亦是认同，我的日子，就是靠着这些大小不一，故事不同的书来填充，我不喜虚度，光阴于我，总是那般珍贵难得，闲时读书，品茶，便可品岁月清欢，又何必与人道那些所谓的闲言。

今日读到这样一段话："闭门可享清欢，种菜，做饭，读书，晒秋，开门赏四时风景，散步，会友，赶集，踏青。惜人间草木，万物皆是那般可爱。"简单的文字，却让人心生美好，美好的文字就是如此，一如美好的人，无需开口，只是一个微笑，一个表情，便可让人如沐春风。

时光寂寂，一个人静静地度过，我享受这种独处的感觉，自由，无拘，随意，悠然。

披喜爱的大披肩，带着一丝淡淡的香水味，整个空间都是芬芳的，可以什么都不做，就这样倚窗而坐，看窗外萧条景色，回忆一些过往的故事，便很美好。

亦可煮一壶深情的普洱，看汤色由浓到淡，闻悠然茶香，那入口扩散的温热，

和羞走，倚门回首

一如这温暖的气息，久久弥漫，有一种山长水阔，始终如一的情意，让人眷恋不舍，想要就这样一直一直持续下去。

已经过了斤斤计较的年纪，所以诸多的烦忧，我都不想刻意去理会，亦不愿将心事花费在烦忧之上，书上说："人生万般无奈，皆可忽略不计。"于我亦是相同，一直觉得，于浩荡的岁月中多一些心事创造美好，胜过斤斤计较的小烦琐。

遐想之际，一缕晴暖的光斜射而过，缓缓闪烁而去，伸出手来想要抓住它亦是不能，只能单手扶帘，闭眸感受这一刻的温馨。

冬天的暖，总是格外珍贵，让人想要撩起衣襟珍藏而起，待寒夜来临，拥怀享用，有些贪心了，想起席慕蓉的诗："走得最急的都是最美的时光。"

而我，纵有无奈，亦愿时光慢些走……

159 最美的相遇在路上

　　琐碎时光后的小憩，总是透着芬芳的安逸，任初夏的阳光透过窗帘洒落进来，微闭着眼睛躺于摇椅上，左手轻搭于额，只觉仿若那秋水佳人，芳华依旧，婉约沉静。

　　我的年岁，如同这淡淡五月，带着才下眉头，却上心头的思绪缓缓而来，虽不妖娆，却安静芬芳。

　　仅一首歌的时光，梦里便穿越回苦难岁月，重历困苦悲欢，辗转反侧中醒了来，汗水浸透衣衫，一声长叹，庆幸所经不过是梦，人世依旧不改，岁月依旧安好，我依旧是那个温婉的幸运儿……

　　想起昨日看到的一段话："我们的人生，如黄昏般易逝，所以，要好好爱自己，也好好爱每一份欢喜。"此刻读来，觉真实可信，岁月匆匆，一生或如一日。

　　窗外夏风拂过，我只静静坐于窗下，一早打理好的花束朵朵绽放，心中生出几分愉悦，一直以来，我都是个容易满足的女子，日子里，有花有茶有笔墨，便觉安逸稳妥，可耐下心来与这平凡的岁月相敬如宾。

　　近来认识一好友，彼此之间都有相见恨晚之感，年长我几岁的她，于相识不长的时间里给予我许多的温暖与关怀，我们，同样的性别，不同的年岁，不同的性格，不同的阅历，却有着一颗同样简单的心。

　　喜欢于每一个黄昏与她一同走在熟悉的小路上，彼此诉说着那些无法道于旁人的心语。

　　昨日，她感叹着说：我们离的这样近，怎么认识的这样晚？我说：每一段相遇都需要一个契机，都只能在特定的时间里相逢，不是你想遇见便能遇见的。现在的我们就是在最好的时间里相遇。想起那一句："世间所有相遇都是久别重逢，无论是人还是物。"

时光流逝，不再复返，过往的人和事在迂回曲折的岁月里渐行渐远，只是不知，我们会行自何处互道再见，还是无需那一声虔诚的语言，只是随着光阴的催促默默远去，然而，内心深处依旧感恩这一场简单的相遇。

光阴闲散，不经意间竟然又写下了这诸多的感慨，轻放笔杆，黄昏将近，我与她，在约定的时间里，约定的地点下不见——不散……

160 最远的你是我最近的爱

滚滚红尘，有没有那么一个人，初次见面就让你有久别重逢的感觉？

有没有那么一个人，只是简短的几句语言，就让你有温暖入心的温情？

有没有那么一个人，未曾见面，却愿意用你喜欢的方式来待你？

有没有那么一个人，在未知的关系里，无需承诺，不求回报，却愿意留一份惦念给予你？

有没有那么一个人，相隔千山万水，却愿意与你细说流年，共度光阴？

有没有那么一个人，未曾谋面，却熟悉亲切？

有没有那么一个人，愿意每日问候予你？

有没有那么一个人，在繁忙的日子里，也能来时有影，去时有踪？

时间如河流，亦如鹊桥，可以洗刷流年，亦可以让我们重见隔世的月色和朝阳，一如远去的故人归来。

人生碌碌，有些相遇，看似偶然，却又像失散多年的两个人，在没有约定的日子里，在月朗风清的夜色下，一个回眸，便是邂逅，一个眼神，便能懂得。

一种默契，一份温柔，一句话语，一份惦念，都会带给你似曾相识的感觉。这样的重逢是不是很浪漫？这样的重逢，是不是很珍贵？

浮生若梦，为欢几何？冷暖人情，是否难尝？无处诉说的心事，搁置于心中，是否沉重？无人懂得的人生，是否悲凉？

是的，这是一个肯定的答案。只一个是的，便能回答所有问题。

和羞走，倚门回首

人生难得一知己。难得二字，道出了不易，可是若真能得到，你又是否能够紧紧握住？是否能够好好珍惜？是否愿意，用心呵护？而不是恣意相待。

我曾说过："人生有情，无关风月。"是的，有些感情无关风月，却极具温情。有些感情，不够热烈，却格外美好。一如窗外刚刚开放的杏子花，纯洁，芬芳。虽会败落，却总能留下一段难忘的故事。

浮生若梦欢愉少，肯爱千金轻一笑，浮生若梦，做梦容易，梦难醒，人生总是苦多甜少，悲多喜少。所以在好梦难醒的情境里，在悲多于喜的世间里，珍惜那个始终愿意把时间留给你，愿意每日给你问早安的人。

珍惜缘分，珍惜时光，珍惜语言之间的温情，缠绵而不轻薄，华美却不艳丽。留一段清淡似水，温情脉脉的故事给彼此，留一份相逢太迟却心生怜爱的美好给回忆。

抬眸望去，最远的你，始终是我最近的爱。

161 真情告白（结婚纪念日）

又一年，又一日，又一次，独自坐于窗下，回忆共度的岁月，回忆初婚时的喜悦，不仅不感叹，日影如飞啊！若是此时的你也能如我这般，特意泡一壶茶，就着时光，坐下来静静地回味，定能和我有相同的感受，是感动，是温馨，亦是不舍。

长长的岁月里，有着不为人知的酸楚，亦有着不为人知的深情，一幕幕，如影随形地映现于脑海中，那些美好的画面，仿若就在昨日，然而，当我被回忆迷醉时，想要伸出手来抓住那时光，亦是不能。我的心，发出了浅浅的叹息声，是对岁月的无奈，是对人生的惋惜，亦是对生活的妥协。

一边回忆，一边书写的我，回眸，想要与旧时光挥挥手，道一句再见，却发现，窗外的雪，无声地坠落着，那簌簌的声音似在与世人诉说着最为浪漫的话语，让人怎么听都听不够。而我，只愿将这浪漫道与你听，奈何你我相隔遥遥，多少深情变的清浅，多少陪伴变为孤独，多少话语变得不再热烈，然而，我们依旧不离不弃。我想你明白，这里有隐忍亦有坚持。

你知道，我喜欢于这样的时光里，书写最平凡的流年，亦喜欢于这样的时光里将你我的曾经一一翻看。

你知道，这些年，多少苦难将你我考验，多少甜蜜让你我沉醉，又是多少期待让你我向往，携手的我们，一路行走，一路彼此成全。

你知道，一个等待牵绊我半生，让我尝尽苦涩而后点燃生命的火把，一日日地书写，一日日地记录。

你知道，四季里我将一个个质朴的日子串成诗意的珠帘，里面有你亦有我。

和羞走，倚门回首

你知道，我看似柔弱实则孤傲的性子隐忍了多少的风雨，独尝了多少沧桑。

你知道，我温柔的背后是坚持，坚持的背后是相信，相信的背后是对你浓浓的爱。

你知道，那一年的我蓄满了足够的勇气，跟随你，跟随你共同应对人世风雨，跟随你，跟随你共赴这世间最幸福的彼岸。

写了这么许多，其实真的不知道，你是否知道我说的你知道，因为这些你知道，都是我知道，亦都是我觉得你该知道的。

写及此处，我的思绪停顿下来，因为想不起，想不起与你结婚多少载，不知是绿松石，还是小印花，抑或是青花瓷，看吧，在等待的岁月里我已悄悄老去，逐渐糊涂，逐渐健忘，是不是很美好，是不是很浪漫？

又忆起今春生的那一根白发带给我的欣喜，我记得那一日，那一刻，特意拍照发给远方的你，且对你说：我已与你白头偕老，不知你是否还有印象？

亲爱的，请你偶尔允许我，允许我糊涂。请你偶尔允许我，允许我诗意。请你偶尔允许我，允许我忧伤。请你偶尔允许我，允许我落寞。请你偶尔允许我，允许我浪漫。请你偶尔允许我，允许我将情绪宣泄。请你偶尔允许我，允许我将过往一一翻阅。因为，只要你允许，我便会将等待持续，将衣襟沾花，将岁月抚平，将深情不负。

笔端轻落，思绪收回，而后将我的思念挂于窗前，让风捎给远方的你……君心我心，不负相思。

162 写在年末

时光匆匆，不可挽留，这一年，带着些许不舍，缓缓合上门扉，属于你我的故事亦就此尘封而起，等到若干年后轻启记忆，无论是悲是喜，定能让我们热泪盈眶，生出眷恋之情，因为那是你我再难回到的从前。

病了几日，故而慵怠时光，早晨随着那一缕曦光睁开眼眸之时，我拿起了手机，看着 12 月 31 日忽而停顿，那一刻仿若思绪不再转动，只是那么定定地发着呆，可究竟想了什么，却也未知。

起来之后，觉有些气力，特意扎了麻花小辫儿，看着憔悴的容颜，生出阵阵柔软地疼惜，继而悄悄地对自己说：无论何时都要与世无争，心怀梦想，默默努力，缓缓前行，滋养自己，温暖他人。

这个早晨，病中的我，带着仅有的力气为自己做了顿简单的早餐，虽只有几样，却都是我喜爱的模样，色彩温馨，味道可口，只觉将心都融化了，一年的最后一个早晨，该是如此度过，如此随心，如此落下帷幕，才能得心称意。

窗外的阳光很是喜悦，似乎在庆贺这一年的圆满，看着那飘逸的云，忽远又忽近，忽浓又忽淡，一如这世事人情，浓了又淡，淡了又浓，近了又远，远了又近。我们能守住的，唯有自己这一颗小小的心，它可以是一座城，可以是一片海，亦可以是一块幸福的小土地，它可以存几许光阴亦可容几方山水，可以种满鲜花亦可栽树成林，可以优雅如诗，亦可宁静如画，可存梦可留远，万般美好，我们自己深种。

这一年的我，一如从前，积极努力，温柔婉约，每日抓着光阴的缝隙喝茶写字，

和羞走，倚门回首

读书抚琴，无论时光是否亏待于我，我始终不辜不负，始终节省支取，始终惜时如金。

眉间的纹似乎深了许多，却又是那般惹我心恋，毫无嫌意，因为它存储了我与光阴的故事，故而怜爱有佳。

时光如飞，心存美好，便无可畏惧，你看那缓缓流水，利万物而不争，始终温润有情，故而清澈见底。

近几日，我于无意中上了人生中极为重要的一个课题，虽有心伤，却让我明白了人性，明白了以往我贪恋的那些人世情味儿不是你一味付出便可永葆不变，便可以淡换浓，就如一壶好茶，需懂得之人才能品尝而知。亦如佛手的香气，只有喜爱之人才能闻到幽香，继而神清心静。我是该庆幸的，庆幸有缘明白一二，有幸总结于心。

静坐书写，无朋无友，亦不觉孤单，甚至想多一点时间给自己，多一点空间来度日，年岁大了，越发喜爱清静，喜爱独自填补光阴，喜爱涂涂画画，喜爱这闲适的自由感。

或许终有一日，我们都会明白，好时光是需要自己来创造的，好的感觉亦是需要小小心儿去体味的，你看哪窗外，潇潇风过，落叶零零，似清冷枯槁亦是优美如画。

笔触温情，继而落下，随着一声叹息，将祝福送给远方的你们，让我们一同静候花开，等候春来，遥望新月，等待变圆。

163 和羞走，倚门回首

"和羞走，倚门回首"，是怯懦，是羞涩，是女儿家脸上的两朵小红云。初读"和羞走，倚门回首"，心中便浮现出一个羞涩的姑娘，倚着门槛，手扶门框，脸带红云，一边回眸一边低眉离去，只让人生出怜爱，生出向往。

打小我就是个怯懦的女子，用现在的话来形容便是社恐无疑，那时的我总是怯懦无措，总是羞涩难安，怕和不甚熟知的人说话，怕路过人群被观望，故而，无论走到哪里，永远匆匆迈过，永远属于默默地存在者，也曾有人说我清高无礼，殊不知，那么一大群人经过我的身边，我连抬眉都需要勇气，更别提语言问候，我做不到，亦不勉强自己，只低眉匆匆离去，不顾旁人如何论之。

幼年也曾为此而挨过母亲的训斥，但始终无法成为那个坦然大方的女孩，那时家中若有客至，我整顿饭都会有不自在的感觉，更不知该如何应对。然而，就是这样一个怯懦羞涩的我亦是要在逐渐长大的过程中离家求学，离家圆梦，离家面对社会，离家自我成长。

过程极其艰难，然而，我亦能应对自如，只是一直以来朋友寥寥，永远孤单，永远默默无闻。无论我行至何处，旁人都觉我清高，目无他人，只有我自己知道，不过是怯懦的性格使然罢了。然而，我亦不去解释，因为很多时候，很多事情面前，解释便是掩饰，并无任何意义。

我虽无李清照的性情与学识，然依旧喜欢她，喜欢她的坚韧与独立，喜欢她的细腻与豪爽，她有"和羞走，倚门回首"的婉约娇柔，亦有"生当作人杰，死亦为鬼雄"的豪迈。我深深知道，无论从何处论起我都不及她分毫，然而，我偏偏就是

和羞走,倚门回首

喜欢她,喜欢她的"和羞走,倚门回首",喜欢这美好的意境感,只觉得仿若我的性情,常常羞涩难安,然心中始终有浪漫柔情,有诗意盎然,亦有旁人难解的无限深情。

一直都觉得,生为女儿家与生俱来的便是那份羞涩感,一个懂羞涩,适时的羞涩,于女子而言是一种无以言说的美丽感,只是许多时候我们忽略了这份原生的美。而我,无论年龄几何始终携羞涩而行,怀浪漫不弃,因为我珍爱这一世女子的身份,珍爱这一世美好的性情,故而,我对生活的姿态亦是"和羞走,倚门回首"。

164 一张琴，一世情

七岁那一年，家中有了电视机，后来我便知道了世间原有琴，尤为喜爱遥远朝代里的女子，穿长长的衣裙，留长长的头发，闲来无事抚琴下棋，光阴里有了琴声亦有了诗意的美好，只令我生出无限向往。

打那时起，我便想要有一张琴，日日抚起，夜夜静守，视如珍宝。那时虽小，但浪漫地心依然能够感知美好，我渴望身旁有琴的诗意，亦渴望身着长裙的婉约。

后来读苏轼的诗："若言琴上有琴声，放在匣中何不鸣？若言声在指头上，何不于君指上听？"更加想要有一张琴，想要用我纤细的手指抚出优美的旋律，奈何家中姐妹众多，父亲母亲虽勤劳不减，然依旧与富贵无缘，更何况我又怯懦胆小，不甚得宠，唯母亲的爱始终浓重不减。然而，终日目睹母亲劳碌的疲累，我的诸多想法亦只能深深掩埋，只顺应生活，顺从父亲母亲的安排成长，虽心有遗憾，亦只能接受，那时我便知道，人生是无奈的。

后来，在岁月的游走间，终嫁做他人妻，做了母亲，先生亦是寒门出身，生活于我们，极其的艰辛，在早起晚眠的日子里，在操劳无度的岁月里，女儿家最初的渴望已然丢得了无踪影，我亦是渐渐糊涂，渐渐接受平庸，唯一颗心想要将日子操持出别般风味。

我明白，岁月浩浩荡荡，有时将一些固有的想法掩藏，于自己而言是成全，于生活而言亦是拯救，因为人生若怀有达不到的执念亦是一种无以言说的疼痛。

与先生一同奋斗若干年后，家境有所好转，我仍旧不愿寻找过去的念想，只埋首前行，遗忘与忽略一度成为我生活的主旋律。

然而，我与琴似乎注定有缘，无意间认识一位知心朋友，初识时她便问我喜不喜欢古筝古琴类的，我说喜欢啊！只是一直未曾投身而学。她告知我可以自学，且她已学了许多年，她的话语如同一根火柴，点燃了我心中最初的渴望，于是便和先生提及我曾有过的念想，先生不但支持，且亲自买一张古筝送予我，古筝虽不同于古琴，但每每坐下抚起我都能找到幼时的向往感，婉约情深，诗意盎然，忘却尘劳。

这些年，一个人的岁月里，幸而有古筝，解我烦忧，燃我诗情，虽从未拜师学艺，只一个人于闲散光阴里自学自练，然依旧有韵。

许多事情上我是固执的，比如茶道，我从未学过，喜欢喝茶便自我摸索冲泡烹煮，哪管它什么对错，自我消遣，自我享受，怎么做都是好的。古筝亦是相同，指法正确，慢慢摸索，闲时弹起，疗心驱虑，已然甚好。

于我而言，人生本就困难重重，又何必给自己设那么许多的框架，许多事情，随心即是安顺，随意即是清欢。

那日先生说余下的光阴里他会尽力支持我实现所有曾经未能实现的愿，成全我成为自己心喜的人，他的话语无论真假，于我都是深情，一如这把古筝，他能即时的买赠予我，已然情深。一张琴，一世情，似你我，走了千载，终得重逢，有故人归来的情意，亦有岁月错落的遗憾，待我一一拾捡，一一铺展，一一珍藏而起，唯愿情意不减，心如初念。

165 关于小淇

小淇，我的儿，年岁十二，文质彬彬，有温润之感，然倔强又调皮，却亦能时时出口成章。有人说每一个未出世的孩子都是天上的小星星，他们在夜空中偷偷寻觅合适的妈妈，而后投身转世。我感恩我的淇，在万千人之中选我做他的妈妈，让我的生命不再有缺陷。

那时孕他在腹，感受着他从小豆芽逐渐长大，日日夜夜同他讲话，诉说人世见闻，生活琐碎，以及期盼他平安降临的心情。他亦会用蠕动的方式来回复我的情深，常常于失眠的夜里与他共话心语，他亦会舒展身体让我感知他的存在，常常会手抚腹部感动落泪，心中常常感叹生命是如此神奇，又如此神圣。

十月怀胎，终得以相见，有了他我变得无比强大，我可以为了他不要我自己，亦可以为了他扛过所有人世风雨沧桑，与他朝夕共度十二载，生命的乐曲亦是时而欢快，时而忧愁，然更多的时候却是知足，因为他带给我更多的是成就与喜悦。

昨日他的脚在校受了轻伤，回到家中我问他是否因疼痛而落泪？他答："真男人怎么会在别人面前流泪呢？"我竟生出自豪之感，他长大了，不再是从前那个为小事而落泪的小小男孩，许多时候，许多事情面前他亦有了自己的看法与担当。

偶尔他也会幽默调侃，昨日看着我摆弄茶具，他说："唉！但愿我长大后能和爸爸一样幸运，娶一个如你般的姑娘做妻子。"这话语只让我欢喜于颜。

人生匆匆，能与他朝夕共处的时间越来越少，看着他稚气逐渐消减，我明白分离亦在逐渐进行，有时希望时间慢些走，然更多的时候亦明白，这世间，唯光阴难留，无论我有多么不舍，他都该随着光阴前行，随着光阴走自己的路，成为自己该

和羞走，倚门回首

成为的人，继而带着使命前行，而我，永远是那个默默关注他的母亲，只待他疲累时一个转身便可回归歇息，而后蓄满足够的勇气继续出发。

他亦会写诗，新年时他可写出："纸包火，留小穗，除夕夜里万家笑，亲人满在堂中坐，欢喜一家年年新。"爱我至深时他可写出："妈妈是阳光，孩子是小草，妈妈是大地，孩子是小树，妈妈是池塘，孩子是小鱼，小草离不开太阳，小树离不开大地，小鱼离不开池塘，而孩子离不开妈妈，我爱我的妈妈，我寒冷时妈妈是棉被，我饥饿时妈妈是食物，我迷路时妈妈是指南针，我寂寞时妈妈是玩伴。"他有过一饥容解，百饱难求的感叹，亦有过光追不上岁月的落寞。

我知道，无论光阴如何行走，他都将以自我的姿态成长，不卑不亢，不迁不就，因他从不肯委曲求全，无论何时只做自己。我亦从不强迫于他，因我亦希望他的生命从初始就有自由的松弛感，而不是被紧紧束缚，待回首时许多遗憾无法弥补。

我爱我的淇，一直以来他都以晨曦般的光芒温暖我的心，亦如夏日清泉，冬日火炉，秋日清茶般补给我生活所需，于我而言，这就够了，再无所求，亦不会过多牵绊，唯愿岁月于他平顺安稳，生活于他有情有趣，唯愿他的梦可圆，心如镜。

后记（一）

整理了多日的稿件，终于完结，莫名的落泪如雨，低眉看一眼时间，此刻是2024年5月26日，凌晨1点40分。这一时刻多数人都在梦里辗转，而我仍在窗下，在电脑前敲打着文字，看着我的一篇篇稿件，有感动，有酸楚，亦有成就。三年的时光，我耕耘了近二十万的文字，对生活是记载，对自己是告白，对生命是坚持。

这是我的处女作，或许也将是唯一，因为不知是否会被有缘的你们喜爱，是否会被大众认同，孩子即将迈入初中的门楣，不知未来是否还有更多的空闲时间供我书写。

然而，我也明白，人生充满未知，或许在不久的将来，我的第二部作品亦会呈现给喜欢我文笔的你们，因我也有计划写我的父亲母亲，写我的裸婚时代，写我的人生经历，写我的众多姐妹，写我调皮的孩子，以及深爱我的先生。

当然，能否呈现还需时间以及思绪成就，那么就让我借着这部处女作对深爱着的父亲母亲，众多姊妹，调皮的孩儿，淳朴的先生说几句真切的话语："纷繁人世，有你们真好，生命因你们的存在而有着别样的滋味，我与你们，每一段缘分都有所不同，每一段缘都如同一根连接的线，这世间，每一个生命体都有无数根连接的线，而你们便是我生命中最为重要的线，根根有情，根根重要，根根不可随意解开，根根不可随意离散。未来，无论行至何处，无论是否同行，心中始终挂念，始终不忘，亦愿你们，都能日日安顺，夜夜好梦，岁月悠然，生活喜乐。"

能出这本书，要感谢爱我的先生一路默默地支持，是他在我无数次举棋不定时

和羞走，倚门回首

告诉我可以继续下去，是他让我没有后顾之忧，是他让我明白，喜爱的事情可以一直一直坚持下去。

昨日闲聊，我对他说："你虽一点儿都不浪漫，却在初识的时候用一句执子之手，与子偕老打动了我的心。"他笑着说："这还不够浪漫吗？"有时他也会小幽默，我知道，我们虽做不到举案齐眉，却始终是彼此的唯一，故而，我愿意，等他于岁岁年年。

"和羞走，倚门回首"，是我对质朴的日子，亦是对匆匆岁月的姿态，故而书名为之。

从未想过让谁来喜爱，亦不幻想能成名，唯愿通过文字捎一份诗意给有缘的你们，人世匆匆，恰逢过客，能邂逅的便是缘分，愿我纸张上的日子能扫去你眉间的愁，淡去你心中的忧，带给你向往与期待，然无论你是否有心捧读，我都会一直一直写下去。

这些年我阅书无数，所得亦是无需言说，我的心变得愈加坦然，对待日子少了惆怅，却了抱怨，多了深情与认真。对人生，我亦是随遇而安，勤劳不减，余下的光阴无论还有多久，我想我都会深情地走下去，慢慢地耕耘，浅浅地回味，深深地珍爱。

夜深了，唯一盏孤灯为伴，抬眉看去，一如夜空中最亮的星辰照亮我前行的路，不谋而合的境遇，我此番书写成文出书，恰如人生的旅程，前路茫茫，不见光影，而这盏灯便是那及时出现的引者，它引领我一步一步走向黎明升起的地方。

后记（二）

我要奔向——万山之巅，

迎着风雨，迎着梦想的光荣。

我要屹立——万山之巅，

伸手触摸彩虹，低头把你相拥。

随着徐千雅的《万山之巅》，稿件整理完毕，仿若一个登山者，终于爬到了巅峰之处，卸下沉重的背包，右手遮额，愉快地瞭望远方那不知名的景色，继而缓缓低眉俯视大地，领略那质朴的情怀。

轻轻坐于山顶，拿出纸笔，开始织霞耕梦，坐在这山顶不仅想起了晏殊的诗："天涯海角有穷时，只有相思无尽处。"这诗只做了片刻的停留，继而幻化成云随风而去……

近几年来，每日起早贪黑耕耘文字是一种什么感觉呢？虽艰辛却亦充实。于我，日日除了这几千字以外在晨光微露时分抄写《道德经》已然成了一种习惯，乃至午后一小时的毛笔字，偶尔的一首小诗，包括所有家务以及带着孩儿去上课，这些说起来简单，实则件件劳心，件件认真。过程中我有晨时的逞强，亦有深夜的惧怕，然而，一直坚持，继而走到今日，成就了《和羞走，倚门回首》。

日子于我，是充实的，时间于我，却也格外珍贵，有时想来，自己仿若那个追着公车奔跑的女孩，为了梦想勤劳着，努力着，因为想要活成自己喜爱的模样，无憾，恬静，悠然，雅致。

和羞走，倚门回首

　　有时，我亦是任性的女子，然我的任性与旁人不同，我从不无理取闹，而是不顾一切地将自己喜欢的事情坚持下去，因为我知道，只有这样才算不虚此行。

　　我的心有时如同一本厚厚的古籍，承载着我所有的心语，故而散发着文雅的古韵，它有爱，有善，有孩子般的纯真之气，亦有善感愁绪，它能够随时感知美好，亦能时刻体会悲伤，让人怜爱且眷恋。

　　人生匆匆，不可挽留，而我的文字，便是我的日子，我的光阴，我的岁月，故而我深深爱着这文字，一如生命般厚重情深。

　　余生，我将带着我的文字，和羞走，倚门回首，唯愿我温情的笔触能够让有缘的你们寻到生活中的诗意，也愿我的初心能够长成苍翠的大树。

　　抬眉望去，碧空如洗，微风悠悠吹过脸庞，发丝随风起舞，闭起眼眸享受这大自然的美好。

　　提笔临写：

　　人生若只如初见，

　　何事秋风悲画扇。

　　等闲变却故人心，

　　却道故人心易变。

　　若人心凉薄，

　　就守心自暖。

　　若聚散难免，

　　就随遇而安。

www.ingramcontent.com/pod-product-compliance
Lightning Source LLC
Chambersburg PA
CBHW080322080526
44585CB00021B/2436